如何把论文写在祖国大地上

李志军　尚增健　主编

经济管理出版社
ECONOMY & MANAGEMENT PUBLISHING HOUSE

图书在版编目（CIP）数据

如何把论文写在祖国大地上/李志军，尚增健主编 . —北京：经济管理出版社，2022.1

ISBN 978 – 7 – 5096 – 8297 – 5

Ⅰ.①如… Ⅱ.①李… ②尚… Ⅲ.①科学研究工作—中国—文集 Ⅳ.①G322 – 53

中国版本图书馆 CIP 数据核字（2022）第 007616 号

组稿编辑：杨世伟
责任编辑：胡　茜　詹　静　姜玉满
责任印制：黄章平
责任校对：陈　颖

出版发行：经济管理出版社
　　　　　（北京市海淀区北蜂窝 8 号中雅大厦 A 座 11 层　100038）
网　　址：www. E – mp. com. cn
电　　话：（010）51915602
印　　刷：唐山昊达印刷有限公司
经　　销：新华书店
开　　本：720mm × 1000mm/16
印　　张：22
字　　数：336 千字
版　　次：2022 年 1 月第 1 版　　2022 年 1 月第 1 次印刷
书　　号：ISBN 978 – 7 – 5096 – 8297 – 5
定　　价：98. 00 元

前　言

2016 年 5 月 30 日，习近平总书记在全国科技创新大会、中国科学院第十八次院士大会和中国工程院第十三次院士大会、中国科学技术协会第九次全国代表大会上发表了重要讲话，提出"把论文写在祖国的大地上"。2020 年 8 月 24 日，在经济社会领域专家座谈会上，习近平总书记再次强调"把论文写在祖国大地上"。

管理世界杂志社积极响应习近平总书记"把论文写在祖国大地上"的号召，重视发挥学术期刊的引领作用，积极推动"把论文写在祖国大地上"，并于 2021 年 4 月 24 日，组织召开了"研究中国问题　讲好中国故事——把论文写在祖国大地上"研讨会。与会专家围绕"把论文写在祖国大地上"的时代背景、深刻内涵和重要意义以及如何把论文写在祖国大地上，进行了深入交流和研讨。

现将这次研讨会专家发言要点进行整理，并收入其他几篇相关文章，汇编成册，结集出版，以飨读者。

目　　录

第三篇　用中国实践升华中国理论　用中国理论指导中国实践

目　录

第一篇

研究中国问题 讲好中国故事

研究中国问题　讲好中国故事

管理世界杂志社　李志军

本文深入学习习近平总书记有关重要论述，分析了目前国内学术研究和论文写作过程中存在的问题，探讨学术研究和论文写作要领，并提出改进建议。内容包括深入学习领会习近平总书记有关重要论述、研究中国问题、讲好中国故事、好文章发表在中文期刊上、《管理世界》介绍及近年改革探索五个部分。

一、深入学习领会习近平总书记有关重要论述

党的十八大以来，以习近平总书记为核心的党中央高度重视哲学社会科学工作。习近平总书记在多个重要场合发表了重要讲话、做出重要指示，为哲学社会科学工作指明了方向，是做好学术研究、写好学术论文的基本遵循和行动指南。

2015 年 11 月 23 日，习近平总书记在十八届中央政治局第二十八次集体学习时强调：

实践是理论的源泉。我们用几十年的时间走完了发达国家几百年走过的发展历程，我国经济发展进程波澜壮阔、成就举世瞩目，蕴藏着理论创造的巨大动力、活力、潜力。当前，世界经济和我国经济都面临许多新的重大课题，需要做出科学的理论回答。

我们要立足我国国情和我们的发展实践，深入研究世界经济和我国经济面临的新情况新问题，揭示新特点新规律，提炼和总结我国经济发展实践的规律性成果，把实践经验上升为系统化的经济学说，不断开拓当代中

国马克思主义政治经济学新境界，为马克思主义政治经济学创新发展贡献中国智慧。

2016年5月17日，习近平总书记主持召开哲学社会科学工作座谈会并发表重要讲话：

要按照立足中国、借鉴国外，挖掘历史、把握当代，关怀人类、面向未来的思路，着力构建中国特色哲学社会科学，在指导思想、学科体系、学术体系、话语体系等方面充分体现中国特色、中国风格、中国气派。

要围绕我国和世界发展面临的重大问题，着力提出能够体现中国立场、中国智慧、中国价值的理念、主张、方案。我们不仅要让世界知道"舌尖上的中国"，还要让世界知道"学术中的中国"、"理论中的中国"、"哲学社会科学中的中国"，让世界知道"发展中的中国"、"开放中的中国"、"为人类文明作贡献的中国"。

只有以我国实际为研究起点，提出具有主体性、原创性的理论观点，构建具有自身特质的学科体系、学术体系、话语体系，我国哲学社会科学才能形成自己的特色和优势。

理论思维的起点决定着理论创新的结果。理论创新只能从问题开始。从某种意义上说，理论创新的过程就是发现问题、筛选问题、研究问题、解决问题的过程。

从我国改革发展的实践中挖掘新材料、发现新问题、提出新观点、构建新理论，加强对改革开放和社会主义现代化建设实践经验的系统总结，加强对发展社会主义市场经济、民主政治、先进文化、和谐社会、生态文明以及党的执政能力建设等领域的分析研究，加强对党中央治国理政新理念新思想新战略的研究阐释，提炼出有学理性的新理论，概括出有规律性的新实践。

在解读中国实践、构建中国理论上，我们应该最有发言权，但实际上我国哲学社会科学在国际上的声音还比较小，还处于有理说不出、说了传不开的境地。要善于提炼标识性概念，打造易于为国际社会所理解和接受的新概念、新范畴、新表述，引导国际学术界展开研究和讨论。

要树立良好学术道德，自觉遵守学术规范，讲究博学、审问、慎思、明辨、笃行，崇尚"士以弘道"的价值追求，真正把做人、做事、做学问统一起来。要有"板凳要坐十年冷，文章不写一句空"的执着坚守，耐得住寂寞，经得起诱惑，守得住底线，立志做大学问、做真学问。

2016年5月30日，习近平总书记在全国科技创新大会、中国科学院第十八次院士大会和中国工程院第十三次院士大会、中国科学技术协会第九次全国代表大会上强调：

把论文写在祖国的大地上。

2018年1月6日，习近平总书记在学习贯彻党的十九大精神研讨班开班式上强调：

时代是出卷人。

2018年5月2日，习近平总书记在北京大学考察，参观北大近年成就展时指出：

要把学术研究建立在国家发展成就的基础上，做到知行合一。

2019年3月4日，习近平总书记看望参加全国政协十三届二次会议的文化艺术界、社会科学界委员并发表重要讲话：

哲学社会科学工作者要多到实地调查研究，了解百姓生活状况、把握群众思想脉搏，着眼群众需要解疑释惑、阐明道理，把学问写进群众心坎里。

一切有价值、有意义的文艺创作和学术研究，都应该反映现实、观照现实，都应该有利于解决现实问题、回答现实课题。

哲学社会科学研究要立足中国特色社会主义伟大实践，提出具有自主性、独创性的理论观点。

2020年8月24日，习近平总书记主持召开经济社会领域专家座谈会并发表重要讲话：

理论源于实践，又用来指导实践。改革开放以来，我们及时总结新的生动实践，不断推进理论创新，在发展理念、所有制、分配体制、政府职能、市场机制、宏观调控、产业结构、企业治理结构、民生保障、社会治理等重大问题上提出了许多重要论断。比如，关于社会主义本质的理论，关于社会主义初级阶段基本经济制度的理论，关于创新、协调、绿色、开放、共享发展的理论，关于发展社会主义市场经济、使市场在资源配置中起决定性作用和更好发挥政府作用的理论，关于我国经济发展进入新常态、深化供给侧结构性改革、推动经济高质量发展的理论，关于推动新型工业化、信息化、城镇化、农业现代化同步发展和区域协调发展的理论，关于农民承包的土地具有所有权、承包权、经营权属性的理论，关于用好国际国内两个市场、两种资源的理论，关于加快形成以国内大循环为主体、国内国际双循环相互促进的新发展格局的理论，关于促进社会公平正义、逐步实现全体人民共同富裕的理论，关于统筹发展和安全的理论，等等。这些理论成果，不仅有力指导了我国经济发展实践，而且开拓了马克思主义政治经济学新境界。

时代课题是理论创新的驱动力。马克思、恩格斯、列宁等都是通过思考和回答时代课题来推进理论创新的。现在，在波涛汹涌的世界经济大潮中，能不能驾驭好我国经济这艘大船，是对我们党的重大考验。面对错综复杂的国内外经济形势，面对形形色色的经济现象，学习领会马克思主义政治经济学基本原理和方法论，有利于我们掌握科学的经济分析方法，认识经济运动过程，把握经济发展规律，提高驾驭社会主义市场经济能力，准确回答我国经济发展的理论和实践问题。新时代改革开放和社会主义现代化建设的丰富实践是理论和政策研究的"富矿"，我国经济社会领域理论工作者大有可为。这里，我给大家提几点希望。一是从国情出发，从中国实践中来、到中国实践中去，把论文写在祖国大地上，使理论和政策创新符合中国实际、具有中国特色，不断发展中国特色社会主义政治经济学、社会学。二是深入调研，察实情、出实招，充分反映实际情况，使理论和政策创新有根有据、合情合理。三是把握规律，坚持马克思主义立场、观点、方法，透过现象看本质，从短期波动中探究长期趋势，使理论和政策创新充分体现先进性和科学性。四是树立国际视野，从中国和世界的联系互动中探讨人类面临的共同课题，为构建人类命运共同体贡献中国智慧、中国方案。

2021年5月9日，习近平总书记给《文史哲》编辑部全体编辑人员回信：

增强做中国人的骨气和底气，让世界更好认识中国、了解中国，需要深入理解中华文明，从历史和现实、理论和实践相结合的角度深入阐释如何更好坚持中国道路、弘扬中国精神、凝聚中国力量。回答好这一重大课题，需要广大哲学社会科学工作者共同努力，在新的时代条件下推动中华优秀传统文化创造性转化、创新性发展。

高品质的学术期刊就是要坚守初心、引领创新，展示高水平研究成果，支持优秀学术人才成长，促进中外学术交流。

2021 年 5 月 31 日，习近平总书记在中央政治局第三十次集体学习时强调：

要加快构建中国话语和中国叙事体系，用中国理论阐释中国实践，用中国实践升华中国理论，打造融通中外的新概念、新范畴、新表述，更加充分、更加鲜明地展现中国故事及其背后的思想力量和精神力量。

要围绕中国精神、中国价值、中国力量，从政治、经济、文化、社会、生态文明等多个视角进行深入研究。

二、研究中国问题

做研究，首先要选题。有了好的选题，就成功了一半。爱因斯坦说过：提出一个问题往往比解决一个问题更为重要，因为解决一个问题也许只是一个数学上或实验上的技巧问题，而提出新的问题、新的可能性，从新的角度看旧问题，却需要创造性的想象力，而且标志着科学的真正进步。

发现问题、提出问题是一种能力，反映出一种水平、能力和眼光。这种能力的高低，在于知识和经验的积累深浅，更重要的在于对政治、经济、社会发展认知的敏感性和洞察力。

什么是好的选题？好的选题，应该有理论意义、实践意义或者两者兼具，同时应该具有研究的可能性、可行性（数据、时间、人财物）。相反，不好的选题，就是没有意义，平淡、普通、大众化、空泛，难以得出可信的研究结果。

要有问题意识。要清晰地提出问题，对问题产生的原因、理论和现实意义进行具体描述。要搞清楚，前人研究已经到了什么程度？自己在哪些方面可能有所创新？

问题的来源，主要有三个方面：一是理论方面，理论不完善、不能自洽；二是政策方面，政策与现实的反差；三是实际情况和问题。

选题要顶天立地。一是要结合自身研究领域和兴趣，从党和政府的文件中找题目，根据党的十八大、党的十九大报告，政府工作报告，国家五年规划等国家政策。二是从现实中找题目。

我国经济社会发展进程波澜壮阔、成就举世瞩目，蕴藏着理论创造的巨大动力、活力、潜力，要深入研究世界经济和我国经济社会面临的新情况、新问题，为经济学和管理学创新发展贡献中国智慧。要关注实际问题，研究总结中国经济社会发展的伟大实践，立足我国的国情和发展实践，揭示新特点、新规律，提炼和总结我国经济发展实践的规律性成果，把实践经验上升为系统化的理论。

中国是最好的实验室，这么多的企业，各种形态都非常丰富，为经济学、管理学思想提供了最好的土壤和鲜活样本。中国企业经历了深刻变革，在国际化进程中不断发展壮大，走出了一条中国特色的发展道路，引发全球瞩目与关注。有必要系统梳理中国企业管理的发展历程，深入总结中国企业管理理论和发展模式，推动中国企业可持续和高质量发展。

要系统梳理中国经济发展和管理的发展历程，深入总结中国经济学和管理学理论，向世界讲好中国故事，成为中国经济学界和管理学界的重大课题。

中华人民共和国成立以来，尤其是改革开放以来，我国发生了翻天覆地的变化，创造了人类历史上前所未有的发展奇迹。无论是在中华民族历史上，还是在世界历史上，这都是一部感天动地的奋斗史诗。

要深刻反映党和人民的奋斗实践，深刻解读中国历史性变革中所蕴藏的内在逻辑，讲清楚历史性成就背后的中国特色社会主义道路、理论、制度、文化优势，更好地用中国自己的理论解读中国实践，为党和人民继续前进提供强大精神激励。

历史积累、实践积累和经验积累，尤其是改革开放这种大舞台和大场景，为中国经济学、管理学和实践创新提供了最为丰厚的土壤和最为广阔的空间。作为学者，应该抓住这个历史机遇，为世界贡献一些中国经验、中国智慧以及中国经济和管理的最佳实践案例。

做学术研究，要有所创新。创新价值主要体现在以下几个方面：①应用或发现新的数据资料；②采用新方法；③提出新概念、新假设；④提出新框架、新的分析角度；⑤提出新观点、新思想；⑥提出新的理论体系。

要强调学术研究的价值。研究结果应当是可靠的、可重复、可检验的；学术研究的目的不是自娱自乐；要有社会责任感和时代感，要为国家经济社会发展服务。

学者的特质：具有强烈的社会责任感和使命感；对探究知识和学问充满激情；关注人类社会发展的重大问题；独立思考且具有批判精神。

学者的初心：一是致力于追求学识、学问，求真知，通过自己的勤奋和努力，在学术上取得成就，成为某个领域有造诣、有影响的人物；二是致力于为社会发展服务，为推动社会进步做出贡献。

学者的使命：一是研究探索事物的本质和规律，提出自己的思想和独立见解；二是弘扬科学精神和良好的学风，成为时代的道德模范。

关于学术研究与政策研究。

政策研究与学术研究是紧密结合的，两者是有机的统一体，相互支撑，相互促进，并不排斥。2013年4月15日，习近平总书记对智库发展做出重要批示。2014年2月，教育部印发《中国特色新型高校智库建设推进计划》；2015年1月，中共中央办公厅、国务院办公厅印发《关于加强中国特色新型智库建设的意见》。全国哲学社会科学工作办公室、教育部和大学，都重视智库的研究成果，是认可的。

朱熹《观书有感》："半亩方塘一鉴开，天光云影共徘徊。问渠那得清如许，为有源头活水来。"魏征《谏太宗十思疏》"求木之长者，必固其根本；欲流之远者，必浚其泉源。"均表明要想不断推出高质量、高水平的政策咨询建议，就要能够使"知识、学术理论、实践"的"活水"源源不断地流入政策研究工作者的大脑之"渠"。

政策研究报告，要管用，要有可操作性；有学理学术功底；掌握实际情况；了解决策程序和时机。

三、讲好中国故事

撰写学术文章的一般要求：一是遵守学术道德和学术规范；二是紧扣

主题，逻辑清晰，用学术语言；三是方法科学，数据可靠，结论要经得起检验。

（一）要简明、准确、朴实，反对把简单问题复杂化

学术研究是分析和研究问题，把复杂问题简单化，帮助人们把握事物的本质，而不是把简单问题复杂化，把明白的东西神秘化。学术文章要讲究逻辑、文法、修辞，要简明、准确、朴实、朴素，少用形容词；要明白、流畅，态度诚恳，简单明了。文章要让别人看懂（读者、编辑、审稿人）。

对于表达思想来讲，越简单越好。比如：乔布斯的极简主义，简单就是美；老子的"大道至简"；"枪杆子里面出政权""为人民服务""发展是硬道理""把论文写在祖国大地上"；等等。

（二）要倡导学术诚信，反对学术不端行为

2018 年 5 月，中央办公厅、国务院办公厅印发了《关于进一步加强科研诚信建设的若干意见》。

2019 年 5 月 16 日，七部委印发《哲学社会科学科研诚信建设实施办法》（中宣部、教育部、科技部、中共中央党校（国家行政学院）、中国社会科学院、国务院发展研究中心、中央军委科学技术委员会）。

要尊重他人的知识产权，保护好自己的知识产权。要搞好思想确权、观点确权。要了解、尊重前人的研究成果，在前人研究基础上前进。要厘清知识增长、学术演进的路线图。做好文献综述，列明参考文献。

（三）要合理使用数学模型，反对数学化模型化

一百多年来，数学在社会科学研究中得到了广泛的应用，为推动学术进步发挥了积极作用。改革开放以后，我国在社会科学研究中引入数学，是一个很大进步。马克思讲过，一门科学只有在成功地运用数学时，才算是达到了完善的地步。数学是一种工具、一种手段，不是目的。

近年来，我国学术界出现了不分情况、不分场合地使用数学方法和模型的现象，甚至出现了过度"数学化""模型化"等不良倾向，实在让人担忧。有的期刊全然走样，刊发的文章读者看不懂、看不明白；有的论文一味追求数学模型的严格和准确，忽视了新的思想、观点和见解；有的学者炫耀数学技巧，追求复杂甚至冗余的数学模型；有的学者沉迷于数学游戏，忽视了对问题本身的深入思考，其结果是使简单的问题复杂化，用"众所不知"的语言去讲述众所周知的道理；更有甚者，在运用数学方法和模型时，还存在故意更改实证结果的现象。还有的看到国外的好文章，拿中国的数据去跑一遍、写文章。

对待数学模型，要实事求是。模型是否必要？是否可以简单些？模型并不神秘，没有什么了不起，现在一些模型已经有软件了。数据模型很重要，但不能把它变成数字游戏。有人基本的理论问题还没有搞清楚，就开始提出假设、搞模型。做模型，需要有理论指导。

2020年《管理世界》第4期刊发编者按"亟需纠正学术研究和论文写作中的'数学化''模型化'等不良倾向"，重申了《管理世界》的办刊理念和主张，并提出十大倡议：

（1）倡导研究中国问题、讲好中国故事。

（2）倡导立足中国实践，借鉴国外经验，面向未来，反对照抄照搬外国模式，坚定学术自信，反对崇洋媚外。

（3）倡导负责任的学术研究。

（4）倡导研究范式规范化，研究方法多样化。

（5）倡导科研诚信，抵制学术不端行为。

（6）倡导推行代表作评价制度，注重标志性成果的质量、贡献和影响。

（7）倡导写文章要深入浅出，坚持简单性原则，把复杂问题简单化，反对把简单问题复杂化，把明白的东西神秘化。

（8）倡导好文章发表在中文期刊上。

（9）倡导培育世界一流的社会科学类期刊，提升我国社会科学学术期刊国际影响力和话语权。

（10）倡导发挥学术期刊的引领作用。

（四）要做有思想的学术、有学术的思想，反对有学术、无思想

真正有价值的学术，必定有思想引领、有思想价值；真正有创见的思想，必定以学理为基础，有深邃的学术作为支撑。学术，应该防范单纯技术化的趋向，不仅包括材料辨析和考察实证，也要包括"问题意识"，而追问的方向、追问的过程实际上就是"思想"引领的过程，也是酿就"思想"的过程。思想，绝不是由口号、新词的堆积，创新也绝非体现在提法的翻新上，关键在于其洞察力与引导力。

四、好文章发表在中文期刊上

由于目标导向的偏差和崇洋媚外的心理作怪，目前我国哲学社会科学界存在不好的现象，把好文章拿到国外去发表，为外国期刊贡献优质稿源，交版面费超过 10 亿元、20 亿元、100 亿元，发展壮大了外国期刊；反观国内期刊，优质稿源少，不准收取版面费，发展受到了很大限制。

哲学社会科学与自然科学不同。自然科学是世界性的，有统一的评价标准。哲学社会科学有国情、话语体系、意识形态问题。试问，国外有多少人真正关心中国问题？他们对中国了解多少？国外有多少人真心希望中国发展好？

其实，有时候到国外发表文章并不难，尤其是讲中国不好（负面事情）的文章更容易发表，比如：劳工标准、企业社会责任、环境污染。我们反对为追求发表国际论文而丑化中国。中国论文市场需求巨大，有的人办英文期刊，专门为中国作者服务。有的甚至把编辑部设在国内，贴近作者，更好地赚钱。

我们一贯倡导：好文章发表在中文期刊上。中国人最了解中国情况，最关心中国问题，最希望中国发展好，对中国问题研究更透彻、更深入。研究中国问题的文章，发表在中文期刊上，会有更多的读者，影响会更大（学术界、企业界、党政领导）。要重视中文代表作和标志性成果。"破五唯"，反对"唯论文"，不是不要论文。

目前，全国中文人文社科期刊大约 1500 种，经济类 150 种，管理类 60 种，综合性期刊、学报也有经济类管理类栏目。文章投稿要关注不同期刊的风格、特色、偏好、近期动态、选题、投稿须知等内容，结合文章的特点，选择合适的期刊。

五、《管理世界》介绍及近年改革探索

《管理世界》是国务院发展研究中心主管、主办的学术期刊，创刊于

1985 年。管理世界杂志社是国务院发展研究中心直属事业单位，属于公益二类，实行自收自支管理。

创刊 36 年来，《管理世界》得到了广大作者、读者和外审专家的关心、支持和帮助，赢得了学术界认可和好评。国家新闻出版部门认定的学术期刊、"百强社科期刊"；国家自然科学基金委员会认定的学术期刊；国家社会科学基金重点资助期刊、优秀期刊；在我国三大社科期刊评价系统的评价中，居管理类首位；在中国社会科学院期刊评价中，被誉为管理学唯一"顶级期刊"；在国际影响力方面，国内管理学期刊排名第一。

2020 年 12 月，根据中国学术期刊、清华大学图书馆和中国科学文献计量评价研究中心评价结果，《管理世界》的影响力各项指标在国内管理学期刊中排名第一。

2020 年，全国哲学社会科学工作办公室对 185 家资助期刊进行年度考核，综合政治导向、办刊规范、重要举措、质量效果和资金使用等情况，有 24 家期刊考核"优秀"，《管理世界》是其中之一。

2021 年 3 月 30 日，中国人民大学人文社会科学学术成果评价中心和中国人民大学书报资料中心联合发布"2020 年度复印报刊资料转载指数排名报告"，《管理世界》被评为"复印报刊资料重要转载来源期刊"。2020 年度，经济学涉及全文转载期刊 432 种，转载全文总量为 1837 篇，《管理世界》全文转载量为 52 篇，排名第一；管理学涉及全文转载期刊 371 种，转载全文总量为 1280 篇，《管理世界》全文转载量为 43 篇，排名第一。

我们的办刊宗旨是：搭建高水平研究成果发表的平台，引领学术创新；坚持正确的办刊方向，坚守意识形态阵地；准确把握定位，突出智库办刊特色；不断提高办刊质量和水平，打造一流学术期刊；全心全意为广大作者、读者服务，注重发现学术新人新秀。

《管理世界》的发文领域：经济类，管理类；发文类型：政策研究，学术研究。

我们一贯倡导：研究中国问题，讲好中国故事；构建有中国特色、中国风格、中国气派的学科体系、学术体系、话语体系；研究我国经济社会发展中的重大现实问题；提倡研究范式规范化、研究方法多样化；提出主体性、原创性的理论观点，提炼出有学理的新理论。

我们的选稿标准是：政治上与中央精神保持一致，不涉及敏感问题；选题具有理论意义或现实意义，有价值；学术上有创新价值、有新意；研究方法科学、数据可靠、结论经得起检验；写作规范（体例、写作、结构、逻辑、层次）。

审稿程序：

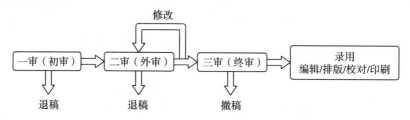

栏目设置：专稿；征文栏目；理论经济学；应用经济学；工商管理；农业·农村·农民；公共管理；管理科学与工程；理论述评。

"管理科学与工程"栏目，特别关注：

（1）国之重器中的管理学问题。两弹一星、航母、神舟飞船、C919大飞机、北斗卫星导航系统、"蛟龙号"载人深潜器、运10等。

（2）重大工程中的管理学问题。三峡工程、高铁、港珠澳大桥、青藏铁路、华龙一号、京杭大运河、长城、都江堰水利工程、南水北调、青藏铁路、西气东输、西电东送等。

（3）大科学装置中的管理学问题。正负电子对撞机、FAST天眼、散裂中子源、"墨子号"量子科学实验卫星、大洋一号等。

（4）高技术领域的管理学问题。大数据、云计算、区块链、物联网、人工智能、5G、芯片等。

"理论述评"栏目要求：

（1）目的。系统梳理某一领域（学科）研究历史脉络，最新研究进展及未来方向。突出理论性和前沿性。

（2）选题。有意义，属于重点关注领域；范围大小适宜。

（3）主要内容。提出问题：重要性、必要性及意义。正文：梳理研究历史脉络和学术演进的路线图，分析国内外有关研究进展、学术观点、主要贡献等。评价与判断：对前人研究成果进行总结和评价，指出已有研究存在的问题与不足，指明未来可能的研究方向、重点等。

（4）不是对已有文献简单罗列和一般性介绍，要根据有关理论框架或逻辑关系展开分析；重点对已有文献进行"评"，思考、总结与评价。

近年来，为了不断提高办刊质量和水平，更好地为广大作者读者服务，我们进行了一些改革和探索，主要是：①调整充实顾问、学术指导、编委会和外审专家，加强编辑队伍建设；②依托微信公众号、学习强国平台，加强与作者读者的交流；③成立《管理世界》经济研究院；④加大约稿力度；⑤支持高校办会，发现优秀论文和作者；⑥合作研究、共同署名，报送政策研究成果；⑦不固定（动态）页码；⑧优化审稿流程，缩短审稿周期；⑨网站改版、免费下载、网络首发；等等。

我们愿意与学术界同行一道，推动构建具有中国特色、中国风格、中国气派的学科体系、学术体系、话语体系。

感谢各位长期以来对我们办刊的支持。其实，对我们最大的支持，就是做好学术研究，写出好文章，把好文章发表在《管理世界》上！

学者的初心与使命[*]

管理世界杂志社　李志军

2020 年 3 月 25 日，我们为《管理世界》2020 年第 4 期撰写的编者按——亟需纠正学术研究和论文写作中的"数学化""模型化"等不良倾向，见诸报刊和网络媒体，在学术界引起热议、讨论和反响。这是我们没有预料到的事情。

实际上，有关学术研究和论文写作中过度使用数学和模型问题的讨论由来已久。近年来，国内外一些学者从不同的角度，发表过一些很好的意见和观点。

这个问题的实质，涉及做研究、写论文的根本目的和动机，抑或学者的初心和使命。这是一个具有本源性质和意义的问题。

那么，学者的初心是什么？学者的使命又是什么？

一、关于学者

一般地讲，学者是指那些具有较高学问、知识渊博、能在相关领域表达思想、提出见解、引领社会进步的人，包括经济学家、管理学家、思想家、哲学家、文学家、史学家等各领域专家。

在现实社会中，我们见到的学者大多是教授、研究员，其中一些人还担任了校长、院长、所长、主任、馆长等领导职务。但是，拥有教授、研究员头衔的人，并不一定都是学者。

因为，真正的学者是"那些清醒地意识到自身的使命、接受时代教养、训练有素、为真理与道义负责的人"，是能够"自觉到学者的使命，

---

* 原载《学者的初心与使命》（经济管理出版社 2020 年版）。

真诚、高贵、智慧"，"知识上深刻博大、道德上纯洁勇敢的人"①。

古往今来，学者的含义，大致包括两个方面：

第一，做学问、求学问的人。学者以学术为业，探求知识，以此来推动社会进步。学者的一生追求真理，求真知。"究天人之际，通古今之变，成一家之言"，可谓是道尽了千古学者的人生目标和学术理想。宋吴曾《能改斋漫录·记事一》："荥阳吕公教学者读书，须要字字分明。"清姚衡《寒秀草堂笔记》卷三："学者当知所尚，不可视两刻为寻常而忽之耳。"孔羽《睢县文史资料·袁氏陆园》："袁氏（袁可立）陆园在鸣凤门内，……这里是当年文人学者宴会聚集的地方。"

第二，有较高学问、知识渊博的人。学者大都在某个领域有较高的学问，知识渊博，取得了较大成就，能够独立表达思想和见解。《旧五代史·晋书·史匡翰传》："尤好《春秋左氏传》，每视政之暇，延学者讲说，躬自执卷受业焉。"清李渔《比目鱼·赠行》："昨日在几案之上，又见他几首新诗，竟是一个大文人真学者。"鲁迅《而已集·读书杂谈》："研究文章的历史或理论，是文学家，是学者。"例如，陈寅恪、厉麟似、王国维、钱钟书等，以及郭沫若、季羡林、饶宗颐等都是著名学者。

概括起来讲，学者具有四个方面的特质：①具有强烈的社会责任感和使命感；②对探究知识和学问充满激情；③关注人类社会发展的重大问题；④独立思考且具有批判精神。

二、学者的初心是什么

初心，是指做某件事情最初的愿望、最初的原因。初心，又称"初发心"，来源于《华严经》。初心是菩萨修行的开始，觉悟成佛是菩萨修行的结果，初心与正果是密不可分的。华严宗四祖澄观《华严经疏》解释说："初心为始，正觉为终。"《大方等大集经》也讲菩萨"心始心终"，所谓"心始"即初发心。

"不忘初心"一词，出自唐代白居易《画弥勒上生帧记》："所以表不

---

① 盛嘉. 学者的使命［M］. 厦门：厦门大学出版社，2012.

忘初心，而必果本愿也。"意思是说，时时不忘记最初的发心，最终一定能实现其本来的愿望。

"不忘初心，方得始终"，是《华严经》中的名句，意思是只有坚守本心信条，才能德行圆满。

那么，学者的初心是什么？

我们认为，学者的初心应该是致力于追求学识、学问，求真知，通过自己的勤奋和努力，在学术上取得成就，成为某个领域有造诣、有影响的人物；致力于为社会发展服务，为推动社会进步做出贡献。

当今社会，有些学者忘掉了"初心"，或者背离了"初心"。这是很令人遗憾的事情。

三、学者的使命是什么

在中国，"使命"有三种含义：①命令、差遣。例如，《东观汉记·萧彪传》："父有宾客，辄立屏风后，应受使命。"元末明初罗贯中《三国演义》第八回："貂蝉曰：'适间贱妾曾言：但有使命，万死不辞。'"曹禺等《胆剑篇》第四幕："我奉大王使命，和范大夫办理此事。"②应尽任务、应尽责任。例如，瞿秋白《关于高尔基的书》："说起来，文化和知识的传播似乎是'知识阶级'的使命。"杨朔《雪花飘在满洲》："他们正象早春的野草，到处潜伏着苗壮的新芽，时机一到，就会负担起收复失地的伟大使命。"③使者所奉的命令。例如，《北齐书·魏收传》："先是南北初和，李谐、卢元明首通使命，二人才器，并为邻国所重。"《古诗为焦仲卿妻作》："下官奉使命，言谈大有缘。"

学者，是有使命的。德国近代哲人费希特说过，学者的使命是"高度注视人类一般的实际发展进程，并经常促进这种发展进程"[1]。"学者的使命主要是为社会服务，他比任何一个阶层都更能真正通过社会而存在，为社会而存在。因此，学者特别担负着这样一个职责：优先地、充分地发展他本身的社会才能、敏感性和传授技能……因为他掌握知识不是为自己，

---

[1] 费希特. 论学者的使命·人的使命［M］. 梁志学，沈真，译. 北京：商务印书馆，1984.

而是为了社会。"①

我们认为，在当今中国，学者的使命可以归结为两个方面：

第一，研究探索事物的本质和规律，提出自己的思想和独立见解。

学问之道，在学，在问。学者要研究中国问题，讲好中国故事。从我国改革发展的实践中挖掘新材料、发现新问题、提出新观点、构建新理论。要把论文写在祖国大地上，着力提出主体性、原创性的理论观点，提炼出有学理的新理论。

要开展负责任的学术研究。学术研究的目的不是自娱自乐，而是要有社会责任感和时代感，要为国家经济社会发展服务。

学术研究要以问题为导向，而不是以技术为导向。要做有思想的学术，有学术的思想。

要有"板凳要坐十年冷，文章不写一句空"的执着坚守，耐得住寂寞，经得起诱惑，守得住底线，立志做大学问、做真学问。

要把社会责任放在首位，严肃对待学术研究的社会效果，自觉践行社会主义核心价值观，做真善美的追求者和传播者，以深厚的学识修养赢得尊重，以高尚的人格魅力引领风气，在为祖国、为人民立德立言中成就自我、实现价值。

第二，弘扬科学精神和良好的学风，成为时代的道德模范。

学者是一个光荣而庄严的称号。费希特说过，"学者应当成为他的时代道德最好的人，他应当代表他的时代可能达到的道德发展的最高水平"②。学者应当成为时代的道德楷模，既要有社会责任感和使命感，又要有躬行践履的实践精神，他不仅是他所处时代而且也是万世之道德楷模。

学者应当恪守自己的本分。要有独立思考能力和批判精神，决不人云亦云。知之为知之，不知为不知。

要弘扬优良学风，推动形成崇尚精品、严谨治学、注重诚信、讲求责任的优良学风，营造风清气正、互学互鉴、积极向上的学术生态。

要树立良好学术道德，自觉遵守学术规范，讲究博学、审问、慎思、明辨、笃行，崇尚"士以弘道"的价值追求，真正把做人、做事、做学问统一起来。

①② 费希特. 论学者的使命·人的使命［M］. 梁志学，沈真，译. 北京：商务印书馆，1984.

要深刻理解实质性把握中国的基本国情[*]

管理世界杂志社　尚增健

习近平总书记在哲学社会科学工作座谈会上的重要讲话，系统论述了哲学社会科学的重要地位、时代背景，提出要"加快构建中国特色哲学社会科学"①，这是习近平总书记对哲学社会科学工作提出的明确要求。坚持以马克思主义为指导，坚持以人民为中心的研究导向，立足中国、借鉴国外，挖掘历史、把握当代，关怀人类、面向未来，着力构建中国特色哲学社会科学，这是时代赋予我们哲学社会科学工作者的使命职责。

自改革开放以来，我国哲学社会科学获得了空前发展，在政治经济文化建设各方面发挥了不可替代的作用。但不可否认的是，一些学术研究特别是理论研究，存在大量简单套用西方概念和范畴的现象，既缺乏中国的人文、制度因素，也没有对西方概念和范畴的"融会贯通"，更缺乏主体性和自信力；一些研究成果虽然聚焦了中国现实问题，也提出过许多政策建议，但往往忽视甚至完全偏离中国的基本国情，忽视我们与西方资本主义国家在基本道路、基本理论、基本制度甚至文化传承间质的差异，盲目追求所谓纯粹学术性或学理性的研究，实际是在以西方社会历史情景中形成和发展的理论学说，分析和指导我们具有中国特色的伟大社会实践，这无异于缘木求鱼，结果是理论研究没思想、学术研究无根基、政策研究不落地。哲学社会科学研究带有鲜明的阶级立场和时代特征，无论是理论工

---

　　*　原载《探索与争鸣》2021 年第 7 期。
　　①　习近平总书记在哲学社会科学工作座谈会上的讲话，2016 年 5 月 17 日。

作者还是社会科学期刊，都要把哲学社会科学研究建立在中国社会发展所需、人类和谐进步所求之上。做到这一点，首先是要搞清楚中国最大、最基本的国情是什么，这是我们构建中国特色哲学社会科学体系、研究中国问题讲好中国故事的根本出发点和落脚点。

一、中国最大的国情就是中国共产党的领导

我们中国最大的国情是什么？早在 2014 年习近平总书记就明确告诉我们，"中国最大的国情就是中国共产党的领导。什么是中国特色？这就是中国特色"[①]。"中国特色社会主义是社会主义而不是其他什么主义，科学社会主义基本原则不能丢，丢了就不是社会主义"[②]。"中国共产党的领导"和"中国特色社会主义是社会主义"，就是我们中国最大的国情。

政党是集中代表特定阶级利益的政治组织。政党的性质，是一个政党本身所固有的规定性，也是一个政党区别于其他政党的根本标志。中国共产党自 1921 年诞生起，就是按照马克思列宁主义原则建立的完全新型的工人阶级政党，代表着中国最广大人民的根本利益，而代表最广大人民的根本利益、带领全体人民走共同富裕的社会主义道路，同样是由马克思主义政党根本性质决定的。是谋求人民大众的利益还是谋求私人资本的利益，是社会主义与资本主义制度间的本质差异。中国特色社会主义道路是近代以来中国人民经过艰辛探索最终选择的现代化道路，是中国共产党和中国人民在不屈不挠的实践中探索出的唯一正确的道路。中国特色社会主义是始终坚持中国共产党集中统一领导的社会主义。四十多年来，中国社会快速进步，民生福祉极大增进，社会公平正义显著提升，这与坚持科学社会主义基本原则是紧密联系在一起的。离开以人民为中心的中国共产党的领导，离开"为中国人民谋幸福"和"为中华民族谋复兴"，就谈不上中国特色社会主义。中国特色社会主义是始终坚持社会主义市场经济改革方向的社会主义。四十多年来，中国经济快速发展，经济总量稳步提升，

[①]　习近平在参加河南省兰考县委常委班子专题民主生活会时的讲话，2014 年 5 月 9 日。

[②]　习近平在新进中央委员会的委员、候补委员学习贯彻党的十八大精神研讨班上的讲话，2013 年 1 月 5 日。

综合国力极大增强，国际地位显著提高，这与选择和发展社会主义市场经济是紧密联系在一起的。离开社会主义市场经济，离开"有效的市场"和"有为的政府"两者的统一，同样谈不上中国特色社会主义。①

这就是我们构建中国特色哲学社会科学需要深刻理解实质性把握的中国国情。

一段时期以来，我国的哲学社会科学研究基本上驻足于验证西方理论的某个简单观点，或是或多或少增添一些中国元素后对这些观点进一步解释和修正，几乎没有提出有深度有中国特色的学术思想、学术理论或模型架构，真正的学术贡献有限。事实上，社会科学与自然科学是不一样的，社会科学研究无不带有价值判断和立场取向，而这种价值判断和立场取向都是以基本国情为最终归宿。一个典型的现象是，无论经济学还是管理学，在对待发展国有企业问题的实证分析上，几乎无一例外地得出国有企业绩效相对低下的结论。这样的结论在特定情境下是成立的，也是我国进一步深化国有企业改革的基本缘由。但是我们必须清醒地认识到，国有企业在我国国民经济中的特殊地位与作用。我们对国有经济功能的定位是服务国家经济高质量发展。按照经济高质量发展要求，"十四五"时期乃至未来更长时期，国有企业要以新发展理念为指导，在创新型国家建设、"一带一路"、制造强国建设、民生改善等国家重大战略中发挥关键作用，国有资本绝大部分集中于提供公共服务、发展重要前瞻性战略性产业、保护生态环境、支持科技进步、保障国家安全等真正关系到国家安全、国民经济命脉的关键领域和公益性行业。因此，机械套用西方市场经济情景下形成的绩效理论分析国有企业的作用问题，不仅缺乏对国有企业性质与职能定位的深刻理解，也缺乏实质性把握我国是社会主义国家这一最大国情。

---

① 何毅亭. 中国特色社会主义是社会主义而不是其他什么主义 [N]. 学习时报, 2018 – 12 – 07.

二、坚定"四个自信"是构建中国特色哲学社会科学的根基

实现民族独立和人民解放、实现国家富强和人民富裕是近代中国的两大历史任务。中国共产党人在领导中国革命过程中，创造性推进马克思主义与中国实际相结合，形成了毛泽东思想，经过艰苦卓绝的奋斗，解决了民族独立和人民解放的历史任务。自改革开放以来，中国共产党人不忘初心，坚持推进马克思主义与中国实际相结合，形成了由邓小平理论、"三个代表"重要思想、科学发展观、习近平新时代中国特色社会主义思想构成的中国特色社会主义理论体系，指引我们走向民族的伟大复兴。①

2021 年是中国共产党建党百年，回顾建党历史，中国共产党百年初心历久弥坚，领导中国各族人民，传承和发展中国优秀传统文化、革命文化和社会主义先进文化，坚持不断推进马克思主义中国化，坚持中国特色的社会主义制度，走出了一条中国特色的社会主义道路，取得了民族独立、人民解放和经济社会发展的伟大业绩。"全党要坚定道路自信、理论自信、制度自信、文化自信。当今世界，要说哪个政党、哪个国家、哪个民族能够自信的话，那中国共产党、中华人民共和国、中华民族是最有理由自信的。"② 中国特色社会主义取得巨大成就之际，我们对社会主义的认识，对中国特色社会主义规律的把握，已经达到了一个前所未有的新高度。党的十八大以来，我们党以续写中国特色社会主义宏伟蓝图的历史使命感和责任担当，不断推进理论创新，不断深化对中国特色社会主义规律的认识。③ 如今的我们已经创造出了具有中国特色的社会经济制度，"中国共产党领导的制度是我们自己的，不是从哪里克隆来的，也不是亦步亦趋效仿别人的"。这种制度是专属于中国的，对我国未来的发展具有巨大的理论意义、现实意义和深远的历史意义。在基本道路、基本理论、基本制度和文化传

---

① 唐爱军. 中国特色社会主义理论体系文献导读［R］. 中共中央党校讲稿，2020.
② 习近平总书记在庆祝中国共产党成立 95 周年大会上的讲话，2016 年 7 月 1 日。
③ 王香平. 中国共产党的领导是中国的最大国情、最本质特征［EB/OL］.［2016 – 12 – 09］. http：//theory. people. com. cn/n1/2016/1209/c143844 – 28937108. html.

承上早已经独立行走的我们，有何理由还要在社会科学研究上亦步亦趋呢？中国的哲学社会科学研究已经到了需要跨出移植西方理论和学术脉络的阶段，建立中国特色哲学社会科学的条件已经成熟，我们要以构建人类命运共同体的理念和视野，总结中国道路的历史脉络、理论脉络和实践脉络，建设具有中国特色、中国风格、中国气派的哲学社会科学。

三、社会科学期刊要积极发挥"理论创造"的引领作用

习近平总书记在哲学社会科学工作座谈会上的讲话中，两次使用了"理论创造"一词："把坚持马克思主义和发展马克思主义统一起来，结合新的实践不断作出新的理论创造，这是马克思主义永葆生机活力的奥妙所在。""当代中国正经历着我国历史上最为广泛而深刻的社会变革，也正在进行着人类历史上最为宏大而独特的实践创新。这种前无古人的伟大实践，必将给理论创造、学术繁荣提供强大动力和广阔空间。"① 创造与创新不同，创造意味着不是对已有理论的简单递进，而是结合中国最大的国情和最新的社会实践，实现马克思主义中国化的更大发展。党的十八大以来，习近平同志发表了一系列重要讲话，形成了一系列治国理政的新理念、新思想、新战略，进一步丰富和发展了党的科学理论，为哲学社会科学的繁荣发展提供了科学指导；党中央高度重视和采取了一系列重大举措，为哲学社会科学的繁荣发展提供了根本的政治保证；全社会的关心和支持，为哲学社会科学的繁荣发展创造了良好的社会环境②。社会科学期刊要抓住机遇，努力为繁荣发展我国哲学社会科学做出积极贡献。

社会科学期刊引领学术研究讲好中国故事，首先就是要坚持以马克思主义为指导，这"是当代中国哲学社会科学区别于其他哲学社会科学的根本标志，必须旗帜鲜明加以坚持"③。支持和鼓励理论研究工作者深刻理解和实质性把握中国国情，紧扣新时代我国经济社会发展面临的重大问题，

---

①③ 习近平总书记在哲学社会科学工作座谈会上的讲话，2016 年 5 月 17 日。
② 本报评论员. 抓住理论创造学术繁荣的时代机遇——论学习习近平总书记在哲学社会科学工作座谈会上重要讲话精神 [N]. 经济日报，2016 - 05 - 19.

从学理层面上提出研究命题，构建学术范畴，建立话语体系。在中国稳步进入新时代而世界经历百年未有之大变局的历史时点，敢于突破西方语汇的局限，在构建中国特色哲学社会科学研究中创造性地构建中国的语汇、概念、范畴和理论，在传承中华优秀传统文化和革命文化、发展社会主义先进文化中，着力提出主体性、系统性、原创性的理论观点，提炼出富有学理性的中国特色社会主义新理论。其次，要"不忘本来、吸收外来、面向未来"①。社会科学期刊要立足中国实践，坚定学术自信，要多组织、多发现基于中国情境、体现继承性民族性原创性时代性的研究成果；要敢于打破以西方为主的研究范畴和研究范式，积极探索中国特色社会主义制度下的新学科、新理论、新范畴、新概念和新范式；要多发现多刊发从我国改革发展实践中发现新问题、挖掘新材料、提出新观点、构建新理论，体现系统性、专业性的学术研究成果；要多营造多倡导学术争鸣、学术创新、学术守信的学术风气。在推进学科体系、学术体系、话语体系的建设与创新，构建全方位、全领域、全要素的哲学社会科学体系进程中，正确把握方向，勇于创新担当，尽职尽责尽忠。

---

① 习近平总书记在哲学社会科学工作座谈会上的讲话，2016 年 5 月 17 日。

第二篇

积极响应习近平总书记号召

把论文写在祖国大地上

"把论文写在祖国大地上"的
深刻寓意及实现路径[*]

中共中央党校（国家行政学院）　　丁元竹

2016 年 5 月和 2020 年 8 月，习近平总书记在与自然科学工作者和哲学社会科学工作者座谈交流时都要求"把论文写在祖国大地上"。我理解总书记的本意是要求中国学者，无论是自然科学家还是社会科学家都要面向中国实际，面向中国问题，解决中国问题，为国家服务，为中国特色社会主义现代化国家建设服务，这是学术研究的根本目的。

前不久，我在一次会议上听陈薇院士谈疫苗开发。她说，全世界第一针新冠肺炎病毒疫苗于 2020 年 2 月由中国科学家在武汉试打，她的团队在全球 71 个国家进行了三期临床试验。陈薇院士和她的团队疫苗研发实际上讲了一个如何"把论文写在祖国大地上"的中国故事。

一、中国知识分子应承担起为民族谋复兴的历史责任

自 1840 年以来，中国与西方经济社会文化碰了头，"中国道路""中国学术"就提上了议程。中国共产党百年历史、百年中国学术史围绕着"中国道路""中国制度""中国化""学以致用""全盘西化""反全盘西化""中学为体，西学为用"等各种发展路径进行了热烈讨论，其中不乏激烈争论。

这里我想起一件事情，很多年以前，我读到哈佛大学费正清教授指导

---

* 原载《管理世界》2021 年第 9 期。

的一位名叫大卫·阿古什（R. David Arkush）的博士生写的博士论文《费孝通和革命中国的社会学》，文里讲到，1938 年费孝通在英国完成论文答辩后，没有等到学校颁发博士学位证书就匆匆踏上归国道路。后来我问起费孝通先生这件事情，费孝通先生说确有其事。我问他为什么？他说不为什么，因为当时日军入侵，大家都应该为国家效力。费孝通先生原来计划从广东入境，后来广东被日军占领，入境困难，他就绕道越南，从越南进入云南，到了云南大学，再到西南联大。这件事情让我想起五四运动中人们说过的一句话，叫"探索中国的前途和命运是先进中国人的共同要求"，这是那个年代的时代精神。进一步说，五四运动使人们认识到读书的目的不是为了"天子"的科举考试，而是为了求得有用的知识和为正在沉沦的民族寻求出路，探索中国的前途和命运成为全体先进中国人的共同要求。五四运动高举科学和民主旗帜，在实践中启蒙了一系列社会运动："二七事变""五卅运动""国共联合战线"和 1927 年国民革命等。大革命失败后，一大批知识分子或者深入农村建立革命根据地，或者坚守城市动员工农开展革命运动。毛泽东同志深入农村，在调查研究的基础上，于 1927年 3 月写下了《湖南农民运动考察报告》，1928 年 10 月写下了《中国的红色政权为什么能够存在?》等一系列调查文稿，全面深入剖析了中国革命的实际，探索中国革命的方向，最终找到了建立革命根据地，走农村包围城市，最终夺取政权这一符合中国实际的道路，领导人民建立了新中国。

　　这里我还想讲一个故事。20 世纪 80 年代，当时有一位英国学者名叫利奇（Edmund Leach），是费孝通先生在伦敦政治经济学院的同班同学，利奇在一本书中批评费孝通写的《江村经济》是中国人研究中国社会，是不客观的、非标准的人类学做法。在利奇看来，真正的人类学者应去研究异民族，就像他们的导师马林诺夫斯基（Bronislaw Kaspar Malinowski）作为一个英国人去研究大西洋岛上的原住民一样。对此费孝通先生回应道：自己学人类学是为了解决中国社会问题，自己本是学医学的，1927 年大革命之后，觉得要治好个人的疾病必须先解决好社会问题，于是他 1930年便由东吴大学医学系转到燕京大学社会学系。中国近现代史的历史特点要求中国知识分子必须做出为民族而进行学术研究的选择。我在查阅 20

世纪 30 年代的《北京晨报》《天津益世报》时看到，费孝通跟一些学者在学术上的争论："为学术而学术"是不是正确之道？费孝通表示，为学术而学术，"我是不从的"，真正的学术是有用的知识。

今天面对百年未有之大变局领会习近平总书记"把论文写在祖国大地上"这句话的深刻寓意：面对中华民族两个百年目标和一百多年来先进中国人的世纪求索、奋斗、牺牲，中国知识分子应当承担其自己为人民谋幸福、为民族谋复兴的历史责任。"把论文写在祖国大地上"是从中华民族近代历史、中国百年学术史和中国特色社会主义现代化国家建设的历史高度对中国学术界提出的时代课题，包含了丰富的历史和时代内涵。

二、积极探索把"把论文写在祖国大地上"的实现路径

一是要进一步明确学术的目的和价值，尤其在中国这样一个历经百年奋斗，一直在民族复兴道路上探索的巨型国家，学术意味着通过研究寻求有用的知识，服务于民族复兴，这是中国学术界不能回避的问题。学术界如何通过自己的学术方法和学术理论来构建真正有用的知识，服务于中国特色社会主义现代化国家建设，是"把论文写在祖国大地上"的核心和关键。中国风格的学术研究要从中国实际出发，研究中国的实际问题，提出解决中国问题的方案，为民族复兴和人民幸福服务，在这个过程中不断完善学科体系、理论体系、方法体系、话语体系，展示中国学术的文化主体性。

二是立足中国放眼世界把论文写在祖国大地上。习近平总书记说："树立国际视野，从中国和世界的联系互动中探讨人类面临的共同课题，为构建人类命运共同体贡献中国智慧、中国方案。"① 每一哲学社会科学，包括管理学的基本理论背后都基于特定的社会结构、文化结构和文化价值，离开这一点就不能理解中国特色、中国风格、中国气派，也就难以"把论文写在祖国大地上"。对于这个问题，学术界过去重视不够，忽视了

---

① 习近平. 在经济社会领域专家座谈会上的讲话［EB/OL］.［2020-08-24］. http://www. xinhuanet. com/politics/2020-08/24/c_ 1126407772. htm.

哲学家、社会科学家、管理学家都不能离开自己生活的社会、文化、历史环境去思考现实问题这一基本事实。任何哲学社会科学，包括管理学背后的原理和理论，都是研究者、创立者基于自己所处社会的环境，对人、对人的本质的理解和把握。哲学社会科学，包括管理学不能完全跨文化和无国界，这是新发展阶段认识哲学社会科学必须把握好的基本方向。如果说哲学社会科学，包括管理学过去主要是聚焦于公共事务管理、经济事务管理、社会事务管理等一些主权国家内部的管理问题，那么在进入全球化时代，特别是经历 2020 年的新冠肺炎疫情在全球大暴发，如何处理好不同文化之间的关系，不同心态之间的关系，国与国之间的关系问题应成为中国哲学社会科学，包括管理学必须研究和回答的重要问题。要处理好这样的全球关系，管理好这样的全球问题，文化是核心。跨文化之间的行为、群体与群体、国与国之间的管理，最需要的就是文化之间的沟通，文化之间的相互容忍，相互认同，尊重欣赏，在此基础上寻找共同解决问题的办法。只有理解不同文化和不同文化环境下的人，才能更好交往交流交融，才能重构全球治理体系。在 5000 多年文明进程中，中华民族创造了博大精深、灿烂辉煌的文化。我们必须从中国社会主义现代化国家建设出发，立足 5000 年中华文明、中国百年学术史、思想史的积累去认识和把握"把论文写在祖国大地上"的寓意。面对错综复杂的国际关系和全球格局变化，文化的内容自然应该纳入全球治理议程中，通过对文化行为分析，使哲学社会科学，包括管理学能够体现人文内涵。哲学社会科学、管理学应当遵循这样一个逻辑：不断地从微观走向中观、宏观，走向对全球不同个体、不同群体和不同人际关系的理解，处理和解决好当前面临的各种棘手问题，最终形成解决纷繁复杂全球问题的学科体系、方法体系、话语体系。

三是坚定不移推动科研管理体制改革和创新。近期网络上各种舆情云起，热点问题频现，其中引起人们关注的话题之一是科技部和教育部联合发文破除 SCI 论文至上的文件，以及学术界对这个话题的热议。这个问题的实质是：如何界定学术的目标、目的和学者的责任问题，以及是"把论文写在祖国大地上"还是"写在书斋里"的问题。如前所述，这不仅是当前或者近时期的学术热点，还是一个中国百年学术史上不断讨论的重大问题。"把论文写在祖国大地上"要求有关部门严格执行落实党中央、国务院三令五申推动科研创新的有关指示精神,破除各种不利于推动中国特色、中国风格、中国气派的哲学社会科学和管理学发展的桎梏,比如,简单以论文数量评价各种科研成果,强调"为学术而学术",而不关注"学术是有用的知识"和能够服务于现代化的知识等基本常识,进一步加强科研制度建设。要推动"把论文写在祖国的大地上",一方面,要通过各种方式来引导学术界立足中国放眼世界,把精力放在研究中国问题和解决中国问题上;另一方面,要完善相应的制度体制,比如,用什么样的指挥棒来引导学术研究,从单纯为学术而学术,为论文而论文,走向解决问题,这是需要一定措施和组织保障的。财务制度如何能适应科学家的研究?比如说,人类学家进入实地,住在农牧民家里做实地研究,一住几个月,吃住没有发票,财务制度如何去适应这样的研究?这些都要求有关管理部门从科学研究的实际出发,实事求是,解放思想。要相信科学家,给他们提供更大的便利,使他们有时间、有机会、有条件深入实地扎扎实实地做好认识中国问题,研究中国问题,提出解决中国问题的办法和思路。

"把论文写在祖国的大地上"要求大张旗鼓地宣传和支持学术研究探索中国的实际问题,生产有用的知识,服务于中国特色社会主义现代化国家建设。中国共产党成立 100 年来领导中国人民取得了社会主义革命和建设的胜利,取得了改革开放的成功,都是立足中国实际,不断借鉴和学习各国经验的结果。从马克思主义理论与中国革命具体实践相结合,到改革开放是一部中国共产党人不断理论联系实际,与世界交流、与世界对话、与世界相互学习的历史。学术研究要立足中国深厚的文化沃土,不断耕耘,努力"把论文写在祖国大地上",扎扎实实建立和完善中国特色的学科体系、学术体系、话语体系。

对将论文写在祖国大地上的三点思考[*]

北京大学　沈　艳

　　很荣幸受邀参加"研究中国问题　讲好中国故事——把论文写在祖国大地上"研讨会。2020 年 8 月 24 日，习近平总书记在中南海主持召开经济社会领域专家座谈会时指出，"新时代改革开放和社会主义现代化建设的丰富实践是理论和政策研究的'富矿'"，希望广大理论工作者"从国情出发，从中国实践中来、到中国实践中去，把论文写在祖国大地上，使理论和政策创新符合中国实际、具有中国特色"。为理论工作指出了方向与检验标准，就是要从中国实践中来，同时以中国实践作为检验的最终标准。本文从三个角度来思考这一问题：一是从国际视角浅谈社会科学更重视解决方案的必要性；二是讨论实证分析中内部有效性（Internal Validity）与外部有效性（External Validity）的关系；三是学者践行将论文写在祖国大地上需要的一些举措。

　　首先，"将论文写在祖国大地上"的呼吁指出经济社会领域研究工作的一个问题，就是不少理论研究成果在解决实际问题中作用有限。这并不仅是中国社会科学领域的问题，国际学术界也展开对社会科学是否应当更重视解决方案、让实践作为检验真理的标准的反思。例如，2017 年社会科学刊物"Nature Human Behaviour"发表 Watts 的"社会科学是否应该更注重解决方案"一文，将对现有的社会科学体系在解决实际问题中的作用比作"温切斯特神秘屋"，这个屋子由一位叫温切斯特的女士出资建造，其特点是除了外面看起来是个建筑，单独看每个部分都很精致，但却不具

---

* 原载《管理世界》2021 年第 9 期。

备居住功能：屋子的楼梯直接进入墙壁，门打不开、彩色玻璃窗也安装在室内等（Watts，2017）。作者认为，社会科学中也存在虽然个人的学术研究成果遵守了严格的学科标准，但没有人关心这些成果在现实中如何应用而"百无一用"，故此呼吁社会科学的研究重点应从发表论文转向解决实际问题。可以说，"将论文写在祖国大地上"的要求，与国际学术界对社会科学的理论和实证研究在更能解决实际问题方面异曲同工。

当然，社会科学理论重视理论分析而轻视实证工作的部分原因可能是，与自然科学中大量理论可以用仪器、实验室验证相比，证实或者证伪社会科学理论在实际中的作用都更困难，故而研究重点更多在理论本身。对这一点，经济学领域在 20 世纪 80 年代已经展开反思。例如，Leamer（1983）指出："几乎没有人真的把数据分析当回事。或者说，把别人的数据分析当回事"，呼吁展开"可信度革命"（Credibility Revolution）。

过去 30 年"可信度革命"的主要思路是强调内部有效性（Internal Validity），思路是从实验设计的方向着手、关注如何对社会科学实际问题作因果推断。LaLonde（1986）的研究是这一研究倾向变化的标志性成果。在他的论文中，作者的目标是评估福利计划 NSW 的政策效果。将 NSW 政策实施作为原因，作者发现采用观测数据得到的结论与采用随机实验得到的结论大相径庭，甚至符号相反，因此指出随机实验的结果更可靠。Ashenfelter（1987）也认为，随机实验是未来大势所趋。Angrist 和 Pischke（2010）界定经济学实证分析可信度革命的主要内容为重视实验设计、强调因果推断内部有效性（Internal Validity）的研究范式。目前基于这一研究范式、有着完善因果设计的研究成果在各个领域已经有了成千上万的论文，这对运用数据分析助力理解现实问题有着非常积极的贡献。

但是当前学界对上述研究范式主要有两类批评，一是外部有效性的问题。也就是说，从一个实验或者准实验中得到的结论，难以外推到这个实验以外的场景中。二是基于实验、强调内部有效性漂亮的因果推断研究，将注意力更多集中到了实验的设计上，而不是对国家社会有重大意义的问题上。这一批评持续数十年，Findley 和 Kikuta（2021）批评社会科学研究对内部有效性的迷恋已经像掉入了《爱丽丝幻游奇境记》中的兔子洞里。

要让实证研究成果能切实经得住现实的检验，需要兼顾内部有效性和外部有效性。一方面，在实证分析中强调因果推断对于恰当评估一项政策效果的重要性仍然不容低估，这是因为样本选择偏误、数据测量误差等，仍然因为产生内生性而导致政策效果评估的偏差。另一方面，即便一项研究作出了完美的因果推断，其研究结论是否可以外推，仍然是实证研究不能回避的问题。Findley 和 Kikuta（2021）的推导表明，忽略外部有效性和忽略内生性一样会导致错误的推断结论。

至少有以下三个维度需要考虑：一是样本与总体的关系，也就是基于现有研究样本的结论，是否可以推广到更一般的总体，比如基于一个城市的研究是否可以推广到全国；基于发达国家的研究结论是否可以推广到发展中国家。二是时间，如在当下的大数据时代，数字化加平台化给中国的经济结构带来深刻变革，那么基于历史数据的研究结论，是否可以适用于当下？三是作用机制。由于随机实验的理想状况是通过精巧的实验设计，被评估的个体在其中的行为都是应对外生冲击的本能反应。这一分析的一个代价可能是"知其然不知其所以然"，也就是能评估出一项政策的效果，但是对于政策为什么会用这种效果、如果在非实验状态下政策发生效果的机制语焉不详。

要将论文写在祖国大地上、作出兼顾内部有效性和外部有效性的高质量理论与实证研究，这对学者了解现实提出了更多的要求。例如，需要重视田野调查。可喜的是，过去十多年中国学者对收集和采取可以与国际接轨的调查数据方面作出了大量的努力，如中国养老与健康追踪调查（CHARLS）、中国家庭追踪调查（CFPS）、中国家庭金融调查（CHFS）等有全国代表性的样本数据的收集，不仅为学者的研究成果具有外部有效性提供了良好的数据基础，也在收集调查数据过程中，培养了一批研究人才。又如，学者需要加强对现实的了解，通过对自己所处领域、所在的行业、国内外企业、政府相关部门和国际组织的沟通，加强对中国实际的了解。

当然，要倡导学者将论文发表在祖国大地上，还需要关注到学术培训和激励机制的设计。这是因为尽管社会科学旨在理解、解释和尝试干预现实世界的社会现象，但学者在专业化的学科环境中成长，其训练目标是对自己所在具体领域的特定理论和方法框架有非常深刻的认识，然后将这些框架应用于研究，形成的成果经过同行评议后在期刊发表。在这种体系下，大多数人看重新颖的、违反直觉的或有趣的结果，而不是知识的稳步累积进步。《深化新时代教育评价改革总体方案》对"破五唯"等安排的恰当实施，将是这一机制设计的重要部分。

最后，也要防止一种倾向，就是将倡导论文写在祖国大地上和论文在国际期刊发表相对立。扎根中国大地，在中国经济实践中不断推进经济学理论创新和实证分析。与此同时，将研究成果与国际同行沟通、交流、发表，也是讲好中国故事的重要部分，有助于实现"认识世界"和"改造世界"的统一。

参考文献

［1］Ashenfelter O. Estimating the Effect of Training Programs on Earnings ［J］. The Review of Economics and Statistics，1978，60（1）：47 – 57.

［2］Angrist J. G. ，Pischke J. The Credibility Revolution in Empirical Economics：How Better Research Design is Taking the Con Out of Econometrics ［J］. Journal of Economic Perspecitives，2010，24（2）：3 – 30.

［3］Findley M. G. ，Kikuta K. External Validity ［J］. Annual Review of Palitical Science，forthcoming.

［4］LaLonde R. J. Evaluating the Econometric Evaluations of Training Programs with Experimental Data ［J］. American Economic Review，1986，76（4）：604 – 620.

［5］Leamer E. Let's take the con out of Econometrics ［J］. American Economic Review，1983，73（1）：31 – 43.

［6］Watts D. Should Social Science be More Solution – oriented？ ［J］. Nature Human Behavior，2017，1（1）：15.

胸怀两个大局 研究全新议题[*]

浙江大学 刘培林

当前世界处在百年未有大变局中，我国要在这样的发展环境中实现现代化和民族复兴。对于各学科研究人员尤其是经济管理等社会科学研究人员而言，要胸怀中华民族伟大复兴战略全局和世界百年未有之大变局这"两个大局"，为国家建言咨政。在我国现代化征程中，有些议题可以借鉴自身的历史经验和国际经验，但有些议题则没有历史经验可供借鉴。对于这些全新的议题，经济管理研究人员需要予以格外的关注。这既是实践的呼唤，也是取得重大理论突破的机会所在。比如，如何积极营造良好外部环境，就是一个需要高度关注的议题。

我国作为一个人口规模堪比大洲的国家，之所以能在四十年时间里，从一个人均收入水平很低的低收入国家跻身上中等收入国家行列并接近高收入国家门槛，一个重要前提就是相对和平的国际环境。正是在"和平与发展的时代主题"之下，我国的改革开放和建设事业才得以顺利推进。

进入21世纪之后党中央审时度势，在党的十六大上提出："综观全局，21世纪头20年，对我国来说，是一个必须紧紧抓住并且可以大有作为的重要战略机遇期。"这是站在时代发展和战略全局的高度，在全面深入分析国内外形势的基础上作出的科学判断。基于这一判断，我国做出了在21世纪头20年全面建设惠及十几亿人口的更高水平的小康社会的部署。回顾21世纪头20年的历史，可以说这个判断是准确而富有远见的。

全面建成小康社会之后，我国将乘势而上全面开启现代化建设新征

---

* 原载《管理世界》2021年第9期。

程。参照日本、韩国等一些成功实现经济追赶的经济体经验，单纯从潜力上讲，到 2035 年基本实现现代化时，我国名义人均国内生产总值接近美国的 40%、经济总量以一定幅度超过美国，成为世界第一大经济体，是有可能的。但是，这个潜力要变为现实需要诸多条件。良好的外部环境就是其中的重要条件之一。尤其是在今后 10 ~ 20 年我国实现现代化最关键的阶段上，良好的外部环境更是不可或缺的。

历史经验表明，单靠经济规模壮大并不能赢得良好的外部环境，即使经济总规模处在世界第一，如果技术水平尚未达到全球前列，也未必有绝对的国家安全。

历史经验表明，国际力量格局变化犹如逆水行舟，经济绝对规模和相对规模的萎缩，更不利于赢得良好而和平的外部环境。1870 年时中国经济总规模仍然为全球最大，比排名第二的印度高出 40%，接近排名第三的英国和排名第四的美国的两倍，相当于当时日本的 7.5 倍，但是之后短短 20 年左右的时间内，美国经济总规模因为人均产出快速增长和人口规模的扩大而直线上升，中国经济总规模因为人均产出降低和人口减少而绝对下降。中国全球经济规模第一的地位在短短 20 年内被美国取代，用"其衰也忽焉"来形容中国经济当时的情形，不为过。近代史表明快速减弱的国力招致了更为不利的外部环境。

其他学者对历史经验的研究还表明，在世界第二大经济体规模爬坡最吃劲、国际力量格局对比迅速变化的时期，更是有所谓"修昔底德陷阱"和相伴随的战争风险。正是出于对这些问题的深刻认识和前瞻性把握，2017 年 1 月习近平主席在瑞士日内瓦出席"共商共筑人类命运共同体"高级别会议时所发表的主旨演讲中，深刻而系统地阐述了人类命运共同体理念，并提出各方应该树立共同、综合、合作、可持续的安全观。这样的新安全观关系到世界各国而不仅仅是我国的发展环境。

历史经验和当今的现实都揭示了和平的国际环境对于我国未来发展的极端重要性。有了和平的国际环境这个条件，无论发展步伐快一点还是慢一点，实现现代化都是可期的。但倘若没有了这样的条件，我国的发展进程，将和其他国家一道受到重大冲击，长远影响难以预计。从这个角度讲，和平的国际环境，不仅是我国发展的一个外在条件，在很大程度上也是我国乃至其他国家核心利益的重要组成部分。

党的十九届五中全会提出："当前和今后一个时期，我国发展仍然处于重要战略机遇期，但机遇和挑战都有新的发展变化。"也就是说，我国今后发展所处的战略机遇期，与 20 年前的情形相比，发生了不小的变化。具体来说，目前我国明显不再是给定外部环境下谋求自己发展的小经济体，我国自己本身的战略判断、战略安排，本身就会对外部环境产生重大影响，并通过和其他国家的互动而反过来影响自身。甚至在 2020 年之前这个态势已经比较明显。这就决定了今后对所处的外部环境的判断，需要一个新的角度，即把自身作为自变量的角度。

中央政治局委员、中央外事领导小组办公室主任杨洁篪同志在十九届五中全会精神解读文章——"积极营造良好外部环境"中提出，要"维护和延长我国发展的重要战略机遇期"。如何"积极营造良好外部环境"，如何"维护和延长我国发展的重要战略机遇期"，如何落实"共同、综合、合作、可持续的新安全观"，这些相互关联、意义重大议题，就是时代给社会科学研究者提出的任务。

更具体地看，我国这样一个人口规模巨大的经济体，在实现现代化的过程中将要面临的挑战当中，有一些是非常特殊的，难以从工业革命以来的历史经验中寻求有益的借鉴，需要当代学者寻找答案。过去将近三百年的历史上，全球领先国家位次更迭的共同的特点是，GDP 总量和人均水平大体同步。1820 年作为世界领先国家的英国，GDP 为世界第三（比中国和印度低），同时，其人均 GDP 为全球第二（略低于荷兰）。1890 年美国 GDP 成为世界第一，其人均 GDP 水平处在全球第二的位置（仅次于英国）。

与这些历史经验所不同的是，今后 10～20 年，中国的 GDP 有可能重新成为世界第一，但人均 GDP 在世界的相对水平尚难以跻身世界前列，更低于英国和美国先后成为世界领先国家时的情形。

这个与历史经验的不同之处，带来了复杂的挑战。国际社会普遍期待中国在全球公共产品提供方面承担更大的与经济总体量相称的甚至更大的义务。简要而言，就是希望中国多出力。这种期待虽然不无道理，但不同国家对中国角色的期待和定位，中国自身对角色的定位，可能并不完全一致。比如，一些大体量的发达国家可能希望中国多出力但又不要大幅度地改变现有国际治理安排；大部分发展中国家可能希望中国全方位发挥更加重要的作用。我国怎么样在"出力"的同时"落好"，赢得国际社会最广泛的认同，颇不容易。在很大程度上可以说这不仅是中国的新议题，也是世界的新议题。围绕这些议题，我国学者应当提出富有智慧的方案。

哲学社会科学研究的精神、道德与情怀[*]

中国社会科学院　　李金华

习近平总书记在《在哲学社会科学工作座谈会上的讲话》中指出："一切有理想、有抱负的哲学社会科学工作者都应该立时代之潮头、通古今之变化、发思想之先声，积极为党和人民述学立论、建言献策，担负起历史赋予的光荣使命。"广大哲学社会科学工作者要坚持人民是历史创造者的观点，树立为人民做学问的理想，尊重人民主体地位，聚焦人民实践创造，自觉把个人学术追求同国家和民族发展紧紧联系在一起，努力多出经得起实践、人民、历史检验的研究成果。这是哲学社会科学工作者的人生目标，也是哲学社会科学研究的行为准则。

一、哲学社会科学研究应当崇尚科学精神

科学是关于自然界、社会和思维的知识体系，是人类实践经验的系统性总结和积累。科学研究的目的在于揭示客观事物的本质和现象间的必然联系，改造人类生活，推动社会进步，提升人类福祉。科学技术改变了人类社会，也催生了哲学社会科学。从 16 世纪后期起，以天文学领域认知的重大变革为标志，近代自然科学开始创立和形成。人类冲破了传统思维方式的束缚，造就了自然科学一系列伟大的发现和成就，开辟了全新的科学研究领域，形成了丰富的科学知识体系。也就是在这种背景下，法国思想家卢梭提出了"社会契约论"，荷兰思想家格劳秀斯提出了"天赋人权

＊ 原载《管理世界》2021 年第 9 期。

论"，现代社会科学也应运而生，这其中还包括亚当·斯密、大卫·李嘉图所创立的古典经济学。可见，哲学社会科学与自然科学一样是与人类社会实践和人类社会发展相生相伴的。哲学社会科学工作研究应当始终以服务社会、服务人类为根本宗旨，坚持真理、联系实践，使研究成果能真正促进人类进步，提升人类福祉。这是崇高科学精神的要求。

科学精神的内核是批判、怀疑、探索、创造，追求真理、发现真理，充满人文情怀。同自然科学的根本属性相同，真正的哲学社会科学研究是非功利的、是利他的。人类社会的发展历史，是一部生产力发展的历史，是先进生产力不断取代落后生产力的历史，也是一部自然科学和社会科学发展的历史。社会发展的不同阶段赋予了哲学社会科学工作者不同的历史使命，哲学社会科学工作者的一切研究都应在解决彼时、当下或未来的社会经济问题，而无论其具体的对象、目标和研究范式。这是哲学社会科学研究的本质，也是一个哲学社会科学工作者应当追求的至高境界。

二、哲学社会科学研究就应当恪守学术道德

哲学社会科学研究必须遵守学术道德，就是要求学术研究要利国利民、服务大众，尊重客观、坚持真理，紧贴现实、联系实际。哲学社会科学学说都源起于人类社会实践，是从实践中汲取养分而成长的。随着社会环境的变迁和历史条件的变化，哲学社会科学理论都在不断地演化、丰富和完善。自然科学研究要借助实验，探索未知，发现规律，人类正是在孜孜以求的科学探索和不断修正中取得进步，并据以获得更高层次、更高阶段、更加优秀的文明。同样地，哲学社会科学研究也需要依靠客观事实和数据分析，揭示人类社会发展规律，形成更加丰富、更加灿烂、更加辉煌的哲学社会科学文化。哲学社会科学的成果源于实践，反过来又指导实践。人类社会发展实践显示，社会的发展已使社会经济问题日趋复杂和多元，人类常常面临一种又一种无法解析的现象，社会出现一个又一个难以破解的问题。现实问题的复杂和多元成为哲学社会科学理论体系和方法论体系创新发展的动力源泉。人类社会发展永不停歇，哲学社会科学研究所面临的问题就不会枯竭。故而，哲学社会科学工作者应当将学术研究与国

家、人类的利益相结合，将能力和才干倾注于谋求人类利益和福祉的研究之中，修身养性、成德立德，在学术研究中保持理性、坚持真理、捍卫正义。这是当今哲学社会科学家最为稀缺和宝贵的品质标签，也是哲学社会科学研究应当恪守的学术道德。

三、哲学社会科学研究应当充满家国情怀

科学不是冷冰冰的，科学是鲜活的，是充满生机和情感的，这主要是基于科学研究的目的和科学研究的成果。科学工作者，包括哲学社会科学工作者的全部研究活动都是在探求本原、追寻规律，都是以解决问题为己任，以服务社会、服务人类为目标。因此，哲学社会科学研究应当充满人文精神和家国情怀。

科学研究都是严肃的，一个学者从事科学研究，需要恪守科学道德，尊崇科学精神，保证自己的研究成果或研究发现能有效地应用到人类的各种活动，对现实社会或未来社会产生积极影响。现实是复杂的，书本知识和既有理论，包括一些经典理论都很难破解纷繁复杂的社会经济问题。因为，人类的生产实践和社会实践推出了诸多理论无法阐释的问题，形成了诸多理论空白。在复杂的社会问题面前，理论有时会显得苍白乏力，科学有时也会显得力不从心。由此推开，任何理论都要在实践中发展，都要接受实践的检验。只有人类的生产生活不停歇，理论的修正完善就不会终止。世界上既不可能有永远先进的理论，也不可能有永远正确的理论。因此，从事哲学社会科学研究，应当站在国家、民族利益的高度，秉持求真、实证、献身、开放、怀疑、理性的科学家精神，用忠诚、智慧、心血和汗水服务社会、服务人类。哲学社会科学研究必须与现实结合，哲学社会科学工作者应该走出书斋，接触实际、认识国情，拥抱社会、拥抱生活。科学研究的灵感、科学研究的选题，科学研究的创造性需要书本、需要课堂、需要图书馆、需要实验室，但更需要工厂、需要企业、需要港口码头、需要人类鲜活火热的社会实践、需要温度和人文关怀。一个人只有把个人的事业和追求与国家利益、民族利益完美结合，才可能做出造福于时代、造福于人类的成就，才可能做出无愧于人生的贡献。

社会科学研究要面向中国时代问题[*]

武汉大学　贺雪峰

习近平总书记2020年8月24日在经济社会领域专家座谈会上提出几点希望，"一是从国情出发，从中国实践中来、到中国实践中去，把论文写在祖国大地上，使理论和政策创新符合中国实际、具有中国特色，不断发展中国特色社会主义政治经济学、社会学。二是深入调研，察实情、出实招，充分反映实际情况，使理论和政策创新有根有据、合情合理"。

习近平总书记的讲话非常具有针对性。当前中国正处在史无前例的巨变时期，有大量问题需要研究，中国社会科学研究必须要面向中国时代问题，从中国实践中来、到中国实践中去，在这个过程中建立起有主体性的中国社会科学，以理解中国经验与实践，解释中国经验与实践，预测和指导中国经验与实践，从而也不断完善具有主体性的中国社会科学。

无疑，对中国来说，社会科学是舶来品。社会科学是西方近代工业化以来才兴起和建立的，具有显著的时代性与地域性。经过两百多年发展，西方社会科学已经相当成熟。

中国引进西方社会科学有两个大的时期：一是20世纪初期的大规模引进，二是改革开放以来的大规模引进。正是引进的西方社会科学，为中国本土社会科学的建立与发展提供了理论资源和方法工具。社会科学不同于自然科学，其理论结论是有前提和预设的。中国是一个具有五千多年文明、960多万平方公里土地、实行社会主义制度的发展中大国，具有与西方完全不同的文化传统、发展阶段，地域和制度也存在显著差异，中国社

---

　　* 原载《管理世界》2021年第9期。

会科学也就具有与西方一般社会科学理论所不同的前提和预设。中国社会科学要从中国国情中汲取营养，建立中国社会科学的主体性，中国社会科学才能更好地理解和解释中国经验与实践，预测和指导中国经验与实践。

社会科学可以用来分析和指导中国经验与实践。西方社会科学又远比中国社会科学成熟，因此就有两种不同的社会科学研究路线：一种是从中国经验与实践中提出问题，运用包括西方社会科学理论在内的古今中外一切智慧进行问题分析、理论提炼，形成基于中国经验与实践的中国社会科学理论，再将形成的理论运用到中国经验与实践中检验，逐步丰富、发展和完善中国社会科学理论，这种研究路线是"经验—理论—经验"的循环，这样一种研究循环，从实践中来、到实践中去，从经验中开始、在经验中结束。这种社会科学研究循环，可以称为社会科学研究的大循环。社会科学大循环中形成了若干理论命题，针对这些理论命题开展学术对话，这样一种从理论命题开始，经由经验检验，再回到理论命题的研究循环，可以称为社会科学研究的小循环，是对话式的研究。

显然，社会科学研究的大循环与小循环没有优劣之分。社会科学研究总是从大循环开始，经过若干小循环（对话）的丰富发展与完善，而建立起高水平的社会科学理论。西方社会科学也是在回应近代工业化以来形成社会问题过程中产生出来的。

现在的问题是，因为西方社会科学（经济学、政治学、社会学等）远较中国社会科学成熟，当前中国社会科学应当如何发展？无疑，中国社会科学发展的第一步是引进消化西方社会科学。现在的问题是，引进消化时间一长，中国社会科学自己的问题意识就容易消失，社会科学发展的目的就容易模糊。甚至，中国社会科学研究变成用中国经验验证西方理论，与西方社会科学的研究对话成为中国社会科学的常见现象。中国社会科学未经历大循环，即直接拥抱西方社会科学，缺乏对西方社会科学前提与预设的批判，中国研究成为西方社会科学内生组成部分，造成中国社会科学的主体性不足。这样的中国社会科学研究中，中国只是经验的碎片，西方理论视角所见中国就是片段的、不完整的、没有有机联系和自身逻辑的经验。

与以上小循环不同，社会科学研究的大循环，强调从中国经验与实践出发，运用古今中外一切人类文明成果包括西方社会科学理论与方法的工具，对中国经验与实践进行分析提炼，形成中国本土社会科学理论，再回到中国经验与实践中检验。如此往复，建立起中国社会科学研究的大循环。中国社会科学研究大循环的关键是从中国经验与实践中提问，中国经验与实践既是出发点又是目的地，中国经验是完整的、有机的、相互联系的、有内在逻辑的、有自身生命力的，而不是西方社会科学理论视角下难以理解的经验碎片。

中国经验与实践十分复杂，且正处于快速变迁中。中国有悠久历史、庞大人口和广阔地域。对中国经验与实践的认识，就必须要有一个长期、全面、深入的田野深耕时期。运用各种理论工具，从不同学科入手，长期深入中国经验与实践中，逐步从中国经验和实践中提出各种中国社会科学理论，再经过很长一段时间艰苦卓绝的理论工作，才可以形成比较高水平的、具有中国主体性的社会科学，才可以为以对话为基础的中国社会科学小循环提供前提。

当前一个时期，中国社会科学研究的主要任务是深入到中国经验与实践中去，认真调查、大胆假设、提出问题、形成判断，尝试建立基于中国经验的各种理论。不同学科、不同学派从中国经验与实践中提炼出不同的理论，这些理论相互竞争、取长补短，就可能发展出高水平的中国社会科学来。从这个意义上，当前中国社会科学最重要的是真正呼啸着走向田野，而不是坐在书斋搞对话式的研究。

社会科学大循环阶段，从经验到理论再到经验，其中很重要的一点就是大胆假设，这个时候的研究想象力远比形成精致的理论重要。低平庸的精致是没有用的，不完美却方向正确的问题远比看起来精致实际上却平庸的结论重要。因此，在当前阶段，中国社会科学应当反对平庸的精致，鼓励粗粝的创新。社会科学研究的重点不在于写论文，而是要回归到做研究上来。举例来说，社会学研究中，很多人调查只有 3 天，写论文却花费 3 年时间，若能改为深入调查 3 年，写论文也许就只要 3 天。后者看起来写论文不认真，却是 3 年调研的总结，因此可以是深刻的，而前者看起来写了 3 年论文，看起来论文也写得很精致，却很可能是言之无物的，或者讨论的就是一个假问题。甚至花费那么长时间写论文的目的就是将论文固有缺陷掩饰起来。

呼啸着奔向田野，通过社会科学研究大循环，建立有主体性的中国社会科学，不仅需要有理论建构、学术对话，从而发展和完善理论，而且需要有与之相关的语言环境和媒介平台。做中国研究，最好的语言是中文，最好的媒介平台是中文期刊。当前中国学界尤其是经济学界对英文期刊的盲目崇拜是要不得的，其阻碍了中国社会科学创新。

社会科学理论是用来理解经验与实践，达成社会共识的。因此，社会科学理论既不应当是神秘的，也不应当是烦琐的，社会科学理论必须是深刻的，是从经验中来又可以让人们通过理论更加深刻认识经验的。在发展具有主体性的中国社会科学的过程中，包括西方社会科学在内的一切古今中外的智慧都是我们的工具，我们用任何一种有用的工具来理解中国伟大时代的实践，建立基于中国经验与实践的具有鲜明中国特色的中国社会科学。也只有建立起了有主体性的中国社会科学，中国社会科学也才可以为世界社会科学的发展做出来自中国的贡献。

中国大地是科研的富矿[*]

武汉大学　程　虹

　　管理世界杂志社组织召开"研究中国问题　讲好中国故事——如何把论文写在祖国大地上"的研讨会，对我国的科学研究，特别是对经济学与管理学的研究具有特别重要的意义。因为，科学研究的本质是对研究问题本质的解释与解决，而面向中国大地的问题，自然就是我们这些研究者最基本的逻辑起点和应有的使命担当。

　　学者要做好研究当然会有各种问题的选择，也会采用不同的方法，但是贯穿其中的一个普遍规律，就是把论文写在祖国大地上。第一，中国大地有着科学研究最丰富的问题场景。无论是如何推进人类最大规模的扶贫和乡村振兴的问题，还是经济转向高质量发展的路径研究，都有着众多的实践和理论问题需要去深入研究。第二，中国大地蕴含着科学研究创新的深厚土壤。网络经济的快速发展、5G 的全球领先、高铁的大规模建设，对治理理论、政府与市场关系、创新理论的研究都提供了极为重要的实践支撑。第三，中国大地具备科学研究方法落地的良好支撑条件。因此，我将阐述这三个观点的具体内容。

一、中国大地有着科学研究最丰富的问题场景

　　科学研究的本质，重要的是对问题的解释与解决。中国大地为我们发现、识别并解决问题提供了众多的现实问题场景。譬如，当我们研究

　　*　原载《管理世界》2021 年第 9 期。

扶贫问题时就发现，中国早期的扶贫问题有着深厚的历史渊源与特点，那么中国是如何通过实践与理论的创新解决贫困问题的？在充分考虑到我国国情特点的基础上，我们在扶贫研究领域提出"第一书记制度"。这些"第一书记"大多来自大企业、大机关，"第一书记制度"就是将这批人才投放到扶贫的一线现场，由这些人才群体具体参与脱贫攻坚工作。

进一步地，我们解决了这些"第一书记"的激励问题。为防止只是到一线"走过场"，我们对"第一书记"的考核标准就是要实现脱贫才能离开。像我国很多地区，早期为什么一直解决不了脱贫问题，核心原因就在于早期的扶贫工作大多是以短期绩效考核为导向，而现在的制度是将扶贫质量作为一个长期考核的重要指标，通过激励制度让这些"第一书记"主动留下来、主动干出成绩。

如何利用"第一书记制度"提升扶贫质量就是一个值得继续研究和发掘的问题，这也是有着问题场景支撑的。譬如，我在调研的过程中就发现，很多大企业都将自己最前沿的文旅产业和某一县或乡镇的发展结合起来，将企业的人才派到乡镇开拓文旅业务，这就是中国现实的问题场景。因此，我认为"把论文写在祖国的大地上"不仅是一个倡议，它本身就是学术创新的重要方法，学术创新就是要以问题为导向，在具体的问题场景中提炼一般性理论并解决相应问题。

二、中国大地蕴含着科学研究创新的深厚土壤

科学研究的创新要求我们深入中国大地的土壤，长期扎根于一线调研现场，观察研究对象的行为变化，剖析表面现象背后的普遍性规律，从而把握中国未来的创新方向。

2012 年，我在东莞调研时发现，东莞企业普遍面临着"招工难""用工荒"等问题。为应对上述问题，在东莞市委市政府的推动下，"机器换人"率先在东莞的企业得到推行。值得注意的是，"机器换人"不是一个简单的小问题，它将影响我国未来劳动力的走向、收入分配、政府税收等重要方面。

　　首先，通过对我国众多企业的实地调研发现，目前很多企业生产线上的"机器换人"程度极高，特别是在劳动密集型企业，这一现象尤为突出。其次，一般而言，企业采取"机器换人"的原因是机器人在生产环节的可靠性与稳定性更高，能够实现劳动生产率的提升。然而实际上，"机器换人"也可以视为企业的一种工艺创新，机器人是企业在生产过程中实现产品质量改进的重要途径。最后，通过与企业家深入交流后发现，"机器换人"的原因还在于很多企业家不愿意付出过多的成本与员工进行非规则性博弈，不愿将过多的精力放在稳定员工情绪和处理劳资问题上。原来，是机器人"不闹情绪、不请病假"的优点，使企业家更倾向于与机器人打交道，这就是潜藏在"机器换人"背后的现实原因，这也是潜藏在中国大地土壤中的创新研究视角。

　　另外，我们可以通过案例分析来反映中国未来的创新方向。简单来说，创新就是通过科技创新实现"零到一"的突破。但是，我们发现对于很多中小企业而言，相比于追求实现"质"的突破，他们更倾向于将精力放在工艺创新上。通过调研我们发现，有一批企业在"每日坚果"这个细分领域作出了革命性的创新，将一个领域从零做到了上百亿元的市场规模。这些企业在综合考虑不同类型坚果营养价值、口感、体量的基础上，从不同种类的坚果中分别选取适量的配额，通过"干湿分离"等包装工艺的创新，做成了可供消费者每日食用的坚果组合。"每日坚果"兼顾了食用口味的丰富性与便利性，满足了消费者对零食的消费需求，因此创造了相当的市场价值。

　　值得注意的是，这类工艺创新难度非常大，而我们现在看到中国很多的创新实际上就是在工艺上的创新。就像研究德国制造、日本制造所发现的一样，工艺创新永远是第一位的。但是，不长期深入观察中国企业行为变化，是无法观测到这些工艺与加工方法在现实中的创新与发展的。然而这些有价值的创新研究问题往往都隐藏在中国大地深厚的土壤中，需要研究者长期的调研观察，才能被发掘研究。

三、中国大地具备科学研究方法落地的良好支撑条件

　　科学研究方法包括逻辑自洽的理论研究和设计严谨的实证研究。对于

实证研究而言，科学的实证研究需要建立在获取长期有效的高质量研究样本的基础上，通过对高质量研究样本的深入分析，匹配与研究问题相对应的代理变量进行研究，从而将抽象问题具体化。

我们实际上从 2012 年开始就尝试做大规模的企业调研，最终在 2015 年成功开展了第一次中国企业综合调查（CEGS），目前已经做了三轮调研，形成了长期追踪的且质量较高的微观企业与劳动力样本。调研之所以能取得成功的原因来自以下三个方面：第一，来自各级政府的支持。各级政府通过发文协调企业，为我们进入企业调研的合法合规性提供了官方背书，使我们更容易地入企调研，与调研对象进行直接的沟通交流。第二，来自企业管理层与普通员工的积极配合。在历经多次协商沟通的过程后，大部分企业的管理层以及普通员工都认同理解调研的价值与意义，他们也愿意积极配合我们进行调研，并同意将企业数据提供给我们进行后期的大样本分析，这为我们研究提供了大量有价值的样本。第三，来自调研设计与组织的科学管理。在研究样本选择的科学性上，我们从权威数据库进行随机分层抽样，从而确保调研样本遵循中国企业的自然分布。进一步地，在调研过程中，我们严格控制调研的样本顺序和规则，绝不因为企业拒绝而随意放弃调研样本，并在每一轮调研中都会对上一轮调研对象进行回访，形成长期的追踪样本。同时，在调研组织和管理上，我们一直遵守严格的保密制度，截至目前，我们没有出现一起企业或员工数据泄密的事件。

高质量的调研数据为科学研究提供了实证支撑。在数据的分析过程中，我们发现企业管理的效率在不同行业、规模、所有制的企业中是有差异的，即使同一企业的管理效率也会在目标规划、绩效激励、考核监督、管理实施等衡量管理效率的不同维度，体现出不同的侧重点。进一步地，我们可就目标激励这一具体维度，考察岗位绩效或考核绩效在不同规模、所有制企业的差异。上述这些研究问题，均可从我们的调研样本中得到实证验证，而这些科学研究方法的落地离不开各级政府给予的各类支持，也离不开企业及其员工的积极配合。

综上所述，我认为"把论文写在祖国大地上"具有非常深刻的指导意义。同时，我非常赞赏管理世界杂志社对中国现实问题的准确把握，及时组织研讨"如何把论文写在祖国大地上"这一重大问题。因此,"把论文写在祖国大地上"不是一个简单的号召,而是有完整的理论支撑和显示依据,更重要的是,直面了当前科研中面临的一些深层次的问题。

让中国故事成为世界故事[*]

——讲好中国故事需要把握好几个辩证关系

东南大学　杜运周

2020 年，习近平总书记在经济社会领域专家座谈会上的讲话指出"时代课题是理论创新的驱动力"，强调社会科学理论的发展需要研究中国实践，通过"及时总结新的生动实践，不断推进理论创新"。《亟需纠正学术研究和论文写作中的"数学化""模型化"等不良倾向》一文"倡导立足中国实践，借鉴国外经验，着力构建有中国风格的话语体系……研究中国问题、讲好中国故事"（李志军、尚增健，2020）。利益相关者理论、资源依赖理论等重要的管理学理论也都源于实践和理论的统一，回答了时代课题。研究中国问题、讲好中国故事，让中国故事成为世界故事，既是一个时代课题，也是一个理论问题。需要基于辩证思维，回答几个问题：为什么要讲好中国故事？为什么以前没有讲好中国故事？以及未来如何讲好中国故事？

为什么要讲好中国故事？当今世界正经历百年未有之大变局。当前，新冠肺炎疫情全球大流行，数字技术、人工智能等新科技如火如荼，管理也从线性管理开始转型到生态化、平台化，传统的科学范式正在被颠覆，新的科学范式初露端倪，使这个大变局加速变化。近年来，以华为、海尔、腾讯等为代表的一批中国企业勇于探索，在融合东西方管理经验的基础上革故鼎新，创新管理模式，实现由追赶到超越的跃迁。中国领先的管理实践已成为能够孕育出优秀管理思想的沃土，但是管理理论滞后于管理实践的问题比较突出。迫切需要中国管理学者讲出、讲好中国故事。此外，中国营商环境生态优化政策、管理的生态化转型等新的生动实践体现

---

* 　原载《管理世界》2021 年第 9 期。

出了整体和系统的新发展理念。与此同时，西方科学范式也正在发生转移，整体论在西方崛起，复杂性科学方兴未艾。东西方在整体性思维上出现了融合，这也为讲好中国故事提供了契机。历史经验一再证明，构建人类命运共同体必然成为世界发展的趋势，研究中国问题、向世界讲好中国故事，为解决人类共同面临的复杂挑战贡献中国思路和方案是我国作为世界大国的使命和担当，也是构建人类命运共同体的顶层设计的必然要求。

为什么以前没有讲好中国故事？讲好中国故事需要明晰何为"故事"。根据《新华字典》，"故"意为旧的，亦可意为原因，表示因果连词。"事"意为事情，亦可表示关系、责任。所以，"故事"即有两层含义：一为事物的发展过程；二为其中隐含的因果联系。因此，讲好故事不仅需要厘清事物如何发展，更需要阐明其背后的因果关系。从这个角度讲，讲好故事的本质是对所研究管理实践的机制性解释。解释依赖于范式，东西方由于文化、立场等范式上的差异，解释可能存在不可通约性。由于观察者的理论负载问题，以及长期以来我国的管理学发展处于"照着西方管理理论解释中国的管理实践"的"照着讲"状态（盛昭瀚等，2021），虽然可以看到既有西方理论视角下的中国世界，但是难免忽略中国视角下的另一个丰富多彩的中国实践世界，也缺乏基于中国情境的理论贡献（Jia et al.，2012）。事实上，长期致力于用既有理论解释现象使我们的管理学在原创理论和方法发展方面存在"短板"。基于此发展起来的管理学，也缺乏理论原创性。范式差异和理论承载问题可能造成了看到的世界不同，讲出的故事难以被理解，或者被片面地理解，容易陷入不带理论的经验主义或者戴着"有色理论眼镜"看世界。

未来如何讲好中国故事？逻辑不分东西，而经验是分东西的。在科学范式转移背景下，东西方底层思维出现融合（整体论）。未来讲好中国故事需要结合逻辑与实践，把握好以下几个辩证关系：

（1）历史与时代的统一。研究中国问题，需要扎根本土情境。从纵向时间的角度来看，即为历史与时代的统一。讲好中国故事，需要根植于中国优秀的传统文化基因，古为今用，赋予传统文化当代价值。从当代视角来看，管理学者需要采用历史性的研究手法，从历史脉络里探究管理实践的演化路径。即使是短期的管理现象，也有特定的历史背景，如果抛之不谈，仅关注某一时刻的属性和特征，所得出的结论必然是浅薄的，也就没有科学性和普遍性可言。

（2）理论与实践统一。从研究中国问题到讲好中国故事的关键在于辨明理论与实践的统一关系。马克思在《关于费尔巴哈的提纲》中明确指出"人的思维是否具有客观的真理性，这不是一个理论的问题，而是一个实践的问题"（恩格斯，2018）。实践的最终目的是满足实践主体的需要。从这个角度来看，管理学研究中的"真"问题即为与国计民生息息相关，与人民的根本利益紧密相连的问题。理论如果与实践始终脱节，管理学理论走向的结果只能是遭遇"信任危机"（Harley，2019）。因为休谟"归纳问题"的存在，我们看到的始终是不完整的世界。因此，实现实践与理论统一，管理学者既要以问题为导向，研究实践中存在的"真"问题，也要运用理论和逻辑弥补实践观察的不足。

（3）科学性与艺术性统一。立足于管理学的学科性质，讲好中国故事，需要科学性与艺术性的统一。后现代主义认为，与自然科学研究的现实是客观存在的不同，社会科学研究的现实是建构出来的。因此，社会科学研究与价值观等主观因素密切相关。故而除了科学属性外，管理学研究也同时具备艺术性和人文色彩。讲好中国故事的艺术性既存在于管理理论本身具备的社会、历史、人文等情境底色上，也存在于故事这一理论载体中。将理论呈现出来的语言运用活动是一种文学表演，通过这种呈现，读者回应得以产生（Van Maanen，1995）。实现科学性与艺术性的统一，将"讲理"与"陈情"结合起来，才能讲好中国故事，传播中国声音。

（4）特殊性与普遍性统一。从中国故事讲到世界故事是本土管理理论的特殊性和普遍性辩证统一的结果。理论的普遍性并不等同于普适性，而是在对比、批判吸收的基础上使特殊性更加符合当代中国和世界的发展要求。讲好故事应该在普遍性的基础上，讲出特殊性。正是这种特殊性在解决实践问题中发挥了关键作用，从而得到了某种特殊结果。讲出特殊性，但不能为了特殊而特殊。还要在普遍性的基础上产生共性结果，形成共享性知识。

（5）上层知识与下层知识统一。基础主义认为知识是有层级关系的，它们构成了一个"金字塔型"的知识结构。因此，讲好中国故事需要统筹上层和下层知识，将上层知识建立在基础知识上，层层累积形成一个稳固的"金字塔"。

综上所述，如何让中国故事成为世界故事，可以概括为三个步骤，需要把握好五个辩证关系。首先，研究中国问题，重在把握历史与时代的辩证统一关系，利用好中华优秀的文化资源，从实际出发，探讨关乎国计民生的"真"问题。其次，讲好中国故事，重在把握好管理学科的科学和艺术的双重属性，实现理论与实践的辩证统一，归纳提炼出紧密联系实践的"真"理论。最后，从中国故事到世界故事，重在把握好理论的普遍性和特殊性的辩证统一关系，实现上层知识与下层知识的统一，形成一个由哲学、方法论、上层理论与中国实践等构成的金字塔体系，从而形成具有世界共享性知识的中国方案。

参考文献

[1] Harley B. Confronting the Crisis of Confidence in Management Studies：Why Senior Scholars Need to Stop Setting a Bad Example [J] . Academy of Management Learning & Education，2019，18（2）：286 – 297.

[2] Jia L. D.，You S. Y.，Du Y. Z. Chinese Context and Theoretical Contributions to Management and Organization Research：A Three – decade Review [J] . Management and Organization Review，2012，8（1）：173 – 209.

[3] Van Maanen J. Style as Theory [J] . Organization Science，1995，6（1）：133 – 143.

[4] 恩格斯 . 路德维希·费尔巴哈和德国古典哲学的终结 [M] . 中共中央马克思恩格斯列宁斯大林著作编译局，译 . 北京：人民出版社，2018.

[5] 李志军，尚增健 . 亟需纠正学术研究和论文写作中的"数学化""模型化"等不良倾向 [J] . 管理世界，2020，36（4）：5 – 6.

[6] 盛昭瀚，霍红，陈晓田，等 . 笃步前行，创新不止——我国管理科学与工程学科70年回顾、反思与展望 [J] . 管理世界，2021，37（2）：185 – 202.

[7] 中国社会科学院语言研究所 . 新华字典（第12版）[M] . 北京：商务印书馆，2020.

以行动做好中国研究
用赤诚讲好中国故事[*]

哈尔滨工程大学 苏 屹

2021 年 4 月 19 日，习近平总书记在清华大学考察时指出："中国教育是能够培养出大师来的。我们要有这个自信，开拓视野、兼收并蓄，扎扎实实把中国教育办好。重大原始创新成果往往萌发于深厚的基础研究，产生于学科交叉领域，大学在这两方面具有天然优势。要保持对基础研究的持续投入，鼓励自由探索，敢于质疑现有理论，勇于开拓新的方向。"中国的大师是建立在坚定的文化自信上的，是秉承华夏文明、凝聚中国智慧，在祖国大地生根发芽的优秀科技工作者，是新时代肩负历史使命的开拓者。中国正处于"十四五"规划时期，是全面建成小康社会，实现第一个百年奋斗目标的关键时期。与此同时，在新冠肺炎疫情的影响下，全球经济、文化、政治格局都处在巨大变化的浪潮中。面对复杂多变的世界格局，习近平总书记提出了"广大科技工作者要把论文写在祖国的大地上，把科技成果应用在实现现代化的伟大事业中"的倡议。他强调科技工作者要从国情出发，充分反映实际情况，透过现象看本质，树立国际视野，使理论和政策创新充分体现先进性和科学性。这就要求科技工作者要树立当代主人翁意识，投身基础研究，着力攻克"卡脖子"关键技术问题，做好中国研究，讲好中国故事，解决好中国问题。

把论文写在祖国大地上，是时代赋予当前科技工作者的责任。在基础设施相对完善、资金充裕、环境优渥的今天，我们无法想象老一辈科技工

＊ 原载《管理世界》2021 年第 9 期。

作者是如何在恶劣的环境中完成诸多科技壮举的。例如，李四光用其坚定的信念，不惧万难的精神与艰苦的地质环境作斗争，摘掉了我国"贫油"的帽子，用一生奉献讲述了中国故事。钱学森立足国情，因材施教，培养了近200名国防工业栋梁，伴随"两弹结合"试验成功，在国防领域做好了中国研究。邓稼先脚踏实地，扎根戈壁，自主研发，克服身体健康问题让两弹先后爆炸成功，用实际行动谱写了中国诗篇。丁肇中以其广阔的国际视野引领中国学子迈进世界学术殿堂，用其格物致知精神影响一代又一代的年轻人，谋划了充满潜力的中国未来。

把论文写在祖国大地上，是科技工作的思想要求。在新冠肺炎疫情肆虐全球的大背景下，科技工作者更应该"为天地立心，为生民立命，为往圣继绝学，为万世开太平"。在抗击疫情的战役中，我们看到了钟南山院士等人牢固的思想铸造了疫情防线的基础。思想根基不牢，则研究也会误入歧途。"唯论文""唯利益""唯安逸"的思想是不可取的。中国发展的道路不能纸上谈兵、唯利是图、高枕无忧，而是要有决胜千里之外的决心、为人民服务的恒心、甘为孺子牛的赤子之心。把论文写在祖国大地上，把论文写在抗疫一线上，把论文写在各行各业中，就是对科技工作者的思想引领，也是如何向世界讲好中国故事的思想基础。

把论文写在祖国大地上，不能脱离我国的实际国情。大力开展基础研究，攻克"卡脖子"关键技术，结合中国式情境做好中国研究，解决中国问题是当前科研的主旋律。在科技研究中也是同样的道理，国际期刊中的先进方法、热点问题，国内科技工作者不能生硬地照搬照抄。小部分科技工作者忽略国情，将国际流行的研究热点、方法机械的组合，"生产"出不能解决中国实际问题的"病态"论文，占用了科研资源、浪费了科研时间，却无法产出对社会、对国家有价值的科研成果，是应该被社会所摒弃的。国家和民族所需要的研究是像袁隆平培育"杂交水稻"一样解决粮食生产问题，是像屠呦呦发现青蒿素一样攻克医学难关，是像南仁东一样成为"天眼之父"打开天文大门。

把论文写在祖国大地上，是科研成果的判别标准。习近平总书记强调科技工作者的研究既要追求知识真理，也要服务于经济社会发展和广大人民群众。社会主义现代化建设所取得的丰硕成果为科技工作者的科学研究提供了研究基础，学者创造的有效科研成果又能进一步促进社会发展，真正实现"从实践中来，到实践中去"。工程院院士朱有勇扎根农村，手把手教授种植经验，免费为村民开培训班，普及农业知识，改良培育技术，直播带货 25 吨土豆，帮助云南澜沧农民脱贫就是最好的实例。

把论文写在祖国大地上，不能闭关锁国。科学研究必须要有国际视野，科学是具有开放性的，科学发展与学习大部分都是要靠交流来完成的，习近平总书记也强调科技工作者要具备国际视野，应树立"科学无国界，科学家有祖国"的价值理念，要清楚意识到中华民族伟大复兴的国内形势，与世界格局复杂多样的国际变化，以宽广的视角研究当代中国与世界的重大理论与现实问题。

置身于中国特色社会主义发展的浪潮中，作为一线科研工作者应肩负起时代赋予的历史使命，要与党和国家紧密联系在一起，建立制度措施解决现存问题，进一步优化科研工作，强化科研成果，真正地实现把论文写在祖国大地上。

第一，强化思想建设。强化思想建设应从两方面入手，一是对科技工作者日常思想的考察与培育。在科研工作中，引领科技工作者坚定思想意识，以事迹宣传、楷模熏陶强化思想建设，让科技研究以人民利益为中心。二是政府、高校、科研机构逐步完善奖惩机制、形成更全面准确的期刊分级目录，并在高校层面严厉打击"病态"论文"生产线"，将科研成果的应用与转化纳入考核中。让科技工作者的考核与评价更加准确、规范、完善。以此纠正"唯论文""唯利益""唯安逸"的不正之风，才能更好地讲述中国故事。

第二，立足中国情境。多样的民族文化、广袤的地域、独特的中国特色社会主义道路都决定了我国科技工作的多样性与复杂性。科技工作者在科学研究中必须结合我国实际问题，避免西方方法、观点普适中国的趋势产生。同时，也不能过分强调我国的独特性，采用极端、不被承认的方法解决中国问题，而是要在方法适用、情境符合的情况下，利用公认的、具有说服力的方法解决我国面临的理论、实际问题。在实际科研工作中也要注重方法与研究问题的有效对应，不追求复杂与难度，而追求有效与契合，才能更好地研究中国问题。

第三，落实科研实践。科研工作要从实践中来，再走到实践中去，当前部分科研工作仍停留在"纸上谈兵"的阶段。由于科技工作者与实业工作者的学识水平、生活环境、工作环境大相径庭，加之产学研融合不够深入，许多产学研合作由于无法形成有效沟通，造成了科研理论与实际生产、生活严重不符。因此，应加快产学研融合程度，实现高校、企业、科研院所的有效交流，避免产学研合作流于形式。除此之外，要鼓励科技工作者投身于基础研究与"卡脖子"关键技术的研究中，脚踏实地地做好中国发展。

第四，胸怀国际格局。人类命运共同体概念的提出意味着当前全球一体化的进程进一步加速，在百年未有的世界格局大变动下，面对中美贸易摩擦、美国的技术封锁、福岛核电站废水的排放，科技工作更不能闭门造车。在国际化浪潮中，我们必须要有宽广的视野与格局，以国际化视角研究问题，以国际社会所接受的新方法、新理论、新概念引领"地球村"的其他成员围绕我们所提出的问题进行研究和讨论，才能让我国科研工作与科技工作者在世界的科学殿堂里站稳脚跟，谋划好中国未来。

破解学术研究中的"微笑曲线"[*]

中国社会科学院　李海舰

一、认识学术研究中的"微笑曲线"

1992 年，宏碁集团创办人施振荣先生提出了"微笑曲线"理论，主要内容是指：一个完整的产业链条，可由上游广义研发、中游广义制造、下游广义营销三个环节组成。广义研发包括研究、设计、创意、标准等，广义制造包括试制、生产、加工、组装等，广义营销包括渠道、品牌、销售、服务等。从全球范围来看，发展中国家由于缺少核心技术，根据一般劳动优势，服从"游戏规则"，主要从事加工制造等价值链条上的中游环节，处于价值链条低端；发达国家由于拥有知识产权优势，制定"游戏规则"，主要从事研发创新、品牌渠道等价值链条上的上游环节和下游环节，处于价值链条高端。

借用产业界的"微笑曲线"理论，在学术界特别是在经济学、管理学的研究中，"微笑曲线"问题可谓有过之而无不及。一般而言，一个完整的研究链条，可由三个环节构成：机理分析—数理分析—哲理分析。目前学术研究，大部分的学者只重数理分析，缺乏机理分析、哲理分析，因而缺乏原创性的思想。科学研究之路应是：定性研究—定量研究—定性研究，这里，定性研究既是出发点，又是归宿点。也就是说，所有的定量研究都是建立在科学的定性研究基础上的，否则，再好也没有用，而定量研

* 原载《管理世界》2021 年第 9 期。

究的终极目的是为定性研究提供强有力的支撑，最后服务于定性研究。经济学、管理学的研究若不重视定性研究、强化理论创新，则必然影响思想的深度。然而，长期以来，国内学术研究将研究链条碎片化，把数理分析、定量研究变成了唯一甚至最高研究，患上了"数理分析、定量研究"崇拜症，缺乏机理分析、哲理分析、定性研究，由此导致"思想贫困"。不仅如此，在研究中严格遵循西方经济学、管理学的范式，教条主义盛行，言必称"西"，把自己锁定在一个"跟随者"的角色。我把以上这种现象，称为中国学术研究中的"微笑曲线"问题。

二、把握学术研究中的时代大势

（一）使命使然

改革开放 40 多年来，中国成为世界第二大经济体，创造了经济快速发展、社会长期稳定的"中国奇迹"。然而，中国经济学、管理学研究成果在世界的影响力与中国经济社会发展成就在世界的影响力相差甚远，由此产生了"中国悖论"：一方面是物质财富"高度丰裕"，另一方面是学术思想"高度贫困"。我们认为，改革开放 40 多年来中国经济社会发展的巨大成就，既是中国实践创新的必然结果，更是中国理论创新的必然反映。这种理论创新，既有学习西方先进理论的成效，更有基于国情自主创新的贡献。深刻挖掘、精准整理自主创新的"中国版本"，是新时代学者的使命所在。

（二）机遇使然

改革开放 40 多年来，中国实践创新远远走在理论创新前面。特别是以互联网为代表"新技术群"革命引致的产业变革，在中国产生了大量的新业态新模式，加之数字平台、"独角兽"和"瞪羚"等新企业的涌现，使中国以数字经济为主体的"新经济"发展走在了世界前列，即从过去的跟跑到现在的并跑乃至在部分领域领跑，进入了"无人区"。过去，世界议题影响中国议题，世界议题主导中国议题；现在，中国议题主导世界议题，中国议题引领世界议题。在研究中，我们一定要有"学术自信"，从模仿者、跟随者的角色转向创新者、引领者的角色。

（三）挑战使然

改革开放 40 多年来，关于经济理论和经济政策的关系可划分为两个时期：前期，学界主流研究成果一般 3～5 年即可进入中央文件，形成政策语言，"政策跟着学术走"。后期，在中央文件中出现了一系列的新概念、新思想，然而在经济学、管理学的主流研究中，缺乏应有体现，"学术跟着政策走"。这反映了国内经济学、管理学研究的严重问题：时间滞后、思想匮乏。

（四）前景使然

全球新冠肺炎疫情暴发加速世界格局改变。根据《环球时报》旗下环球舆情调查中心近期以"中国年轻人西方观变化"为主题进行的民调发现，选择"仰视"西方国家的受访者占 8.1%，选择"平视"西方国家的受访者占 48.3%，选择"俯视"西方国家的受访者占 41.7%。受此启发，中国学者也要调整心态，更快实现从"仰视"心态向"平视"心态乃至"俯视"心态的转变。

三、转变学术研究中的价值导向

（一）目前研究缺陷

目前学术研究缺陷可归纳为以下几个方面：从假定世界出发而非从真实世界出发；从相关关系求解而非因果关系求解，从统计显著分析而非经济显著分析，从现象层面求解而非本质层面求解；从单一维度求解而非多元维度求解，从元素分割求解而非系统综合求解，从零和博弈求解而非全赢共赢求解。一方面，把复杂问题简单化，指把客观世界这个复杂巨系统在主观上作了若干简化然后对其求解，得出政策建议；另一方面，把简单问题复杂化，指把生活中的简单现象套用复杂的数学模型加以阐释，故作高深。由此导致理论脱离实际，理论滞后实践。

（二）"四重四轻"问题

一是重发表轻实用。很多学者都是在为职称而研究，为结题而研究，而不是为解决问题而研究。二是重方法轻思想。必须指出，数学只是研究工具不是研究目的，不能本末倒置，不能主仆颠倒。数学模型不是用来证明知识、证明常识的，而是用来理论创新、理论构建的。三是重规范轻创新。过分强调规范，其格式化、套路化严重扼杀创新，宁要"精致的平庸"、不要"粗糙的创新"。四是重国外发表轻国内发表。不问提出了什么思想，只问在哪里发表，把在国外 SCI、SSCI 发表奉为至高、捧为最荣。然而现实是，在国内权威、顶级期刊发表比在国外一般 SCI、SSCI 期刊发表要求更高。

（三）"四个关系"处理

一是正确处理技术路线研究范式与思想路线研究范式的关系，二是正确处理相关关系研究范式与因果关系研究范式的关系，三是正确处理统计显著分析与经济显著分析的关系，四是正确处理纯粹经济学研究与政治经济学研究的关系。

四、掌控学术研究中的话语权力

（一）中国文化先进

"中国奇迹"背后蕴含"中国元素"，"中国元素"最深厚的底蕴则是中华优秀传统文化。"中国故事"根植于中华文化，就像在管理创新中融入国学那样，在学术创新中融入国学，这是构建"中国特色"经济学、管理学理论体系的重要基因。

（二）中国发展创新

进入新时代以来，中国开启了从"富起来"到"强起来"的伟大创新，包括统筹推进"五位一体"总体布局、协调推进"四个全面"战略布局，推动建立人类命运共同体和人与自然生命共同体，以及胸怀"两个大局"和新发展阶段、新发展理念、新发展格局、高质量发展，2030 年前碳达峰和 2060 年前碳中和，统筹发展和安全、实现共同富裕等这些创新，既是理论上的，更是实践中的。

（三）中国议题引领

（1）中国经济学、管理学的研究到了引领"重新定义"的阶段。随着实践创新不断深化，在理论上需要进行一场"重新定义"革命。宏观层面，如重新定义产业，包括部门、产品、部件、区段、环节、模块成为产业，从同界竞争走向跨界竞争。微观层面，如重新定义产品，包括产品产业化、模块化、平台化、去物质化、智能化、概念化、创意化、广告化、金融化、循环化。

（2）中国经济学、管理学的研究到了开启"真善向美"的阶段。研究现实世界的"真"和研究最优决策的"善"都是经典的经济学、管理学的研究对象，而"美"则没有体现出来。将美学元素、美学成分、美学理念、美学思维融入经济、管理活动之中，即在美学维度约束下对经济、管理活动重新求解，旨在探索人类活动的终极追求，解决"幸福悖论"问题。

（3）中国经济学、管理学的研究到了冲击"第三层次"的阶段。经济学、管理学的研究可有三个层次：一是以有形生产有形、以有形交换有形，这一理论已经普遍成熟；二是以无形生产有形、以无形交换有形，这一理论正在构建之中；三是以无形生产无形、以无形交换无形，这一理论将会开启探索。

（4）中国经济学、管理学的研究到了构建"全新模式"的阶段。关于质量和速度的关系，可有四种组合：一是低质量低速度发展模式，二是高质量低速度发展模式，三是低质量高速度发展模式，四是高质量高速度发展模式。今后，在开启全面建设社会主义现代化国家新征程中，把高质量发展和高速度增长统一起来，可谓前所未有。

故事三角：作为数据、方法、理论的中国治理研究[*]

中山大学　刘军强

一、中国故事的多重面向

中国走在复兴路上，世界对中国的了解是空前的，对中国的误解也是空前的。因此，讲好中国故事是中国社会科学工作者服务国家的重要使命。然而，中国故事是什么？怎样讲好中国故事？下文将从数据、方法和理论三个角度来讲述中国治理的故事含义。

中国故事作为数据。中国故事有着扎实的数据基础。数据来自无数个人、企业和组织从极低起点、极差资源的情况上奋力扭转局面的经历。与宏大叙事相比，具有微观基础的故事更能打动人：平均教育年限的提升背后是无数个体改变命运的集合；出口的增加则是无数工艺改进和成本控制的叠加；产业链的向上攀升则是无数个体和企业试错、迭代、消亡和再生的汇流；全球几乎最高的劳动参与率背后是每个家庭的付出。无数个体的努力增加了复杂系统中的观测值和变量，是中国故事涌现的数据基础。当然，事实和数据是零散的，需要赋之以框架。

中国故事作为方法。从一穷二白到世界第二大经济体，再到人类最大的减贫努力，中国在一个迥异于西方的情境里全面开花，探索了产业、科技、民生、稳定等最棘手、最复杂的国家治理难题。中国遍地开花的试点

---

* 原载《管理世界》2021 年第 9 期。

与试验，也在地区竞争的基础上实现了对探索经验的筛选和总结。这些方法是如何提出来的？如何在实践中迭代优化？它们是否有超越边境的应用前景？中国的低起点使我们与广大发展中国家有更大的对话基础，也对自身经验持有西方国家难以具备的谦虚。当然，方法需要理论指引，否则会显得零敲碎打。

中国故事作为理论。据沟口雄三（2011）的"近代双线说"，近代化并非只有单一路径，而是有两条并行轨迹：自化和外化。中国改革和发展的历程证明了发展多线性的存在。将人类发展以"历史终结"之类的结论归纳为单一路径、树立主观终点，犯了可笑的简化错误和以预判代替事实的错误。

中国故事能否在理论和认知框架层面提供新的可能？齐格曼·鲍曼（2000）区分了阐释者和立法者的不同角色。中国故事能否让我们从阐释者升级为立法者？一时一地之努力如果无法凝结为理论认识，会迅速淹没在数据的噪声里。这是难度最大的工作，但也是搭建底层架构的努力，如同书写系统运行的源代码。好的结果依赖于有利的规则，有利的规则需要我们在知识生产上实现"生态位"跃升。否则，停留在阐释者的角色，我们只能对既有理论和规则进行附会和维护。竞争通常围绕利益展开，但高层次的竞争大多为理念竞争。中国故事应当服务于这一战略目标。

总之，数据为故事之腠理、方案为故事之肌肤，理念为故事之精髓。讲好中国故事，我们需要厘清层次和用力方向。

二、我们该期待什么样的中国故事

部分学者把学术作为解决学位、职位、奖项、头衔的工具。目标达到之时，学术虚无感顿生。学术虚无感的根源是部分研究者缺乏服务于民族、国家和人类命运共同体的使命感。习近平总书记关于"把论文写在祖国大地上"的号召是对学术虚无感标本兼治的对症之药。中国治理是一座值得数代学人挖掘的富矿。那么，我们应当如何深入挖掘中国治理的案例与故事？下面谈几点不成熟的看法。

其一，轻与重。我们的研究是重要问题还是细枝末节？什么样的读者会关心？他们为什么要关心？商业上成功与否取决于能解决多大的问题，学术上的成绩也大致如此。研究并非自娱自乐，2006 年诺贝尔奖得主科恩伯格说能撬动大福祉的研究才是有意义的科学问题。因此，我们的研究应当以民族、国家甚至人类命运共同体的福祉为依归。

具体到中国治理，诸多重要问题值得挖掘。中国经济腾飞中，各行各业里的优胜者如何成长起来？他们的奋斗历程包含着无数引人入胜的故事。那些资源禀赋不好的地区如何成为创新中心、制造中心和物流中心？在社会治理领域，世界上最大的社会安全网如何建立起来？又如何在困难与挑战中迭代？这些问题有助于回答第二个中国奇迹的奥秘：为何中国在经济飞速发展、社会急剧变迁的情况下，仍然维持了社会稳定？这些问题张力十足、引力十足，研究起来并不容易。但是，难度丈量着研究者的创造力和想象力，而且可以避免研究扎堆，反而让作者避免内卷化。

其二，新与旧。好的故事不断拓展研究边界，而非重复性地摊大饼。故事主题的转换应当以实现有序的学术积累为目标。然而，当前研究跟风问题很严重。西方话语体系里重要的、数据易得的、别人发表过的研究题目，很容易成为模仿的对象，不管它们是否真的重要。去年我们选过一些生僻的主题，如殡葬改革和野生动物保护政策。这种看似生僻的题目其实才是可能的学术生长点。同理，如果研究手机行业，研究小米和华为可能不是好的选择，因为它们是媒体的宠儿，而静悄悄地在非洲扎根的传音才是更好的选择。

其三，内与外。有次我给一个英文刊物投稿。编辑没有接受我的稿子，但拒稿信中的一段话让我想了很久。他说，你论证问题重要性时，总强调它在中国的规模、波及面和严重程度。某国的一些学者也经常觉得在他们国家重要的问题别人就必须得关心，这种自我中心式的论证并没有什么力量。这些话对我触动很大。我们在研究案例时，似乎也应该考虑一下故事的比较维度：它的特殊性和相似性分别是什么？完全特殊和完全一致的故事是不存在的，那么我们的故事中有哪些语境的特殊性，有哪些前提与假设？其他国家的读者会不会关心我们的故事？将他者纳入视角，有利于我们精准定位故事的框架。

其四，薄与厚。好故事得有相当的工作量。阅读时我喜欢做逆向工程，思考作者是怎样把文章做出来的。比如下面这段文字：

"田锄一把。三斤半，八角七分五厘。可用五年，每年含钢一次七分（二百三十文），共含钢三角五分。五年共一元二角二分五厘。每年二角四分五厘。"

这段话出自毛泽东同志对佃农生活的调查（毛泽东，1982）。毛泽东的农村调查报告信息颗粒度令人惊讶，可以反推出当时下的功夫有多深。这些调研不仅使毛泽东对革命形势的判断非常精准，而且留下非常宝贵的社会史资料，至今读起来仍然很有生命力。路风教授对高铁、对京东方等案例的研究无不经历数年时间。研究的厚度最终转化为影响力。只有泡在实地里，用所有的感官去感受，才能达到经验饱和的程度。经常看到有研究者说自己花了一两周时间去某个地方调研，这很明显是不够的。有的故事通过座谈会或者汇报材料得来，分量同样轻飘飘。故事轻薄，行而不远。

三、结语

中国面临的机遇和挑战都是空前的，但无疑我们处于最好的发展时期。近代以来的衰落曲线在中国共产党和全国人民的努力下出现了大扭转。研究者需要问一下自己：我们的研究是否对得起这个时代？50年之后、100年以后，我们的后代回顾这段学术史，会下什么样的定义：虚假的繁荣？忙碌的平庸？

我希望后人能给我们这样一个评价：他们既留下了丰厚的财富，又留下了精彩的故事。

参考文献

[1] 沟口雄三. 作为方法的中国 [M]. 孙军悦，译，北京：生活·读书·新知三联书店，2011.

[2] 毛泽东. 中国佃农生活举例（一九二六年）[A] //毛泽东农村调查文集 [C]. 北京：人民出版社，1982.

[3] 齐格蒙·鲍曼. 立法者与阐释者：论现代性、后现代性与知识分子 [M]. 洪涛，译. 上海：上海人民出版社，2000.

讲好中国经济发展的故事[*]

浙江大学　李　实

　　近半个世纪的中国经济发展历程和成果有很多好的故事，讲好这些故事是经济学者义不容辞的责任。中国的发展经验丰富多彩，有许多特殊性，取得了辉煌的成就，也遭遇过不少的困难和曲折，这些都是中国经济发展故事的素材和内容。中国的经济发展故事不仅要讲给中国人听，也要讲给世界人听；不仅要讲好故事，而且要让人愿意听，让人听进去。不能只是讲故事的人自说自话，这对于讲故事者来说，不得不说是一个很大的挑战。然而中国经济发展过程又是一个制度不断演化的过程，有着很大的复杂性，因此讲好中国经济发展故事要建立在研究基础上。不言而喻，没有研究的基础，中国的经济发展的故事是很难讲好的。讲中国经济发展的故事不能是虚构，更不能是编造。这要求描述中国经济发展的经验要从中国的社会经济的现实出发，讲故事者要充分了解中国国情，要有基本事实，要尊重历史。同时，讲好中国经济发展的故事要讲究科学的方法，要有专业知识。在全球化的背景下，中国是全球化的参与者、推动者，又是贡献者，讲好中国经济发展的故事要有世界眼光、国际比较的视角。

一、赞扬成就，看到不足

　　中国经济发展的成就令世界瞩目，令国人自豪。这是中国经济发展故事的主要内容。尤其得到国际社会赞誉的是中国改革开放以来取得的减贫

　　* 原载《管理世界》2021 年第 9 期。

成效。利用中国收入分配课题组过去 30 多年收集的居民住户收入调查数据（CHIP），使用 2020 年的官方贫困线，在 20 世纪 80 年末，我国农村贫困发生率高达 76%，以此推算在改革开放初期的贫困发生率会超过 90%。然而，随着中国经济发展和居民收入水平提高，农村贫困发生率呈逐年下降的趋势，到 2007 年降低到 20% 以下，2013 年约为 10%（见图 1），直至 2020 年全面消除绝对贫困。

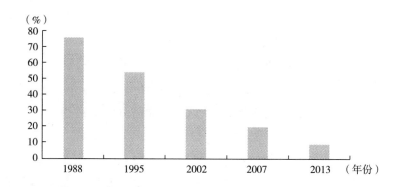

图 1　中国农村贫困发生率（按照 2020 年官方贫困线）

资料来源：根据 CHIP 数据计算。

中国摆脱贫困的成就离不开经济增长和居民收入水平的提高。中国经济的快速增长又是中国经济发展故事中一个值得讲好的案例。1978～2020 年中国 GDP 的年均实际增长率高达 9.2%，1978～2019 年人均 GDP 年均实际增长率为 8.4%。就经济增长来说，这一时期中国在世界上是独领风骚的。与此同时，这一时期，居民收入水平和消费水平都有大幅度提升，城镇和农村居民收入年均实际增长率都在 7.5% 左右。

中国经济发展也提升了人的发展水平，包括人力资本水平大幅度提升。根据已公布的几次人口普查数据，我国人口大专以上学历占比在 1982 年仅为 0.62%，到了 2010 年上升到 8.9%，2020 年提高到 15.5%；高等教育的毛入学率在 1978 年不足 3%，2017 年提高到近 46%；全国人口文盲率在 1982 年高达 22.8%，2020 年下降到 2.67%。在经济高速增长和人力资本不断提高的影响下，我国的人类发展指数也有了很大的改善。1980～2010 年中国人类发展指数的增长率居全球第 2 位，其中收入指数增长率排在全球第 1 位。

当然，中国经济发展的故事还有很多，这里不再一一道来。在看到中国经济发展成就的同时，我们不该回避经济发展过程中出现的问题和存在的不足，特别是一些经济发展中的不平衡问题。

比如，众所周知的财富分配问题，包括收入差距过大、收入分配不合理的问题。在改革开放初期，居民收入分配的基尼系数为 0.3 左右，之后出现了收入差距不断扩大的过程，到了 2008 年收入分配的基尼系数达到 0.491，在随后的几年中收入差距出现了缓慢缩小，但是仍处于较高水平，2020 年的基尼系数在 0.47 左右。值得注意的是，在收入差距居高不下的情况下，居民财产分配差距急剧上升。居民财产分配的基尼系数从 21 世纪初的 0.5 左右上升到现在的 0.7 左右。在 2002 年财产最多的 10% 人口占有的财产份额是 37%，而财产最少的 10% 人口占有的财产份额仅为 1%，前者是后者的 37 倍，到了 2013 年扩大到 160 倍（见图 2）。而且不断扩大的财产差距反过来影响收入差距。

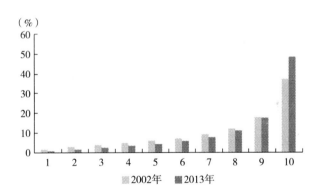

图 2　中国居民财产分配差距变化（2002～2013 年）

注：①利用 CHIP 数据计算的结果。②图中横轴是人口的十等分组，纵轴是财产的份额（全部人口的财产份额为 100%）。

又如，在收入和财产分配中，突出的问题是城乡之间收入差距和财产差距。这不仅反映了城乡居民生活水平的差异，而且反映了城乡之间发展水平的差距，人的发展能力上的差异。在很大程度上可以说城乡之间差距是全维度的，是无处不在的。更不可思议的是，城乡差别已不是区域的概念的，已经演变成身份差别。城市中的农村户籍人口以及农民工虽然离开了农村，有的甚至长期生活在城市，但是由于他们的"农村身份"，在城市中不能享有平等的权利和利益。由此造成了"留守儿童"的问题、流动儿童的教育问题。这不得不说是我们经济发展中的一种缺陷。

二、尊重事实，遵守逻辑

讲好中国经济发展故事要尊重事实，遵守逻辑。社会科学研究者要清醒地认识到，社会科学也是科学，是研究社会问题的科学，是科学就要"摆事实，讲道理"，不然不能称为科学。讲好中国经济发展的故事不能不研究中国经济发展过程，分析经济发展的成功和不足之处。对此，我们首先需要搞清楚一些基本事实，把事实摆出来。只有把事实搞清楚了，才有可能发现事实背后的逻辑和机理，才有可能总结出有价值的理论。那么，事实从哪里来？所谓的事实就是反映社会经济现实的信息。对于研究者来说，获得这些信息既可以是直接的，自己去收集的信息，也可以是间接的。对于学者来说，获得直接的信息需要进行实地调研访谈，进行案例研究、抽样调查，而对于国家来说可以进行普查，如我国 10 年一次的人口普查。获得这些直接的信息需要科学方法做指导，以最小的投入获得最有用的信息。

做社会科学研究也可以利用间接信息，如官方公布的统计数据、媒体的报道。由于获得这方面的数据相对容易，它成为很多学者的主要信息来源。对于这些信息，我们要有鉴别真伪的能力，不能"全盘照收"。

在社会科学研究中遵守逻辑更为重要。我们经常会看到一些研究论文事实不清，逻辑混乱，甚至有些论文明显违背了生活常识。这种论文显然是毫无用处的，甚至会误导读者，贻害公众。在社会科学研究中，一是需要形式逻辑，二是需要专业逻辑。形式逻辑需要的是常识，来自实际生活和社会实践，而专业逻辑需要的是专业知识。从这个意义上来说，讲好中国经济发展故事是有专业知识门槛的，它需要不同学科的基本知识，也需要交叉学科的思维训练。

三、着眼中国，放眼世界

中国的开放战略获得了巨大成功，中国与世界的联系出现了前所未有的紧密度。离开了中国不能谈世界，离开了世界也不好谈中国。中国经济发展对世界经济的影响力越来越大，对新的世界经济格局、新型全球产业链形成起到了举足轻重的作用。同时，中国居民收入增长与分配差距也在影响着全球居民收入分配格局。举例来说，由于中国居民收入增长率远高于全球水平，以及中国收入差距出现了扩大，这对全球收入不平等带来了两种变化，一是缩小了国与国之间的收入不平等。这是因为中国从一个低收入国家成长为一个收入中等偏上的国家，扩大了全球的中等收入群体的规模。二是导致全球范围内国家内部收入差距的扩大。图 3 被称为全球大象不平等与增长曲线（The Elephant Curve of Glabal Inequality and Growth），描绘了全球人口不同收入组在 1980～2016 年收入增长率的差别。这一期间全球收入组较快的收入增长主要得益于新兴国家的崛起，收入增长超过了全球平均水平，其中中国起了主导作用。

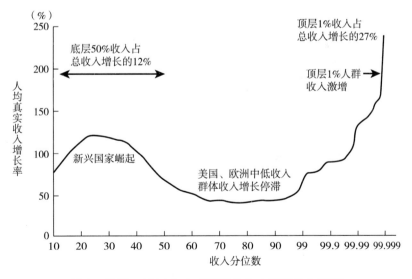

图 3　1980～2016 年全球不同收入人群的收入增速

资料来源：李实，陶彦君．发达国家财富不平等的启示［J］．北大金融评论，2020（7）．

　　不言而喻，中国有不少好的经济发展经验可以分享给世界，同时中国也应该继续向有好经验的国家学习。中国仍在努力成为一个现代化强国，仍在努力实现共同富裕的远大目标，仍要坚持不懈地学习与借鉴有益的国际经验。中国现在还是一个发展中大国，而且是一个低收入人口占大多数的发展中国家。按照相关的发展指标来衡量，中国在全球中的地位处于中等水平。在 2020 年人类发展指数的排序中，在近 190 个国家和经济体中中国内地排第 85 位。这在很大程度上表明了中国内地发展水平在世界中的相对地位（见图 4）。我们要清醒地认识到这一点。

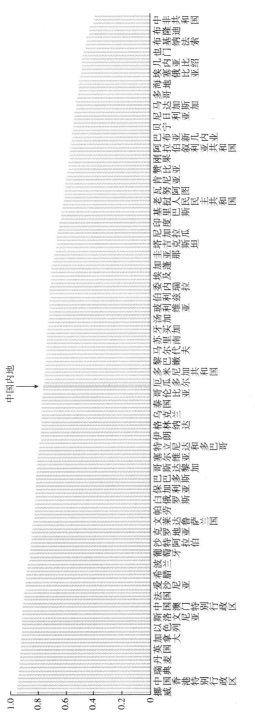

图 4　2020 年全球人类发展水平排序（HDI）

经济理论创新的根本是坚持问题导向[*]

中国人民大学 刘守英

经济学甚至社会科学出现的问题是对问题导向的忽视。20 世纪上半叶马克思主义进入中国时，中华民族面临着生死存亡的危机，仁人志士都在寻找民族救亡的道路。基于问题导向，产生了一批用马克思政治经济学方法分析中国经济问题、揭示中国社会性质、探索中国发展道路的有影响力的研究。20 世纪 50 年代，我国在模仿和引入苏联集权计划经济体制的同时，也承袭了苏联政治经济学范式，而苏联政治经济学范式的最大困境是脱离问题导向，无法解释和解决现实问题。从 20 世纪 90 年代起，西方经济学开始在大学系统化，逐渐成为教学和研究的主流。然而，现代经济学在研究和解决中国问题时也遇到困境，主要体现为假说与真实世界偏离、忽视国情特征、对定型体制的简单延伸导致难以回应体制变革中的问题、研究论文越来越追求逻辑自洽、数理严密和模型优美。苏联范式政治经济学的僵化导致政治经济学方法的影响力过早减低，西方经济学方法又过于注重技术化，使经济学对我国体制转型和变迁中的一些重大问题研究不足，对政策和决策的影响力降低。

在 20 世纪三四十年代和八九十年代，中国经济学曾出现过两次理论繁荣，推动了以问题为导向的研究方法的形成。第一，以国家和民族亟须解决的重大问题为研究的出发点。20 世纪三四十年代，我国社会面临的根本问题是民族救亡和"中国往何处去"，中国农村派抓住农村危机这一核心问题，厘清了中国农村的社会性质，从而进一步回应了中国的社会性质

原载《管理世界》2021 年第 9 期。

问题。20 世纪八九十年代，我国社会面临的重大问题是面对计划体制低效率导致的发展绩效不佳，应当建立什么形式的社会主义经济。第二，研究范式的转化。面对重大问题，告别本本主义和教条主义；注重生产力与生产关系的互动；寻找和分析特殊性；从制度细节中提炼本质特征。第三，通过比较寻找相异性。后发国家的优势之一是可以学习和比较的，但是在比较的过程中只有找到相异性的特征和来源，才能为各种问题开出可行的药方。20 世纪三四十年代，以陈翰笙、费孝通等为代表的从海外学成归来的学者，回国以后都在寻找中国本土的特殊性，致力于提炼中国本土的概念。改革开放后，正是由于在模式和路径选择上注重相异性，才使我们逐渐认识到社会主义可以而且必须有基于本国国情和历史背景的不同模式。第四，进入真实世界求解。由于已有理论与现实存在脱节，两个时期的学者都选择到一线深入调查，以期寻找问题和解决方案。20 世纪三四十年代，中国农村派的社会经济调查包括无保调查、广东调查、广西调查、东北调查等。20 世纪八九十年代，国务院财政经济委员会曾成立了经济管理体制改革组、经济结构组、技术引进和企业现代化组、理论和方法组四个调查研究组，分别从现状、历史和国外经验等方面对相关问题展开调查研究。中国农村发展问题研究组，对安徽滁县以及其他各省农村中真实发生的事件进行调研，就农村经济变革做了系统考察，形成了富有见地的农村经济改革理论。所有制改革问题的突破也是来自对调查研究的重视。第五，论证中国社会的性质。问题导向的方法最终要落到论证中国社会的性质上来，否则理论研究就失去了生命力和价值。中国农村派最重要的工作是论证了中国社会的半殖民地半封建性质，为解决中国革命的道路和方向提供了理论前提。20 世纪八九十年代，改革实践走在了理论前面，倒逼经济学界从问题出发，形成了包括社会主义初级阶段、非公有制经济的存在不会影响中国的社会主义性质、市场经济能够与社会主义制度相容等理论。

　　以问题为导向往往被当作权宜之计，由此形成的研究成果甚至被认为缺乏理论基础。这是一种错误的认识，以问题为导向的研究方法是一种科学的方法。第一，在准确把握经济体国情的基础上，找寻其有别于其他经济体的典型事实和体制特征，对其经济运行中的问题进行客观分析，最终提供解决方案和公共政策。第二，以一个经济体所面临的重大问题为出发点，以问题为线索开展调查、进行研究、寻找答案和形成理论。第三，我们所面对和分析的对象呈现出社会经济快速变迁、结构跃迁、体制和社会秩序转型等基本特征，面对如此历史性和革命性的变迁，以问题为导向的方法能够使研究者分析和解释经济社会变迁。第四，在社会经济调查的基础上发现问题所在，分析对象来自真实世界的"真问题"，研究者对这些"真问题"进行思辨性的考察，直至分析清楚这些"真问题"所面临的各种约束条件，并进一步认识到事物的本质。第五，对经济体的典型特征进行提炼，建立和设定易于处理的假设条件，分析问题的体制因素和解决问题的方案。第六，经济决策需要理论支撑，决策者在做决定时需要理论提供信心和合意性。以问题为导向的方法，是一种基于真实世界和调查研究的理论分析，提高了经济决策的置信度和可靠性。

中国经济理论创新唯有遵循问题导向形成以中国典型事实和经验为基础的一般化理论才有出路。一是中国经济研究首先要在识别、归纳和提炼典型事实上下功夫，形成经济分析中的中国特征事实，通过比较甄别出哪些是中国独特的典型事实。二是分析体制的特征及其在真实世界的运行逻辑。三是运用规范方法进行经济分析。四是坚持理论来源于实践。中国正是基于自身的初始条件和约束制约采取了以解决问题为出发点的发展战略和经济政策，才取得了已有理论难以解释的"经济奇迹"，这些恰恰是理论创新的突破口。应该从改变现有理论设定的约束条件入手，理解中国发展的内在逻辑，构建基于中国实践的原创性理论。

中国经济学研究的基本事实与理论创新[*]

西南财经大学　甘　犁

　　2020年6月，著名华人社会学家谢宇的一条微博引发了笔者的共鸣。他写道："在社会科学领域中，经济学研究的优势似乎正逐渐丧失。"曾经的"经济学帝国主义"是否已不复存在？

　　相对其他社会科学，经济学研究的优势在于更接近自然科学。它尽可能用自然科学的方法、思想和逻辑来研究经济问题。在笔者的理解中，自然科学研究基本上遵循三个阶段：首先，发现基本事实和关键问题，如牛顿发现"苹果落地""月亮不落地"的基本事实；其次，新理论应运而生，如万有引力定律的出现；最后，新理论的检验、应用和预测，如对冥王星轨迹的预测及其发现。当然，新问题、新事实总在不断涌现，科学也因此获得持续发展。

　　经济学研究基本上也遵循这三个阶段。以国际贸易理论的发展为例，早期国际贸易理论是"比较优势"，即贸易应当在不同禀赋的国家中进行。但在20世纪60年代，经济学家发现国际贸易更多地发生在禀赋相似的国家之间。为解释这一现象，以克鲁格曼（Krugman）为代表的学者提出了"新国际贸易理论"等一系列新理论，克鲁格曼还因此获得了2008年诺贝尔经济学奖。

　　目前，欧美发达国家的经济学研究更多地处在对理论的验证和应用。近年来，美国克拉克奖获得者的主要研究领域已由理论创新转为实证研究。为了承担起服务中国特色社会主义新时代的使命，中国的经济学研究

---

　　*　原载《管理世界》2021年第9期。

亟须更多的理论创新，然而目前我们尚处在发现基本事实和关键问题的阶段，与发达国家的经济学研究形成鲜明对比。

一、发现基于中国国情的基本事实

现阶段，中国经济学研究常常呈现两个错误极端，一是研究的对象"太宽泛"，类似"改革进入深水区""信贷难""结构调整"等，这些只能算作研究方向，并非研究问题；二是学术贡献"太边际"，类似"城镇化增加消费"等就属于这一类研究。中国学者还没有从高速发展的中国经济中提炼出有重大学术价值的基本事实和关键问题，也就谈不上基于中国经济实际进行理论创新，更无法为中国高质量发展提供指导。

改革开放四十多年来的中国经济发展令世界瞩目，一定蕴藏着深刻、丰富而独特的基本事实。如何发现这些基本事实？笔者认为，首先需要横向的国际比较研究，观察中国的变化和其他国家有什么不同；同时还需要纵向来看，比如过去30年中国发生了哪些显著变化。

城镇地区住房空置与城镇化率是近几年笔者一直在追踪研究的问题。之前我们公布了2017年我国空置住房为6500万套，引发广泛关注。1998 ~ 2016年，商品房的大规模建设使我国城镇新增住房1.06亿套。与此同时，"城镇化"导致新增常住居民1.24亿户。从数据上看，我国城镇地区常住居民户数的增量超过了住房供应量，那么2017年的6500万套空置住房从何而来？

带着这个疑问，我们进一步研究了中国的"城镇化"问题。我们发现了一个重要的基本事实。在我国，城镇人口增长方式除了"自然增长"和"农村居民迁徙进入城镇（主动进城）"，还有"城镇区域扩大（被动进城人口）"。随着城镇区域的扩大，农村人口被动进城现象非常普遍。1990 ~ 2000年，城镇人口增加52%，2000 ~ 2010年增加40%，2011 ~ 2015年增加40%。城镇区域扩大后，原先的农村地区住房直接变成了城镇地区住房。这意味着，1998 ~ 2016年我国城镇地区实际新增的住房总量，除了新建住房1.06亿套，还应包括城镇区域扩大后所吸纳的原先属于农村的住房，一部分新的城镇地区住房也就空置了。这是不同于其他国家的中国特有的现象。

如何发现基本事实，这里还需要注意一些问题。首先，应当专注于一个领域，深入了解什么是该领域公认的基本事实和基本理论；其次，需要具备深厚的理论功底，因为基本事实是为理论创新服务，必须说服同行新发现的事实如何与现有的基本事实和理论相违背；最后，发现基本事实一定要以数据为基础。

就数据基础而言，目前西南财经大学、北京大学、中国人民大学、北京师范大学、暨南大学、内蒙古大学、浙江大学等高校都已投入大量资源开展有代表性的基础数据收集。值得一提的是，国家自然科学基金委也从2014 年开始大力支持北京大学的数据库建设，而这样的举措值得在更大范围内推广。目前国内有多家非官方微观调查数据库，主要包括中国家庭收入调查（CHIP）、中国综合社会调查（CGSS）、中国健康与养老追踪调查（CHARLS）、中国家庭金融调查（CHFS）、中国家庭动态调查（CF-PS）、中国乡城人口流动调查（RUMiC）等，这些调查项目都有 10 年以上的长周期建设与积累。此外，其他国家也有类似数据库，可以为横向和纵向的对比研究提供基础数据。

二、 加强学科建设　促进理论创新

经济学研究成果的整合是高校极为重视的学科建设工作。笔者简单谈一谈对建设中国家庭金融学科的思考。一流的中国家庭金融学科，首先应是基于国情的基本事实和完整的理论体系。中国家庭资产配置的基本事实有哪些？

第一，消费不足，储蓄率过高。当前，我国居民收入不平等现象严重，并且政府对低收入家庭的转移支付不足，这是制约我国居民消费增长的重要原因。低收入群体边际消费倾向高，但流动性约束大，消费增长难以实现；高收入群体边际消费倾向低，且资产收益率（尤其是房产收益率）过高，消费增长空间有限。与此同时，居民储蓄率随着收入增加而增长。中国家庭金融调查结果显示，我国的储蓄率与人口年龄呈"U"形分布，年轻人为购房而增加储蓄，老年人为财富代际转移而增加储蓄。2020

年，疫情造成的悲观预期导致居民的预防性储蓄率进一步上升。

第二，家庭资产与负债的基本情况。从资产端来看，我国居民房产配置过高、金融资产配置过低；股市直接参与率过高，间接参与率过低；多套房比例过高（空置率过高）；家庭投资金融资产呈两极化的"U"形分布，即要么全部投资无风险的存款资产，要么全部投资高风险的股票资产，投资者可接触的金融产品类型单一；工商业资产配置高，有创业项目的家庭占比为16.5%，远高于美国的7%。再看负债端，家庭杠杆率高速增长，民间借贷与非银行金融机构借贷的活跃度也远超其他国家。

对比之下，国外家庭金融学科主要研究如何优化金融资产、房产和保险资产的组合，其主要理论基础是跨时间优化理论。研究者一般只考虑一个有代表性的家庭，对资产存量的重视超过对流量的重视，而且把公共政策和资产价格等经济学和金融学最关心的主流问题作为外生变量。所以，尽管该学科发展多年，但仍然相对"小众"。

那么对于我国而言，有了基于国情的基本事实和完整的理论体系后，一流的中国家庭金融学科还应当在研究内容方面有所突破，即把公共政策也纳入研究范畴。

国外的家庭金融学科重视资产存量甚过资产流量，而公共政策研究关注流量重于存量。因此，研究范围扩展至公共政策后，中国家庭金融学科将会存量与流量并重。从具体的研究内容来看，流量变量包括消费、购房和售房等行为，而存量变量包括风险资产和无风险资产。可研究的政策变量包括无风险利率、房贷利率与首付比例、所得税、房产税、遗产税和转移支付等。当然，收入风险、风险资产收益率等可以继续保留其外生变量特性。

综上所述，当今之大变局百年未有，中国经济学研究的使命重大，任务紧迫。中国经济学研究应坚持在总结和发展实践经验的过程中发现基本事实，同时完善学科体系、学术体系和话语体系，不断推动经济学的理论创新和突破，为新时代国家发展战略与经济高质量发展提供学理和智力支持。

讲好重大工程故事　贡献中国智慧和经验[*]

一、研究中国问题，讲好中国故事

《管理世界》一贯倡导"研究中国问题，讲好中国故事"，具体到学术研究中，我们也期待在《管理世界》刊发的论文能用学术语言讲好中国故事。

《管理世界》创刊于 1985 年，改革开放的春风吹遍大江南北，中国经济活跃度明显提高，在从计划经济体制向社会主义市场经济体制转型的过程中，有很多需要探讨和解决的问题，《管理世界》为经济学者提供了一个探讨中国经济发展方向、制度创新及具体改革举措的平台。现在看当年很多在《管理世界》期刊上刊发的文章，都闪烁着思想的光辉，对转型期的中国经济发展是有深入思考和前瞻性建议的。

21 世纪初，经济改革释放了经济活力，中国企业迎来了新的发展机遇，居民收入水平提高、市场有效需求增加、投融资环境向好、营商环境改善都促进了各行业各领域中国企业的快速成长。2007 年开始，管理世界杂志社与中国人民大学商学院每年合作举办"中国企业管理案例与质性研究论坛"，在学术界倡导推广案例研究方法，至今已成功举办了 15 届。论坛评选出的优秀论文中已有 70 余篇在《管理世界》上发表。这些论文深入研究了中国优秀企业在海外经营、危机应对、数字化转型等情境下在

---

［*］　原载《管理世界》2021 年第 6 期。

组织、战略、营销等方面的实践经验，并提炼出管理学理论。

习近平总书记在庆祝中国共产党成立100周年大会上指出，中华民族迎来了从站起来、富起来到强起来的伟大飞跃，实现中华民族伟大复兴进入了不可逆转的历史进程！[①]"强起来"不仅要看经济总量，更要看国防、科技、大型工程设施等体现竞争力的硬实力。近年来，重大工程已成为世界各国发展的强大推动力与国家间竞争的利器，是国家核心竞争力的重要标志（盛昭瀚，2019）。新中国成立至今，很多重大工程建设在国际上的相对水平，都经历了从望尘莫及到望其项背、逐步同台竞技、部分国际领先的过程。

2019年起，《管理世界》开设"管理科学与工程"栏目，"重大工程管理的理论、方法与应用"是我们重点关注的领域之一。讲好中国重大工程故事，从重大工程管理实践中总结经验、提炼理论，与世界同行分享，为后续项目提供理论和经验支持，是新时代赋予我们管理科学学者的重要使命。

二、我国重大工程取得的伟大成就

新中国成立70余年来，从无到有，从弱到强，我国各领域的重大工程建设取得了卓越的成就。

逢山开路、遇水架桥，我国大型路桥工程使交通出行更加便利。青藏、川藏公路创世界公路奇迹，港珠澳大桥跨越伶仃洋，北盘江第一桥、普立大桥凌空飞架，天堑变通途。南水北调、西气东输、西电东送、三峡工程等大型基础设施工程统筹国内资源，保障生产生活，促进经济发展。

踏上星辰大海的征途，长征系列火箭已成功发射370余次，载人航天工程、月球探测工程、火星探测工程、北斗卫星工程、量子卫星工程等大型航天工程探索未知、服务天地。技术尖端，工艺精密，航母、C919、歼20、高铁、"蛟龙号"载人深潜器等国之重器的成功研发和应用，提升了中国制造的技术含量和全球竞争力。

深入微观世界、目及万里苍穹，重大科技基础设施提升了我国基础科学研究、突破前沿科技的能力。从纳米到光年，大型电子对撞机、散裂中子源成为

---

① 参见《习近平：实现中华民族伟大复兴进入了不可逆转的历史进程！》，http：//news. cyol. com/gb/articles/2021－07/01/content_ XNPP0Fp2z. html。

科学家探究微观世界的利器；人造太阳为开发核聚变能源探路①；FAST 天眼、高海拔宇宙线观测站辅助探测来自宇宙的信息。

这些重大工程都是中华民族的骄傲，也是人类智慧的结晶。我们有必要总结重大工程管理实践中积累的宝贵经验，并基于多项目分析，提炼适用于重大工程管理的管理学理论。

三、《管理世界》关注重大工程中的管理学问题

重大工程多为复杂系统工程，工程链条长、技术难度高、参与人数众多，复杂度远高于一般工程，每一项重大工程的成功都是其在决策、技术、管理等各方面集成创新的成果。

2019 年至今，《管理世界》"管理科学与工程"（以下简称"管工"）栏目刊发了多篇以港珠澳大桥、高铁、北斗卫星工程、载人空间站、FAST 天眼等重大工程为研究对象的学术论文。

（一）管工栏目倡导"实践是理论之源"②

在该栏目发文的很多作者长期跟踪重大工程，从中国重大工程管理实践中提出问题并深入研究。在作者中，除了有国内工程管理学术界的学者，也有来自中国航天科技集团、中国交通建设集团、中国兵器工业集团、中国运载火箭技术研究院、港珠澳大桥管理局等工业界的专家以及国家重大科技基础设施项目的负责人。研究聚焦中国重大工程管理中的"真问题"，针对实际问题创新性地提出解决办法，经科学论证及实践检验后，提炼出相对稳定、有指导性的管理学理论。

《管理世界》"管理科学与工程"栏目已刊发论文的研究主题包括：构建具有中国特色的重大工程管理理论体系（盛昭瀚等，2019；陈晓红等，2020）、重大工程创新与技术进步（曾赛星等，2019；吕铁、贺俊，2019；路风，2019；陈宏权等，2020；欧阳桃花、曾德麟，2021）、重大工程组织模式

---

① 参见《人造太阳：为开发核聚变能源探路》，https：//m. gmw. cn/baijia/2021－04/19/1302239548. html。

② 参见《习近平：决胜全面建成小康社会　夺取新时代中国特色社会主义伟大胜利——在中国共产党第十九次全国代表大会上的报告》，http：//www. 12371. cn/2017/10/27/ARTI1509103656574313. shtml。

（乐云等，2019）、重大工程决策治理（李迁等，2019；盛昭瀚等，2020a，2020b）、重大工程的工程管理（祁超等，2019，2021；林鸣，2020）、重大工程复杂系统分析（麦强等，2019，2021；唐伟等，2020）、重大科技基础设施的发展与评估（张玲玲等，2019；王贻芳、白云翔，2020；王婷等，2020）。

（二）管工栏目对论文的三点期待

一是来稿尽量以中国故事为背景，不杜撰。研究不能只限于逻辑存在而要现实存在。不能仅仅依靠同义反复式的逻辑证明来构建理论和发现规律。用逻辑推理、用概念证明概念导致只能做到从可能性推断现实性、从预设性推断合理性，这样分析的结果缺乏经验证明，使问题的分析结论变成了缺乏解决实际问题价值的"空洞话语"。我们期待论文能更多地关注和研究中国实际的重大工程项目中的管理学问题。

二是理论以中国经验深度总结为主，不重复国外理论在国内再现。尽量用中国话语体系讲话，因为无论国之重器还是重大工程都主要是中国人做出来的，他们的思维和话语都是中国式的，这是一种道路自信和文化自信。我们期待论文有自主性原理为支撑并在我国有成功应用的案例。

三是研究方法可以是理论分析、实证研究，也可以是案例研究。有些重大工程在全世界范围内都是具有开创性的，或者同类、水平相近的项目数量很少，比如，在研究北斗卫星导航系统时，可类比的主要是美国的GPS、欧洲的伽利略和俄罗斯的格洛纳斯。如果不能基于大样本数据开展实证研究，针对单案例或多案例的案例研究将是比较理想的研究方法之一。如果需要，可以用到数学模型推导和实证分析，但应避免过度的"数学化"和"模型化"。

（三）管工栏目的论文讲了哪些中国故事

《管理世界》管工栏目已刊发的论文深入研究探讨了以下方面的问题：

航天科技建构了怎样的系统工程模式，保证了我国航天事业一个又一个型号任务的完成？（唐伟等，2020）

中交集团通过哪些技术创新和工程管理创新，保障了港珠澳大桥岛隧工程顺利完工，建造了世界一流的超大型跨海通道工程？（林鸣，2020）

面对西方的技术封锁，铁建重工如何破解技术升级与迭代创新之间的矛盾，实现了盾构机的技术赶超？（欧阳桃花、曾德麟，2021）

面对来势汹汹的新冠肺炎疫情，中建三局作为总承包商，如何做到极限压

缩工期，仅用 10 天左右，完成"两山"应急医院工程的快速建造？（祁超等，2021）

我国很多重大工程建设都已走在了世界的前列。我们有充分的自信，用自主性的学术体系和话语体系讲好、讲全、讲透我国重大工程管理的故事，为世界管理学发展贡献中国智慧和经验。

参考文献

[1] 陈宏权，曾赛星，苏权科. 重大工程全景式创新管理——以港珠澳大桥工程为例 [J]. 管理世界，2020，36（12）：212-227.

[2] 陈晓红，唐湘博，李大元，等. 构建新时代两型工程管理理论与实践体系 [J]. 管理世界，2020，36（5）：189-203+18.

[3] 乐云，李永奎，胡毅，等. "政府—市场"二元作用下我国重大工程组织模式及基本演进规律 [J]. 管理世界，2019，35（4）：17-27.

[4] 李迁，朱永灵，刘慧敏，等. 港珠澳大桥决策治理体系：原理与实务 [J]. 管理世界，2019，35（4）：52-60.

[5] 林鸣. 建造世界一流超大型跨海通道工程——港珠澳大桥岛隧工程管理创新 [J]. 管理世界，2020，36（12）：202-212.

[6] 路风. 冲破迷雾——揭开中国高铁技术进步之源 [J]. 管理世界，2019，35（9）：164-194.

[7] 吕铁，贺俊. 政府干预何以有效：对中国高铁技术赶超的调查研究 [J]. 管理世界，2019，35（9）：152-163.

[8] 麦强，陈学钏，安实. 重大航天工程整体性、复杂性及系统融合：北斗卫星工程的实践 [J]. 管理世界，2019，35（12）：190-198.

[9] 麦强，陈学钏，安实，等. 重大航天工程系统融合原理、模型及管理方法 [J]. 管理世界，2021，37（2）：214-224.

[10] 欧阳桃花，曾德麟. 拨云见日——揭示中国盾构机技术赶超的艰辛与辉煌 [J]. 管理世界，2021，37（8）：194-207.

[11] 祁超，卢辉，王红卫，等. 应急医院工程快速建造及其对疫情防控的作用——以武汉市抗击新冠疫情为例 [J]. 管理世界，2021，37（6）：189-201.

［12］祁超，卢辉，王红卫，等．重大工程工厂化建造管理创新：集成化管理和供应商培育［J］．管理世界，2019，35（4）：39－51．

［13］盛昭瀚，程书萍，李迁，等．重大工程决策治理的"中国之治"［J］．管理世界，2020，36（6）：202－212．

［14］盛昭瀚，刘慧敏，燕雪，等．重大工程决策"中国之治"的现代化道路——我国重大工程决策治理70年［J］．管理世界，2020，36（10）：170－203．

［15］盛昭瀚，薛小龙，安实．构建中国特色重大工程管理理论体系与话语体系［J］．管理世界，2019，35（4）：17．

［16］唐伟，刘思峰，王翔，等．V－R^3 系统工程模式构建与实践——以载人空间站工程为例［J］．管理世界，2020，36（10）：11．

［17］王婷，陈凯华，卢涛，等．重大科技基础设施综合效益评估体系构建研究——兼论在 FAST 评估中的应用［J］．管理世界，2020，36（6）：218－241．

［18］王贻芳，白云翔．发展国家重大科技基础设施　引领国际科技创新［J］．管理世界，2020，36（5）：17．

［19］曾赛星，陈宏权，金治州，等．重大工程创新生态系统演化及创新力提升［J］．管理世界，2019，35（4）：34－44．

［20］张玲玲，王蝶，张利斌．跨学科性与团队合作对大科学装置科学效益的影响研究［J］．管理世界，2019，35（12）：14．

以产权为线索：乡村治理的中国故事[*]

华南农业大学　罗必良

改革开放四十多年以来，我国农村社会发生了天翻地覆的变化。其中，农村土地制度作为基础性的经济制度，发挥着重要的引领性作用。中国的乡村治理，走的就是一条以地权制度变革为主线，由"因地而治"进而"因治而序"的道路模式，彰显了中国特色、中国风格、中国气派。

一、简要回顾：中国乡村治理的历史线索

纵观中国历史，乡村治理制度从秦汉时期的乡亭制、隋唐时期的乡里制、宋朝的保甲制，到民国的乡村自治运动、新中国成立后的人民公社和"乡政村治"，再到当前法治、自治与德治的"三治融合"，都是以土地制度为核心线索的。新中国成立以来，我国乡村治理机制经历了三个阶段的变化。

第一阶段："人民公社"时期。新中国成立初期，国家建设百废待兴。为实现社会主义工业化目标，国家需要动员农业剩余，人民公社体制由此而生。尽管一系列的动员机制，包括土地集体所有、公社统一经营、农产品统购统销、户籍管制人口流动、"政社合一"等，构成了国家工业化积累的制度保障，但人民公社体制下地权管制机制，是最为基本的治理策略。

第二阶段："乡政村治"时期。家庭承包制使广大农民获得了农业经

---

*　原载《管理世界》2021 年第 9 期。

营的自主权，生产积极性得到极大释放。1983 年 10 月，中共中央、国务院发布《关于实行政社分开建立乡政府的通知》；1987 年 11 月，全国人大通过《中华人民共和国村民委员会组织法（试行）》。前者标志着人民公社的解体，后者标志着"乡政村治"的治理架构建立。在此框架下，赋予了农民土地经营的剩余控制权、剩余索取权以及参与乡村公共事务决策的权利。

第三阶段："三治融合"时期。党的十九大报告强调，健全自治、法治、德治相结合的乡村治理体系。重构乡村治理机制的线索是：以自治为本，重焕乡村治理原生动力；以法治为要，保证乡村治理井然有序；以德治为基，树立乡村治理正气新风。其中，制度底线是坚持土地的集体所有制，制度起点是维护农户家庭的土地承包权，制度核心是开放和盘活土地的经营权，从而立足于农村土地的"三权分置"，构建一个稳定、多元、有序且富有活力的土地制度架构，由此支撑乡村的有效治理。

二、农地确权：乡村治理的现代化转型

费孝通先生 1948 年在《乡土中国》一书中提出的"差序格局"论，刻画了乡土中国和村社治理结构的重要特征。正是差序格局，形成了以亲缘地缘为纽带的关系型乡村治理体系。长期以来，由于紧张的人地关系与地权不稳定，使差序格局中的关系机制与熟人社会的信任机制，成为化解农民生存风险、维护村庄文化传统、强化乡村有效自治的重要组织资源。

农村土地作为村庄集体成员最为重要的生产资料，其产权结构直接决定着村庄治理与村社秩序。新的问题是，既然地权不稳定与不安全诱发了村落的关系型交易，那么自 2009 年开始试点并于 2013 年全面推进的农村土地承包经营权确权登记颁证政策，是否会动摇传统村落关系型治理结构的产权基础，进而重构乡村的治理秩序？农地确权所决定的产权明晰与产权稳定，必然诱导产权实施尤其是产权交易关系的重大转换。

一是农户地权强化将诱发情感网络关系的弱化。农地确权表达了地权法制化的重要进程，由此，传统的以村社情感联结或家族社会网络关系保护地权的努力将被弱化。土地集体所有的社会保障功能、确权赋予农户的

长期稳定的地权关系及排他性，亦将降低农民个人和家庭的社会风险，从而进一步弱化农户基于风险防范的人情往来和关系维护。

二是农地确权将改变地权博弈关系。农地确权政策的基本赋权单位为农户。农户作为独立的产权主体，其地权受到法律的保护，因而农户之间的隐性交易契约关系和村社集体意识的价值将失去存在基础，从而致使农村治理的"差序格局"以及由亲缘、地缘关系维系的传统治理体系被撕裂与解构。

三是农地确权强化农户收益最大化的经济理性。农地确权旨在赋予农民更加充分的土地剩余控制权与索取权，活跃农村要素市场，促进土地流转，实现农民增产增收。其将正式的经济交易治理模式引入村庄，乡村封闭的非正式治理机制逐步被打破，营利性规则将在交易活动中发挥主导性作用，村社成员经济行为也将从风险最小化转变为收益最大化。由此可见，地权交易的市场化将诱导"契约型"交易秩序的现代化转型并重构村庄治理体系。

实证结果证实了农地确权将诱导传统乡村的"关系型"交易转向"契约型"治理体系。基于中国家庭金融调查（CHFS）的追踪数据，通过准自然实验方法，考察农地确权政策对农户土地流转行为和村社人际交往的影响，以此揭示产权制度变革在推进乡村治理现代化过程中所发挥的作用。结果表明，农地确权显著抑制了农户土地的熟人流转行为，诱导地权交易呈现出向非熟人出租、缔约期限延长的市场化趋势，并且显著降低了农户基于人情世故的礼金支出。进一步利用中国劳动力动态调查（CLDS）数据的分析表明，农地确权不仅没有弱化村庄的德治水平，而且在抑制宗族势力、弱化差序格局的同时，有效改善农户间的互助合作关系。此外，尽管在村干部选举中，高收入农民比低收入农民有相对强烈的参与投票的积极性，但是低收入农民以投票方式所表达的政治参与能够更加显著地增进农民幸福感。

三、中国经验：乡村治理的产权逻辑

中国以地权制度为核心的乡村治理实践表明，在集体所有制框架下，从以所有权为中心的赋权体系转向以产权为中心的运作体系，不仅能够改善产权实施的经济效率，而且能够诱导乡村治理体系的现代化转型，从而表达出中国的道路自信与制度自信，并提供具有中国风格的实践创新与理论贡献。

一是理解产权的本质。权利的界定至少涉及两个层次：所有权层面，它是以财产排他性占有的方式进行的法律层次的界定；产权层面，它是以权利行使并规范主体行为的方式所进行的契约层次的界定。前者强调"法定权利"，后者聚焦"经济权利"。法定权利既非经济权利的必要条件，也非充分条件。因为法定权利既不必然带来充分的排他性保护，也不必然带来产权租金的最大化。中国的乡村治理实践，在坚持土地集体所有权、保护弱者并维护公平的基础上，凸显了产权运作的中心地位，从而重构了交易关系的契约化与规范化路径。

二是提升行为能力。明晰的产权赋权与界定是重要的，但产权主体是否具有行使其产权的行为能力或许是更为重要的。产权实施取决于三个方面：其一，他人企图夺取的努力；其二，个人保护产权的努力；其三，政府予以保护的努力。其中，后两方面的保护构成了产权实施的核心内容。中国家庭承包制的实施，农地确权政策的推进，均在赋权的基础上强化了农民的行为能力，不仅激发了农民的生产性努力，而且显著改善了村庄人际关系与治理绩效。

三是破除"私有制神话"。主流经济学认为"私有制是最有效的"。列举的证据是：第一，私有制下的市场交易能充分反映社会成员的价值偏好和需求；第二，私有制能够避免人们因产权掠夺而造成的租值耗损；第三，私权界定越完整，其市场交换价值越高。问题是，这些判据都是建立在完全市场竞争假设基础之上的。真实的世界是，资源并非是同质的，人的行为能力也是有差异的，不同的资源特性、不同的行为能力，必然意味着不同的产权类型匹配。"黑板经济学"的逻辑正是假定资源同质从而交易费用为零，才得出了"私有制最优"的信条。没有任何一种产权形式在各种情形下总是有效率的。忽视制度目标而笼统地讨论制度效率，也是没有意义的。中国乡村治理的阶段性演进历程表明，不同的阶段有着不同的制度目标，需要构建不同的地权制度与乡村治理体系。

参考文献

费孝通. 乡土中国［M］. 上海：上海观察社，1948.

如何写一篇有价值的学术文章*

经济管理出版社　杨世伟

近年来，中国整体科研实力显著提升，科研成果发表数量逐年增长，学者们积极探索知识与学问，关注社会发展的重大问题，为我国社会经济发展提供了强有力的支持。伴随中外学术交流与对话的增加，中国社会科学研究的前沿、趋势与成就走向世界，为全球理论创新提供了新的见解和观点，且以中国实践研究推动着全球理论的发展。

但与此同时，部分研究成果也暴露出低质量、低价值等问题，受到了社会各界的关注。首先，主流研究范式与理论依据仍以西方为主导，研究未能立足中国的实践与情境，对于中西方文化、制度等方面的差异重视不足，直接借用西方理论逻辑解释中国现象。其次，受制于国内现行学术评价体系与学术论文发表体制，科学研究尤为关注学术研究范式，而没有根植于中国实践所面临的重大挑战和问题，政策建议的针对性和可操作性有待提升。最后，过度依赖数字模型的不良倾向进一步加剧了理论与实践的脱节，不能对现实现象进行有效的解释，思想性和理论创造性方面的学术贡献不足。

如果说科学研究是生产力中最活跃的因素和社会变革的主导推动力量，那么学术论文就是记录最新科研成果和促使人类认识世界的载体，兼具深刻的学术意义、历史意义、文化意义与社会意义。一篇有价值的学术论文至少应具有成功的研究选题、科学的研究方法、缜密的研究论证、相宜的研究情境及高水平的学理价值。

---

*　原载《管理世界》2021 年第 9 期。

一、研究选题：提炼"真问题"，关注具有普适理论意义与迫切实践意义的"真问题"

有价值的学术文章首先源自有价值的选题，爱因斯坦曾经说过，提出问题往往比解决问题更重要，因为解决问题也许仅需要凭借一个数学或实验技能，而提出新问题或者基于全新视角看待旧问题却需要有创造性的想象力。研究选题之于文章就如同灯塔之于航船，没有正确方向指引的努力结果只能是事倍功半，没有提炼出具有研究价值的"真问题"，洋洋洒洒几万字都只能是辞藻华丽却言之无用的废话。那么，什么才是具有研究价值的"真问题"呢？这就要求论文选题具有规律性的理论意义和迫切的现实意义，或能在理论上略微填补目前学术研究中的未尽之处，或能对当下现实生活中真实存在的问题起到指导作用。如果一篇学术文章的选题既不能在理论方面对前人研究成果稍加突破，仅是对已有文章的简单总结或罗列拼凑，未能从文章的研究问题中归纳共性现象进而提炼规律性理论；亦不能在实践方面对经济生活中迫切存在的问题提供理论指导，研究的问题缺少时代感，与客观现实严重脱节而成为学者的"无病呻吟"，无法服务于国家经济社会发展，那么这样的研究选题都不能称为"真问题"，不应该投入有限的研究资源。

二、研究方法：破除"唯模型论"，倡导规范研究、案例研究与实证研究多方并重

研究方法是解决科学问题时所采取的一些基本途径和规则，是用于揭示事物内在规律并验证研究结论的技术与工具。学术研究应该以问题为导向，而不是以技术或者方法为导向，研究方法只是手段而非目的，无论采取什么样的研究方法，只要能科学规范地加以应用并有效佐证研究结论，就都是彰显论文价值的重要组成部分。然而，当下我国经济与管理研究领域在一定程度上出现了不恰当的"唯模型论"现象，似乎只要在文章中有看似高深的数学模型和让人眼花缭乱的数据分析，论文质量就会自然"高

人一等"，这种学术评价体系也导致诸多学者沉迷于此，不再花费大部分精力深入挖掘理论与现实问题，而是用"简单模型＋中国数据"这样"旧瓶装新酒"的方式"走捷径"，这样的论文很难有突出的理论与实践价值。我们倡导研究范式规范化，但研究方法需要多样化，要针对特定问题选择最合理有效的方法，增加结论的说服力，不要盲目崇拜数学模型，也不玩数学游戏，使侧重理论演绎的规范研究、侧重数学检验的实证研究、侧重实例分析的案例研究等都在学术研究中得到科学运用，各种研究方法能够多方并重，真正做"有价值"的研究而不仅是"有模型"的论文。

三、研究论证：论述"深入浅出"，坚持逻辑性原则与简单性原则

研究论证是对研究问题缜密的推演过程，要求坚持"逻辑性原则"与"简单性原则"。就"逻辑性原则"而言，研究论证应如抽丝剥茧般层层递进，从整体框架到分支论点纲举目张，从前文铺陈到后文承接条理清晰，从论据提出到论证推理阐释充分，从开篇入题到结尾点睛一以贯之，体现出学术论文的缜密性、学理性与层次感。没有逻辑性的研究论证不符合人类认知的基本顺序，不能揭示前提与结论、主体与从属、现象与本质等各种关系，会使人产生主次不分、颠三倒四、语无伦次的观感，不足以支撑一篇论文成为"有价值"的学术文章。就"简单性原则"而言，科学的思考逻辑是"回归常识"或"将复杂问题简单化"，但是当下有些学术论文却将本来可以用通俗易懂的方法解决的简单问题，用长篇累牍、貌似高深的公式推导和晦涩难懂的表述让读者难以理解，华而不实，故弄玄虚，以此来标榜论文的创新点和高度，违背了学术研究用于同行交流与指导实践的初衷。有价值的学术论文在研究论证中应当深入浅出，以小见大，将专业性很强的文章写得雅俗共赏，引人入胜，于看似细微的选题之中体现深刻的理论价值，而不是将简单的问题复杂化、把明白的东西神秘化。

四、研究情境：立足"中国情境"，把论文写在祖国大地上

我国处于不同于西方的社会主义制度背景之下，西方孕育的理论体系不完全适合我国国情，理论只有与实际紧密联系，才能发挥出对实践的指导作用，展示其活力与生命力，这也倡导广大理论工作者立足于"中国情境"，解决时代课题，坚定学术自信，真正把论文写在祖国大地上，在实践中体现论文的意义和价值。首先，有价值的学术论文应在立足我国国情的基础上，从实践中发现新问题并提出新观点，提炼有学理性的新理论，概括有规律性的新实践，使学术研究与创新更接地气，充分体现中国特色、中国风格和中国气派。其次，有价值的学术论文应深入实践，刻舟求剑不行，闭门造车不行，异想天开更不行，要走出象牙塔深入现实生活，真正做到一切从实际出发、理论联系实际、实事求是，使理论创新有根有据、合情合理。最后，有价值的学术论文应放眼国际，当今世界正经历百年未有之大变局，人类面临的全球性挑战更加严峻，需要构建人类命运共同体齐心应对，学术研究也应围绕我国和世界发展面临的重大问题，聚焦人类面临的共同课题，提出易于为国际社会所理解、认可并接受的新概念和新范畴，用有原创性的中国成果为世界理论研究添砖加瓦，为构建人类命运共同体贡献中国智慧。

五、研究价值：注重"学理价值"，写有价值的作品

习近平总书记指出"时代课题是理论创新的驱动力"，中国社会经济发展至今，已为本土学者进行理论创新提供了强大的动力和广阔的试验观察场域。笔者认为，广大科技工作者要始终秉承初心与使命，发现中国问题，讲好中国故事，写有价值作品，做原创性贡献。

第一，不忘学者的初心与使命，探求真理，服务社会。要以客观、严谨的态度去探究知识和学问，探索事物的本质和规律。同时，应有强烈的

社会责任感和使命感，自觉服务党和国家事业的大局，关注和解决人类社会发展的重大问题，为推动社会进步做贡献。

第二，立足中国实践，紧密围绕时代主题，发现和研究中国问题。从国情出发，以问题为导向，在改革发展的实践中挖掘新材料、发现新问题。把握时代脉搏，聚焦新时代中国特色社会主义、社会经济发展的一系列重大理论与现实问题，提出新观点、构建新理论。

第三，坚定中国实践研究的学术自信，挖掘传统智慧，讲好中国故事。扎根于本土文化情境，体察中国实践与研究的独特性和领先性，坚定学术自信。挖掘中国传统文化中的宝贵财富，结合中国特色社会主义的伟大实践，建构中国逻辑，解决时代课题。

第四，拥抱多元化的研究范式，做有思想的学术，做原创性贡献。正确认识数字模型在学术研究与论文写作中的作用，纠正过度依赖"数字化""模型化"的不良倾向，促进思想与模型的融合。研究范式与方法规范化、多样化，关注研究情境，着力提出原创性的思想与观点，用于解释和指导实践。

第五，开展负责任的研究，写有价值的作品，在实践中检验理论的真理性。要避免纯学术的研究范式，把社会责任放在首位，坚持理论联系实际。在政策研究中，要针对社会经济发展需求，提供有价值的指导和建议，真正做到能够回应与解决重大问题、重大挑战，在实践中检验研究。

从中国特色范畴入手
建设中国经济学教材 *

中国人民大学　陈彦斌

习近平总书记在 2016 年 5 月 17 日哲学社会科学工作座谈会上提出，"要抓好教材体系建设，形成适应中国特色社会主义发展要求、立足国际学术前沿、门类齐全的哲学社会科学教材体系"。教材建设是国家事权，中国经济学教材建设是落实教材建设国家事权的重要举措，其重要性不言而喻。2020 年底，国家教材委员会办公室下发了《关于开展首批中国经济学教材申报工作的通知》（以下简称《通知》），正式启动了中国经济学系列教材建设工作。《通知》确定了首批将重点建设的九种中国经济学教材，分别为《中国特色社会主义政治经济学》《中国宏观经济学》《中国微观经济学》《中国发展经济学》《中国开放型经济学》《中国金融学》《中国财政学》《中国区域经济学》《中华人民共和国经济史（1949－1978年）》。

中国经济学教材建设不是要取代作为一般性经济学理论的已有课程。由于缺乏中国经济学教材和课程，学生无法对中国经济的运行状况进行系统性的学习，而只能通过网络搜索、微信文章浏览等渠道去了解，对中国经济理论的学习更是不完整和不成体系，由此导致中国学生对中国宏观调控等现实问题的了解程度还不如对欧美相关问题的了解程度等现象。这是当前中国经济学教育的短板，因此非常有必要编写中国经济学教材。《中国宏观经济学》《中国财政经济学》等新增课程是讲授中国经济理论与实

＊　原载《管理世界》2021 年第 9 期。

践的专门课程，与已有的作为一般理论的《宏观经济学》《财政学》等课程有一定联系，但也存在显著差异。广大学生既有必要继续系统学习作为一般性理论的《宏观经济学》《财政学》等课程，也有必要深入学习新增的中国经济学课程。习近平总书记在哲学社会科学工作座谈会上的讲话明确指出，"加快构建中国特色哲学社会科学""我们要善于融通古今中外各种资源""国外哲学社会科学的资源，包括世界所有国家哲学社会科学取得的积极成果，这可以成为中国特色哲学社会科学的有益滋养"。中国经济学教材建设要坚持以习近平新时代中国特色社会主义思想为指导，深入贯彻落实习近平新时代中国特色社会主义经济思想，紧密结合改革开放和社会主义现代化建设实践，不断汲取中华优秀传统经济思想精华，同时吸收借鉴现代西方经济学的有益成果。

推进中国经济学教材建设关键在于从中国特色范畴入手编写教材，主要有三点理由。

第一，从中国特色范畴入手编写中国经济学教材，才能真正体现中国经济学的内涵。

关于中国经济学教材的内涵，学界一直在不断探索。《通知》对中国经济学的内涵给出了明确表述："中国经济学教材需要系统地总结新中国成立 70 多年来尤其是改革开放 40 多年来中国经济建设发展的丰富实践，提炼具有原创性、解释力、标识性的新概念、新范畴、新表述，推动形成中国经济学理论体系，并用来指导新的伟大实践，为构建中国经济学教材体系奠定坚实理论基础。"建设中国经济学教材体系有助于培养扎根中国大地的高素质经济学人才和落实立德树人根本任务，有助于更好地总结中国经济实践和讲好"中国故事"，有助于全面推进中国特色哲学社会科学学科体系、学术体系、话语体系建设，有助于更好地推动中国经济学理论发展，从而为顺利实现第二个百年奋斗目标提供理论指导。

第二，从中国特色范畴入手编写中国经济学教材，才能真正破除"用原有理论解释中国经济问题"或"原有课程＋中国案例（数据）"的编写形式。

以《中国宏观经济学》为例，如果只是在原有的《宏观经济学》教材基础上增加一些中国元素，这样虽然也有一定价值，但是还达不到中国经济学教材所要求的高度。如果只是在讲述 GDP 核算、消费理论和投资理论等西方宏观理论时增加一些中国数据，那么这只是验证了一般理论或西方理论的正确性，并没有提出基于中国实践基础上的中国理论，更没有证明其正确性。类似这种方法编写的教科书，还达不到中国经济学教材所要求的高度。

新中国成立 70 多年来，中国经济发生了天翻地覆的变化，取得了举世瞩目的巨大成就。这些发展成就无论是在中华民族历史上，还是在世界历史上，都是非常罕见的。照搬现有西方主流经济学理论并不能很好地解释中国经济发展奇迹。一种常见的做法是，采用现有西方理论框架去套中国经济发展实践，能解释的就作为现有西方理论正确性的例证，不能解释的就认为是中国经济实践及其政策有问题。这种做法是不妥的，长此以往，可能会导致某些西方学者从价值观等角度对中国产生误解。因此，中国经济学理论要基于中国经济实践系统总结而成，这样才能够很好地解释中国经济实践，同时也因其理论性而具有一般适用性，进而具有一定的可推广性。从这个意义上说，中国经济学教材编写突破"原有理论 + 中国案例（数据）"方式是非常重要的。

第三，从中国特色范畴入手编写中国经济学教材，才能真正推动中国经济学教材建设和中国经济学理论建设形成双轮驱动良性循环。

按照教材编写的惯例，应该是先有成熟的理论体系之后，再编写教材。多年以来，编写中国经济学教材面临着一个难题，即中国特色社会主义经济实践的时间还没有足够长，因而短期内难以形成非常成熟的中国经济学理论体系。未来一段时期内，完善和构建中国经济学理论体系仍是需要下大气力去做的重要工作。

为了解决这个难题，在目前条件下比较好的编写方式，就是从中国特色范畴入手。新中国成立 70 多年以来，基于中国的实践产生了一系列中国特色范畴。围绕这些中国特色范畴，学术界已经产生了一批有影响力的理论研究成果。而且，其中不少中国特色范畴并不只是适用于中国情形，在国际范围内还具有一定的可推广性。

以宏观经济学领域为例，中国特色宏观调控是典型的中国特色范畴，具有丰富的实践基础，有条件上升为中国经济学理论的组成部分。中国特色宏观调控，既有西方宏观经济理论中的逆周期调节功能，也有通过五年规划促进长期经济增长的功能，更有通过供给侧结构性改革调整经济结构的功能。促进长期经济增长和供给侧结构性改革这两种功能都是西方宏观经济学理论所没有的。中国特色宏观调控这样的中国特色范畴就有必要上升到理论的高度，编写成教材，系统地教给学生，让学生能够更好地理解中国经济的来龙去脉。这样既有理论意义，也具有教育意义，同时很好地避免了"用原有理论解释中国经济问题"的编写方式。

　　中国经济学教材要与中国经济学理论双轮驱动，形成良性循环。教材建设与理论研究两者相辅相成。随着中国逐步迈向第二个百年奋斗目标新征程，中国将积累更丰富的经济发展实践经验，从而形成更多中国特色范畴和独创性理论，最终形成中国经济学理论体系。反过来，中国经济学理论的不断丰富，有利于促进中国经济学教材的不断更新与不断完善。用中国理论解读中国实践，用中国实践丰富中国理论，用中国经济学教材承载中国经济学理论，在这种良性循环中，才能够打造出中国经济学教材、理论研究、教学三者之间完整的生态体系。因此，立足于新时代和新阶段，坚持问题导向原则，提炼中国特色范畴并系统总结中国经济学独创性理论，由此入手编写中国经济学教材，是打造中国经济学教材体系与理论体系的关键举措。

第三篇

用中国实践升华中国理论

用中国理论指导中国实践

问题意识与调查研究 *

华东理工大学　曹锦清

一、何为问题

研究自问题出发，理论创新始自发问方式的变迁。那么，接下来要追问，何为问题？许多没有思考过这一问题的人写了大量连其自身都不知为何物的文章，调查研究也不是一个收集材料就自动从无知变为有知的过程。没有预设的大多数经验处于习焉不察、听而不闻和熟视无睹的状态。

我们不会对熟悉发问，习惯阻碍了我们的发问能力。也就是说，缺少预设，经验材料将处于不察、不闻和不睹的状态。有人说研究不能从成本出发，这个大家都知道。那么研究要从现实出发？也有人说不对。还有人说，研究要从问题出发，也就是说，要有问题意识。但什么是问题？我尝试给出一个简要的定义。所谓问题，就是预期与现实之间的反差以及由这个反差而引起的心理困惑。这是一个好像有点抽象的定义，但我觉得很重要。也可以说，研究是从困惑开始的。如果进一步推论的话，预期和实践的反差越大，那么困惑就越大，我们将困惑的一个比较极端的心理状态称为焦虑。所以正是困惑和焦虑，推动了我们的研究与调查。换句话说，阅读、调研和思考的动力来源于困惑和焦虑。因此，研究的目的有两个：第一，对于研究者本人来讲，要排除其内心的困惑和焦虑。这种焦虑的长期存在，会损害人们的积极性，所以要排除它。从这个意义上来讲，所有的

---

* 原载《社会学评论》2014 年第 5 期。

科学研究都有或显性或隐性的心理功能。这种功能叫什么？叫治病；治什么病？心理疾病；什么心理疾病？焦虑和困惑。古人早已把这个问题讲得非常清楚，"古之学者为己，今之学者为人"。所谓为己而学，意思是说，学者最重要的目的是要解决自己的困惑，并用新的答案指导自己的实践活动，这是研究的第一个目标。第二，当你的研究取得成果，有同类困惑的人，在听了你的报告或看了你的文章后，其困惑得以消解，心灵得以安顿。所以学术研究对他人也有益。

总之，学术研究有两个目标：第一个目标是为己的，这叫自利或自觉；第二个目标是为他人的，为那些和研究者具有同样困惑的人服务，这叫利他或觉他。自利利他，自觉觉人。从本质上来说，这是类似佛教的追求。所谓菩萨的定义就是自觉觉人，自利利人。已经达到佛的境界，就是彻底的觉悟。佛这个字本意就是觉悟的意思，佛就是觉悟，觉悟了就是佛。按照印度佛教的想法，觉悟了之后就可以脱离生死轮回的罪恶之世。这个学说传到中国来以后，中国人对它进行了修正，觉悟了以后不能到世外去，还要留在人间去启发那些尚未觉悟的人。所以说，研究具有非常重要的功能。

一切研究从问题出发。人类所有的实践活动都是指向未来的，都有一个对未来的预期，也正是这个预期推动了我们的行为。我们生活在一个极其复杂的世界，每时每刻都会引起新的困惑。我们对世界原来的认识和变化了的世界会形成反差，这些反差是一切焦虑的根源。有人说，我们从未有过困惑，天天活得很好，沾上枕头就入睡。唯一的焦虑就是谈了一个男/女朋友，那个人不跟我谈了，有点焦虑。除此之外，毫无焦虑。或者说，考试成绩不好，被老师批评的时候有点焦虑，别的都没有。你们最大的焦虑和困惑是什么？如果都没有焦虑了，我这篇文章就没有继续下去的意义了。处在一个快速转型的时代，如果一个人没有感知到任何的焦虑，我觉得这本身就是有问题的。

二、问题的分类

下面要谈问题的分类。上面已经说了，问题是预期和现实之间的反差，那么都有什么样的反差呢？进言之，问题有哪几类？

（一）理论预期和现实之间的反差引起的问题

改革开放以来，西方的学术主流，包括国内自由主义学派的一些学者，尤其经济学领域，对中国向市场经济的转轨有一个普遍的预期。他们认为，随着经济的转轨，中国的政治体制也会发生变动。也就是说，市场经济必然会引起利益分化和价值观多元化，而能够驾驭多元利益的政体形式只有一种，那就是西方式的民主政体。这个政体可以用三个制度来表达：一是选举制；二是政党制，这里指的是多党制；三是议会制。按照这个理论预期，他们得到了如下结论：如果坚持一党执政，而不向多党制转轨，那么，它首先会延缓经济的发展，其次会引发社会的动荡，最后会以政权崩溃的形式反映出来。改革开放至今已经四十多年了，我们党政权是稳定的，经济持续高速增长，这在世界历史上是没有过的。"二战"以后，经济高速增长的国家和地区是有的。比如说，最引人注目的就是日本的战后经济高速增长。1955～1973年，日本持续以两位数的速度增长了十八年，被称为战后的奇迹。新加坡、韩国和中国台湾地区也以接近10%的年增长率持续发展了二十多年。但1973～1990年，日本的经济进入中速增长期（GDP增速为5%～6%）。前日本驻华大使丹羽宇一郎，在几年前写过一篇文章，他说按照日本的经验，中国经济在经历了一个长时段的高速增长后也会进入中速增长期。这是他的判断。无论如何，一个巨大的经济体持续高速增长35年在人类历史上是从来没有过的。35年过去了，我们再来看西方主流经济学家和媒体在20世纪80年代的预测。显而易见，他们错了。这个经验事实与原来的理论预期相矛盾，有重大的反差，这就是问题。问题出现以后，研究者就必须寻找解释。西方的主流经济学理论无法预测像中国这样一个巨大经济体的运转规律。必须回答原有的理论出了什么问题，并在此基础上进行理论创新。

根据这一理论，美籍华裔学者章家敦在2001年写了一本书，名叫《中国即将崩溃》。他认为"中国四大国有银行的坏账已经高到不能维持的地步"，断言"中国现行的政治和经济制度最多只能维持五年"。结果却是，我们安然渡过了2008年的全球金融危机和欧洲主权债务危机，中国经济在全球低迷的情况下依然保持比较稳定的增长。2008年以后，欧美国家经济发展低迷，尤其是欧洲的失业率非常高，西班牙的失业率更是出奇的高。章家敦的预测也成了笑柄，他参加国际会议时，就有人问他，中国什么时候崩溃啊？他无言以对。举这个例子是为了说明理论预期和现实之间出现了反差的时候，我们就要修改理论，称之为理论创新。

大家知道，改革开放以前，我们对社会主义经济的理解一共有三条，第一是公有制，第二是计划经济，第三是按劳取酬。当时认为，公有制的实现形式只有计划经济，这是公有制的生产方式。那么生产出来的财富按照什么原则分配？只能按劳分配。马克思也曾经讲过，在社会主义第一阶段，实行公有制，消灭了阶级，所有人都成为劳动者。但每个劳动者提供的劳动的质量和数量有差别，所以每个劳动者实际得到的报酬也有差别。在第一个阶段，这是不可避免的。到了第二个阶段，生产力高度发达，社会财富大量涌流，那个时候就可以实行按需分配了。这可能吗？

改革开放之初，邓小平判定，原来的公有制加计划经济的道路已经无法继续走下去。所以邓小平对社会主义进行了二次定义。从1978年末的十一届三中全会到1992年的中国共产党第十四次代表大会，十几年的时间，我们在那里来回穿梭。邓小平南方谈话对什么叫社会主义，以及如何建设社会主义重新做了界定。中共十四大的理论突破是：社会主义可以和市场经济相结合，计划是可以取消的，所以提出了社会主义市场经济的理论。这话是什么意思呢？看看现在市场上运行的企业，主要是什么企业？将来同学们毕业了去谋生，只有三类企业可选：第一类是私人企业，就是私人资本；第二类是外资；第三类是国有资本。集体资本已经非常少了。在你们眼里，这个岗位是由国有资本提供的、外资提供的还是民营资本提供的，其间有无差别？你们最关心的就是这个职业的稳定与否、报酬高低以及未来的升迁空间吧？到底报酬高重要还是稳定重要？现在看来还是以稳定为第一诉求，每年的公务员考试都是千军万马过独木桥；其次是工资要高；最后是有一个向上升迁的发展空间。因为我爱国我就到国资那里去，有没有这个情况？说我要壮大民营企业所以要到民营企业里面去，有没有这个动机？这些问题我觉得你们该好好地思考。

邓小平在推动改革开放之前是有其理论预设的。在他看来，我们搞社会主义市场经济，在市场上运行的企业主要是集体企业和国有企业，同时要引入一部分外资来弥补我们的资本、技术和管理上的不足。对于是否允许民营企业大规模地存在，在20世纪80年代就有争论。资本家听上去比较难听，政治上有敌视的意思，我们就给他起了一个比较好听的名字叫民营企业家。我们以集体企业和国有企业为主，有一小部分外资和一小部分个体户和民营资本。大量的劳动者都在集体企业和国有企业工作，实行的是按劳取酬。绝大部分劳动者都是以按劳取酬为主的，那么贫富就不会分化。概括来说，公有制为主体，按劳取酬为主体，共同富裕是目标，这符合我们原来预期的社会主义价值。

实际情况怎么样呢？市场经济发展起来以后，我们逐渐发现，集体企业和国有企业的所有制形式和市场不能兼容。1996年集体企业进行股份制改造，后来变成私有制。1997年、1998年和1999年国有企业"抓大放小"，三千多万职工下岗。2001年，我们加入了WTO，外资大规模进入国内。这些资本进来以后，当然也提供了就业岗位。所以，20世纪90年代晚期下岗的原国有企业、集体企业职工，多数人重新找到了就业机会。但是，新的工作岗位已经不是国有或集体企业了。比如说上海，在短短几年内有40多万纺织女工和20多万钢铁工人下岗。对于下岗时年龄在45岁以上的纺织女工，就给她们提供养老保险，以解决其吃饭问题。比较困难的是一些没被纳入社会保险系列的大龄下岗人员。因此，上海专门有一个"4050工程"，这是一个社会工程，专门来解决下岗再就业问题。很多小区的门卫，包括学校里的门卫，这些群体都有此类经历。

社会主义市场经济的建立和完善是当代中国最大的问题。由于发现按劳分配的不妥，党的十六大报告指出，"理顺分配关系，事关广大群众的切身利益和积极性的发挥"。劳动仅仅是参与社会财富分配的要素之一，其他要素参与分配，也都是合理的。党的十八届三中全会进一步明确了诸要素都参与分配，诸要素是什么意思呢？每一种参与分配的要素都对应着特定的阶层。劳动（这里主要指的是体力劳动）作为要素参与分配，拿到工资，称为工人阶层，其中包括农民工。知识、技术和管理作为要素参与分配，其分配总额比劳动要素要高，称为中产阶级。资本作为要素参与分配，拿到利润，是最富有的民营企业家阶层。这样就构成了中国社会的三大阶层：富裕阶层、中产阶层和劳动人民。在计划经济时期，只有一种要素参与分配，那就是劳动，土地和资本作为要素都不参与分配。因为它们要么是国家的，要么是集体的。知识、技术和管理等要素，也要参与分配，大学毕业生比普通劳动者稍微拿多点。所以那个时期的分配是很扁平的，贫富不会发生分化。当诸要素都参与分配时，不同要素的市场定价是不一样的。相对而言，劳动这个要素不稀缺，而管理尤其是对大型公司的管理这个要素极其稀缺，所以这些人获取的报酬特别高。土地是一种特殊的生产要素。根据我们现有的制度安排，在农村，土地是按照社会主义平等原则均分的，所以农村居民的贫富分化并不发生在土地上，而是在土地之外的工商业中。

在经济全球化的情况下，解决贫富分化对所有国家来说都非常艰难。奥巴马也说，美国的贫富分化已经太厉害了，这样下去社会矛盾要积累的。近些年来，美国财富的增加都集中在上层。以前美国对全世界最大的吸引力就在于一句话，"只要努力就能成为中产阶级"，这个观念在美国已经逐渐消失了。在贫富分化的社会中，要维持社会稳定，不能简单依靠劫富济贫。法国总统奥朗德上台不久就宣布对富人多征税，个人所得税的最高税率，即年收入超过 100 万欧元以上的部分，要按照 75% 来征税，结果引起社会强烈反弹。

总而言之，理论和实践的差异引起我们的思考。现在看来，我们对社会主义市场经济的一些理论预期落空了。那么，如何解决贫富分化？这就需要我们思考，思考从这里出发。

（二）政策与实践的反差引发的问题

政策与实践的反差引发的问题对中国尤其重要，因为中国官方制定的政策对整个社会经济的分配，对人们生活的影响，比其他国家要大。中国共产党是执政党，通过政策来影响人们的生产和生活行为。社会科学研究者要对党和国家历年的政策有个清晰的认识，对官方制定和颁布实施的法律和政策要有高度的敏感性。所有的政策都有预期，如果没有实现它的预期目标，它一定是在某个环节错了或出了问题。有了这些关怀再去研究社会问题：是否有某一行为发生，在哪一层面展开，现实是否和法律法规出现了冲突，如何加以调适？这里我也举例说明。

当代中国最大的战略预期是中华民族的伟大复兴、中国梦和"两个百年"，这也是我们最大的战略武器。也就是说，到 2020 年要实现全面小康，21 世纪中叶要达到中等发达国家水平。对于何为全面小康，我们有一系列的指标。其中有一个指标就是农民人均纯收入。2008 年，全国农民的人均纯收入大概是 4600 元，若要实现 2020 年翻一番，除去物价上涨因素，人均纯收入就接近 10000 元了。我们知道，农民的收入来源主要有四大块，一是农业收入，二是打工收入，三是财产性收入，四是转移支付收入。增收，如何增收？翻番，如何翻番？由于我们的承包制农户只拥有小块土地，所以收入相对较少，提高的空间有限。打工收入能不能翻一番？2008 年的时候，农民工的月平均工资还只有 1000 多元，这几年增长很快，现在大概有 2000 元。不过还是离 2020 年的目标相差很远，况且我国的农民工有 2.6 亿之多，国家想出台政策提高农民的打工收入还是不太现实。作为一个劳动者，他的工资是由市场本身根据供求关系来决定的。2003 年以后，中国的企业规模扩大了，对于中青年农村劳动力的需求也跟着变大，就业相对稳定，供大于求的局面结束，反而出现"民工荒"的局面，打工者的工资随之上涨。与此同时，我们却出现了高校毕业生就业难的问题。现在每年有近 700 万接受过高等教育的人进入就业市场，1999 年的时候只有 100 多万人，涨势迅猛。一方面是供给不断地增加，另一方面是需求却并没有增加那么多，所以本科毕业生的工资就下滑了。

对于如何增加农民财产性收入，这次三中全会专门给出了指导意见。2007 年出台的《物权法》规定农民的住房不准抵押和买卖，这意味着房子不能成为财产。这次出台新的规定，农民的住房可以抵押、出租或转让。转让意味着什么？转让是不是等于买卖？是否存在不发生买卖的转让？其实，除了继承之外的其他转让都是买卖。按照我们的政策预设，允许农民的房子买卖，那他们可以拿到一笔钱进城，实现其城镇化。但以后怎么办？这也是一个很难解决的问题。如果进城的农民没有纳入城市社会保障体系，农村的宅基地和耕地就不能实行私有，农民的房子也不能完全私有化，这是不是太限制农民的自由了？表面看来，的确如此。但实际上更多的是保护农民。除了一些城乡接合部，远郊、山区、丘陵地带的房子并不值钱。简单来说，要关注政策给出的承诺是否得以兑现，如果没有，原因何在，政策规划本身出了问题还是执行者出了问题，要对之加以研究。在此基础上对如何进一步完善政策给出建议。

思维者的头脑要为民族思考，为中华民族的伟大复兴做好精神上的准备。研究生是从事研究的，要有一定的研究方向。许多研究生却不知道研究为何物，没有对问题的焦虑意识。如果说年青一代中不能出现一些有思考能力的人，这个民族怎么办？总要有一些脑袋不仅仅只为一己之利弊得失思考，要高瞻远瞩，仰望星空，关怀社会。我们要培养这样的人。有些人可能会说自己难得糊涂一下，问题是你清醒过吗？人无远虑，必有近忧。近忧是小的、局部的，远虑则是登高望远，山河历历，胸怀天下。国家需要这样的人来读研究生、博士生，来充实我们的师资队伍和研究队伍。唯此，我们的民族才有希望，才能生机勃勃。

（三）在同类事物的比较中形成的问题意识

由于原有的经验和新近遇到的情况不一致，因而需要在同类事物的比较中形成问题意识。这其实是人类学的一个重要方法，谓之"他者眼光"。早期西方发达国家的学者去原始部落地区进行调查，会在自己的思想观念里产生巨大的反差。如今，虽然我们在自己国家进行调查，还是要运用"他者的眼光"这一方法。在此，还是通过举例加以说明。

在开封包公祠，我通过《开封府题名记》了解到，从建隆元年到崇宁四年这 145 年间，担任过开封府尹的有 183 人之多，平均任期不足 10 个月。包公是第 93 任，任期是 16 个月，从皇祐二年到次年六月。所以说，包公的任期其实很短。据 1992 年出版的《开封县志》，清朝 264 年间，历任开封知县共计 143 名，平均任期 1.85 年，且所有知县皆非开封县人。自秦汉以后，科层制取代世卿世禄制，故官员皆有任期。宋代地方官通常三年一任，但从开封府尹的情况来看，满任的几乎没有。此外，宋代广泛采用回避制，官员通常不得在本地任职。

从 20 世纪 50 年代到 90 年代，我们的地方官员也是每三年一任，但平均任期不足两年，也很短。从 1948 年 10 月到 1991 年 9 月，历任开封县委书记共 20 名，平均任期 2.15 年。1996 年调研过的河南杞县，在四年内换了四任县委书记，五任县长。任期之短，转任之快，着实令人吃惊。自党的十七大以来，省市县地方官员的任期为 5 年，可以连任，但真正任满且实现连任的几乎没有。虽然前者为传统社会，后者为现代社会主义社会，但地方主要官员的平均任期和回避制则有明显的继承关系。短任期制和回避制或有利于维护中央的权力，但会给地方发展社会主义市场经济带来哪些影响，值得政治学、行政管理学等学科好好研究。

为什么地方官员任期如此之短，这里不讲我的研究结果了。只谈怎么发现问题，引导你们学习如何进行研究。如果你逮住这个问题，深入下去，通过历史比较和区域比较的方法，就会得到许多结论，这种研究就非常有价值。

截至 2012 年底，全国有近 4 万个乡镇。这些乡镇是同一类型的事物，那么怎么来研究乡镇的管理体制呢？在全国不同的乡镇调研以后，我发现各地有差异。根据人口流动情况，可以把全国的乡镇大体分成三类加以研究，劳动力大规模导出的地方、劳动力大规模导入的地方和人口流动相对均衡的地方。对这三类乡镇的管理，能一样吗？所以说，学行政管理的人就必须要研究这个问题。在沿海一带，有的乡镇，在没有人口导入的情况下，户籍人口一般多在 2 万 ~ 3 万人。在大规模人口流入之后，仅外来人口就有 20 万 ~ 30 万人。2020 年我到湖州市去开会，顺便到它下辖的一个镇进行简单调研，这个镇本地户籍人口只有 3 万多，外来人口却有 20 多万人。这个镇成为一个全国童装业的中心，全国童装市场 1/3 的货是由它供给的。这个镇的管理方式和那些纯农业的乡镇肯定会不同，不可能一样。这个问题被发现了以后，深入研究下去，这些研究成果就非常有意义。这是我举的第二个例子。

还有第三个例子。我们在农村调研的过程中，发现不同地方的农民对土地家庭承包制的理解不同，执行也有区别。2020 年，我带学生到湖南的衡阳县和冷水江市去调研，询问村里的土地是不是要每隔几年调整一次。有的村说，我们每隔五年调整一次，我问为什么，回答说婚丧嫁娶、死亡、出生等发生以后，村里的人口和土地的配置要互相协调。在另外一个村，说他们自 1998 年定下来后就不再调整了。土地家庭承包责任制的实施，30 年不变，或者说长久不变。有人又加了一句，生不增死不减。这样一来不就有差异了吗？接下来，这个差异会引导我们去研究、去追问：为什么会出现这样的差异？进而去关注：中央的政策往哪个方向引导？为什么往那里引导？有何负面的效应？对我们发展现代农业，形成适度规模、连片经营的经营模式有何影响？对这些正在发生的变化，对这些新情况、新问题、真问题，必须加以研究和调查。

三、调查研究

问题提出来以后，如何展开我们的研究？研究一个课题，第一要从问题出发，进而设置课题。第二是课题设置以后，要明确调研方向。第三是要选取一个进行调研的田野地点。至于到什么地方去调查，取决于哪个点更能够满足我们的要求。选点完了以后还要入场，而后开始调研。我建议同学们在对一个地方调研前要做好知识储备的工作。身为一个研究者，要增加人生的阅历，能够和各个阶层的人接触和交流，这也是能够"入场"并得到他人信任的一个先决条件。有些博士生在调研过程中问的一些问题简直令我难以置信。在乡村调查时，不能说过于书生气的话。我记得有个高校设计了一个问卷，叫我来修改。其中有个问题是问你们村里的领袖人物是谁？这样的问题本身就有问题。因为在农民的观念里，领袖指的就是像毛主席那样的领袖。所谓村里的领袖，实际就是村里面的能人。用学术化的语言来表达就是村庄精英。在湖南、湖北一带，它有一个词，叫作大社员。你问农民村里的大社员是谁？人家就会告诉你某某人。

所以，调研者要有常识。水稻和小麦的亩产大概是多少，一年几熟，这些你都要知道，甚至说要能根据田里作物的长势情况判断出今年的收成大概会怎样。农民的居住情况怎么样，是什么样的建筑结构，是框架结构还是其他类型，这样的房子大概造价是多少，都要有所了解。对于农民的外出务工情况、饲养业的情况，也要有所认识。这些都属于最为基本的常识，然后通过调研来扩大常识。如果你在调研过程中几个问题都问错了，对方就没有接受你访谈的兴趣了。所以调研是一种双向交流，在交流的过程中，如果你能给对方一定的启示，人家就对你特别欢迎。这里讲的是日常调研。最后是资料收集回来以后进行分类总结。围绕你的中心问题，形成你的调研报告。

把研究的根扎在实践中[*]

中国人民大学　刘　军　朱　征

> 倡导负责任的学术研究。学术研究的目的不是自娱自乐，要有社会责任感和时代感，要为国家经济社会发展服务。
>
> ——李志军、尚增健（2020）

作为经管领域的研究者，我们的高光时刻，不仅是在"top-tier"期刊上为辛苦"炮制"的论文找到一个理想的归宿，更应是将我们的研究成果与学术智慧应用于管理实践中，为国家经济和社会发展服务。然而，学术研究与业界实践的脱节，将许多研究者置于尴尬的境地：学术与理论，成了研究者的职业游戏，而非实践者的行动指引。尽管有研究表明，改革开放以来中国管理研究的科学严谨性与实践相关性"从未完全脱节"，但管理理论和管理实践在近20年仍逐渐出现分离的现象，两者间鸿沟有越来越扩大的趋势（曹祖毅等，2018）。因此，将管理研究的根"扎"在实践中，仍是所有研究者必须面对的话题。

一、改变底层逻辑，为"扎根"提供机会

管理理论和管理实践实际上是两个不同的"场域"（李平等，2018）（见图1）。不同场域内的规则和逻辑存在差异，导致主体行动者的行为动

---

　　* 原载《学者的初心与使命》（经济管理出版社 2020 年版）。原文由微信公众号"工商管理学者之家"于 2020 年 3 月 28 日发表（https：//mp. weixin. qq. com/s/2uyjA－nVo91NfwFaIPWvCA）。

机、问题逻辑出现分化，最终带来知识产生上的差别。当我们独立看待两个场域时，每个场域从制度规则到知识产生都是合理的。不过，如果我们将两个场域统一来看，就会发现两者之间既有统一（互补），又有对立（矛盾）。

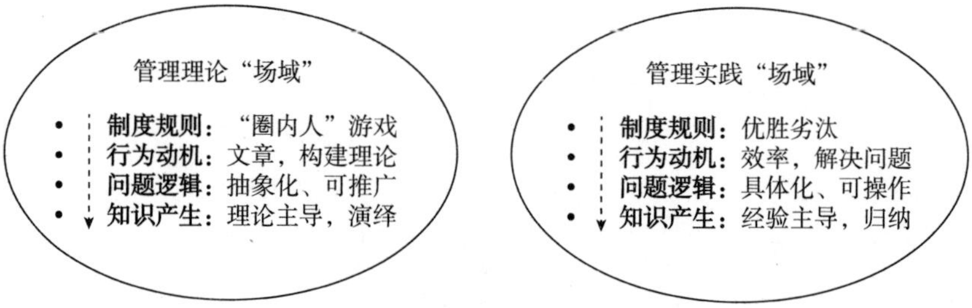

图1　管理理论"场域"和管理实践"场域"

资料来源：李平，杨政银，陈春花. 管理学术研究的"知行合一"之道：融合德鲁克与马奇的独特之路 ［J］. 外国经济与管理，2008，40（12）：29 – 46.

在统一的一面，管理理论场域构建的理论可以被应用于解决实践场域的问题，管理实践场域是由具体实践经验归纳的知识又能"反哺"理论上的问题提炼和理论构建。遗憾的是，当两个场域的底层逻辑（制度规则）出现问题时，两者的统一性降低。取而代之的是矛盾的对立。

理论场域追求"纯粹的理论"本身无可厚非。只是管理研究如果脱离了管理实践便失去了"管理"的本质，也就称不上管理研究，"理论美"会随之消亡。因此，当"圈内人"的游戏在管理场域出现时，管理学者的行为动机就会功利化，建构出的管理理论可能无法应用于实践。实践场域"优胜劣汰"的规则将企业的注意力集中在自我利益和短期管理问题上，缺乏充分动机参与管理研究或反思管理理论，自然不会认可管理研究的成果并将其应用。由于两个场域底层逻辑的缺陷，导致两者无法良性互动并构成可持续发展的管理生态。

因此，弥合管理理论和实践的鸿沟需要从根本上改变两个场域的底层逻辑。在管理理论场域中，我们需要：重设学术评价体系，充分考虑实践界的反馈与意见；倡导管理学术范式朝着"跨界混合型研究"靠拢，避免过度的"纯学术研究范式"和"纯实践研究范式";重塑管理教育模式,引导实践者发展学术思维,鼓励学术者关注实践现象,培养"作为管理者的研究者"(李平等,2018)。

在管理实践场域中,研究者和商学院也需要:教导管理实践者,培养实践者的长期眼光,增强实践者的理论建构和理论应用能力,培养"作为研究者的管理者"(彭贺,2012);同时,理论界需要和实践界携手搭建平台,让研究者和管理者有更充分的机会进行沟通和交流。

当然,管理理论和管理实践的脱节,还有一些其他的原因。例如,在沟通层面上,学者和实践者都建构了属于自己的话语体系,双方难以沟通。在管理者层面上,管理者对理论产生和作用边界认识不足,很难将一般的理论准确转化为实践知识(彭贺,2011)。在管理者和学者互动层面,由于缺少平台或资源等,管理学者和实践者鲜有深度的沟通和互动。这些问题,伴随着两个场域底层逻辑的改变,会逐步得到解决。

二、"扎根"实践土壤,发现研究问题

虽然我们对于管理理论和管理实践脱节的原因有了充分认识,并且为弥合两者提出了很多策略和方法;但这些策略和建议更多是高屋建瓴地改变整个管理学术生态,我们仍然不够清楚:研究者个体如何将研究的根"扎"在实践中,发现研究问题,并凝练理论逻辑?

为解决这一问题,我们访问了十名青年管理研究者来获取一手资料,试图找出管理研究者究竟是如何将研究的根扎在实践中。下面,我们一起来看一看"身边"的研究者是如何做的。

不可否认的是,走近甚至走进企业是扎根管理实践的最佳方式。企业环境能够为研究者提供最直接、最真实的体验,能够帮助研究者深刻理解组织中员工和管理者的行为与思考逻辑,让研究者全面了解企业的决策、运营、服务和管理模式。很多研究者都是通过在企业中"体验式观察"或在"访谈"过程中发现研究问题,比如 Y 博士的经历:

我自己的经验是一定要多观察工作场所的实际情况,以及大家在实际工作中遇到的难点、痛点问题。有一个方式是多跟在职场工作的同事、朋

友交流。比如说，我在企业调研的过程中就发现一些管理者往往有一种单线思维，就是只关注绩效而忽视员工福利或者道德之类的。带着对这个现象的观察，回到文献中，我发现了管理者的底线心智（bottom-line mentality）和这个现象十分吻合，于是就对这个现象展开了一系列研究。

再举一个例子，就是我对于创意评估和创意实施的关注。因为在现实的企业中，我发现很多人都提出了很好的创意，但却没有能力也没有资源将创意转化为实际的产品和服务，而这种失败很多时候都是因为这个创意提出者没有很好的技巧、方法和手段去推销自己的创意，基于这一点，我就很想了解如何通过有效手段推动创意实施。

还有一个例子就是，我和合作者扎根于企业实践，发现在"996"的工作背景下，员工的身心健康会受到很大冲击；于是我们从企业访谈、新闻报道中寻找灵感，然后获得我们对于员工身心健康议题研究的逻辑起点。其实在跟企业接触的过程中，我们就发现管理者其实很希望从学术界获得有意义的研究结论来指导实践；如果我们只是做变量游戏，那我们整个生态都是很无趣的。

遗憾的是，作为"青椒"学者，通常并没有很好的资源或者机会能够近距离地接触企业。不过，Y博士为我们提供了一些更便捷的策略，例如看新闻、与企业里工作的朋友交流等。除此之外，相信阅读财经杂志或者商业评论也是一个让我们有机会了解企业实践的有效途径。

虽然走进企业是一种典型的管理实践体验方式，但生活实践往往构成了我们体验的另一个重要来源。在访谈中，一名组织行为研究的博士生透露她的硕士毕业论文灵感就是源于生活。由于在生活中注意到了"医患关系"，进而细究医生处理医患关系的行为逻辑可能与其职业身份有关，她开启了对"医生群体面临职业身份威胁时情绪与行为反应"的探究。无独有偶，一名战略领域的学者W博士讲述她发表第一篇期刊论文经历时提道：

我本科专业是HR，但我的硕士导师是做公司治理研究的，刚入学的时候（我）什么都不知道，压根就不懂公司治理，所以很长时间不知道研究什么，怎么做研究。就在这时候，一件惊天的大事发生了……那就是阿里巴巴上市，各种碰壁，被港交所拒绝，最终被逼上了纳斯达克。我就替祖国很心疼，好好的中国企业怎么又跑到美国上市了。我就是被一颗强烈的爱国之心驱动着想要挖掘此事件背后的"黑幕"，从而走向了当时很火的"创始人控制权"研究。由这一事件引发的思考，（最后）在《经济管理》上发表文章，还促成了硕士学位论文。

三、"破土"而出，构建逻辑/理论

无论是从企业实践出发，还是从生活体验出发，都有可能产生令人振奋的研究问题。只是，产生研究问题往往只是一个开始，如何将研究问题展开并进行研究，进而构建新的逻辑或凝练新理论呢？Y博士和C博士为我们给出了他们不同的回答。在Y博士看来，实践固然重要，但理论是指导我们观察现象、提炼学术问题的关键，因此他认为：

虽然我们要结合实践，但我们也不能被实践的现象所迷惑，或者被实践现象"牵引着鼻子"走，而是要更多地站在旁观者的角度审慎观察对方（实践者）传达的信息，并对这些信息进行有效整合。同时我们也要带着理论的思维，在对经典的理论框架非常熟知的前提下去观察这些实践的信息，否则我们很难将实践转化为理论。

除了回归文献和挖掘已有理论来解决问题外，C博士则提出，自己对生活的敏感和细致的观察，是构建新逻辑，进而发掘与之相契合的新理论的另一个重要途径：

我在大学的时候参加了数学建模大赛。我们团队的人都是不同学科背景的，比如经济、软件、管理等，其实大家在讨论问题的过程中会发生一些意见不一致的情况，这样就会有一些冲突，事情进展就不会很顺利；出乎意料的是，虽然我们有很多意见上的分歧，但我们最后取得了不错的成绩，拿到了美国大学生数学建模竞赛的三等奖。所以，我就会思考大家认知上的多元化究竟是好还是不好？这个影响是怎么发生的？我就会根据自己的经历去感知，然后去思考这中间到底发生了什么。

我就是敏锐地感知生活，感知与每个人的交往，在这个过程中去发现问题；如果这个事情比较复杂的话，就试图思考能够解决这个复杂问题的点是什么；然后会试图找一找有没有什么理论，或者什么逻辑能够去解释这个复杂的现象。

四、"双向"循环，理论与实践互相促进

如果说 Y 博士和 C 博士仅仅是实现了理论与实践的单线结合，那么 Z 博士则完成了"实践到理论，理论反过来指导实践"的动态循环。

以我研究社会网络而言，其实是源于博士一年级联系国外导师开始，自己联系了近 50 名老师都无效，而当求助于导师的时候很快就解决了。我还是我这个人，什么都没有改变，而完成一件事的方式却通过不同的网络去触达，这就是社会网络对人的行为结果的巨大影响……社会学理论就是"你是谁不重要，你认识谁很重要"。

接着是求职的过程，呈现了弱关系的重要作用。某高校求职的过程是通过三步网络达到的，即老师 A 推荐到老师 B，老师 B 又推荐到老师 C（对你产生巨大影响的往往是弱关系，而且三步之内触达）；以上两个都是社会网络理论告诉我的，也是生活经验和社会学理论的相互验证。

社会网络中的任何一个点可以是个人、企业、团队等，因而就有了我的多研究领域的合作。可能主题在别人看来好像比较多样化，是研究者的大忌，其实都离不开社会网络在合作者之间的应用，以及社会网络节点变化在研究内容上的应用。这就是社会网络对我的个人生活、科研合作、研究主体、个人发展和选择的指引作用。

当我们读懂了社会网络，就会形成网络带来的协同能力，协同便可以带来人们难以想象的成就，互联网其实就是如此：互联互通，协同共生。企业和人都是如此，这就是理论的穿透力和普适性。读懂理论，确实能告诉我们，人生十字路口该选择什么，而且一定程度上能够预知这样的选择带来的人生会是什么样的。

事实上，每位研究者都经历过"发现问题到建构逻辑，再到凝练理论"这一复杂且需要反复迭代的过程。只是最后能否给出亮眼的逻辑或"漂亮"的理论故事，是文献积累、生活阅历、逻辑思维、敏锐洞察、灵光一闪等多方面因素综合作用的结果，也有赖于耐心、恒心、信心和慧心的共同成就——穷尽所能，我们也很难给出一个通用"公式"来复制这一过程。

不过，我们每个人都可以做到的是：持续地比对理论和实践。这种循环的比对实际上是在不断重复科学研究的两个基本过程：归纳与演绎（见图2）。

图2　科学研究的两个基本过程

资料来源：笔者整理。

通过观察实践，归纳一般性的实践现象，为构建理论做基础；进一步地，以构建的理论为指导，对管理实践进行检验，验证我们观察到的现象，如此循环往复。青年研究者F给我们的一些思考恰恰印证了科学研究的两个基本过程：

感觉对某一实践问题感兴趣，就很想知道为什么。然后根据自己对这一实践问题的经验，回到文献，看看文献里面又做了哪些研究，现有文献是否能够解决这一问题。如果已经有解决方式，那（会思考）还有没有可以完善的。如果没有解决，机会就来了。我感觉这一过程中比较困难的就是现象往往是错综复杂的，而理论是单一的，只可能解释此现象中的某一部分。所以首次看到现象的时候我们往往是很混乱的，不知道如何与已有研究对话，对话的点是哪里。此时，我感觉我们要再次回到现象，并对现象深入剖析，找出自己真正要想关注的点在哪里，找出造成这一现象的本源在哪里，然后再与文献对话。当然，我感觉此时，我们的目的是什么会很大程度上决定我们所关注的方向。

虽然F博士无法为我们提供一个完美的答案，但她却告诉了我们至关重要的一点：现象需要与理论持续映照、激荡。这一点也回应了陈春花（2017）提出的弥合管理与实践的"两进两出"方法论："从实践观察出问题；进到文献检验有否理论价值；检验有否理论价值之后转化成理论问题；再把理论问题回到实践中，验证这个问题的实践意义。""两进两出"的好处就在于我们能实实在在地找到实践中的"真问题"（企业真正关心和疑惑的问题）。

正如科学论描述的研究过程：归纳与演绎是科学研究的两个必经过程。目前的研究范式的确让我们在"演绎"的道路上走出了优美的姿态，但却让我们对"归纳"逻辑关注不足，以致我们在理论建构上总感觉无的放矢。尽管我们阅读了无穷无尽的文献，尽管我们可能已经通过"演绎"训练提升了理论敏感性，但"归纳"逻辑的缺失对于实践到理论的升华过程却有致命的伤害。所以，多种研究范式的结合（如叙事研究、扎根理论、内容分析、案例研究、民族志等）是我们训练理论建构逻辑思维能力的有效路径。

宏观层面的制度逻辑改变既可以是自上而下的过程，也可以是所有学人共同努力而实现的自下而上的过程。从实践到理论的过程是一个经由现象归纳、问题提出、逻辑演绎乃至理论发展的复杂过程，我们甚至无法穷尽所有智慧来对这一问题进行回答，只希望这些青年学者的"故事"与心得，能够为同为研究者的读者提供一点启发。我们相信，研究道路上的一丝曙光，对于在黑暗中摸索的我们都会显得无比宝贵。

参考文献

［1］曹祖毅，谭力文，贾慧英. 脱节还是弥合？中国组织管理研究的严谨性、相关性与合法性——基于中文管理学期刊 1979～2018 年的经验证据［J］. 管理世界，2018，34（10）：208–229.

［2］陈春花. 管理研究与管理实践之弥合［J］. 管理学报，2017，14（10）：1421–1425.

［3］李平，杨政银，陈春花. 管理学术研究的"知行合一"之道：融合德鲁克与马奇的独特之路［J］. 外国经济与管理，2018，40（12）：29–46.

［4］彭贺. 管理研究与实践脱节的原因以及应对策略［J］. 管理评论，2011，23（2）：124–130.

［5］彭贺. 作为研究者的管理者：链接理论与实践的重要桥梁［J］. 管理学报，2012，9（5）：637–641.

将思想种子发展成理论之树[*]

南京大学商学院　贾良定

在《管理世界》"3·25"倡议中，李志军、尚增健特别呼吁中国学者"立足中国实践，借鉴国外经验，面向未来，着力构建有中国特色、中国风格、中国气派的学科体系、学术体系、话语体系，反对照抄照搬外国模式。坚定学术自信，反对崇洋媚外"。作为回应，本文构建了从个体到团体再到社区的跨层对话过程理论，探讨如何把个体想法发展成为学术社区公认的合法有效的理论，试图从对话角度探讨建设中国管理学理论自信之路。

一、思考源起

2009~2010 年，随着中国经济体量成为世界第二，学术界和实践界呼唤中国管理学应当为世界做出自己的理论贡献。当时有一困惑：三十多年的改革开放，中国情境的组织管理研究贡献了什么样的新理论？当我寻求答案时，发现没有人给出明确的回答。于是，我就做了一项研究，首先发展了一个情境主位模型，用以评价情境对理论的贡献；其次利用该模型分析了组织和管理领域世界主流期刊中 1980~2010 年发表的有关中国情境的研究。

---

　* 原载《学者的初心与使命》（经济管理出版社 2020 年版）。原文由公众号"工商管理学者之家"于 2020 年 4 月 3 日发表（https：//mp. weixin. qq. com/s/drQwj85Fv8iYp EZjkFCq2A）。

本文改写自：贾良定，尤树洋，刘德鹏，郑祎，李珏兴. 构建中国管理学理论自信之路——从个体、团队到学术社区的跨层次对话过程理论［J］. 管理世界，2015（1）：99 - 117.

以上研究成果发表在 2012 年中国管理研究国际学会的会刊《组织管理研究》第 1 期上（Jia et al.，2012）。这项研究揭示了 1980～2010 年中国管理研究趋同并严重依赖西方理论的现状，证实了徐淑英在 2009 年《组织管理研究》主编论坛"中国管理研究的展望"中的判断，"过去二十多年来，中国管理学研究追随西方学术界的领导，关注西方情境的研究课题，验证西方发展出来的理论和构念，借用西方的研究方法论。而旨在解决中国企业面临的问题和针对中国管理现象提出有意义解释的理论的探索性研究却迟滞不前"（Tsui，2009）。

国内学者（韩巍，2009；郭毅，2010；田恒，2011）也有上述类似的判断。如郭毅（2010）所说："有关'中国的'本土管理研究总是缺乏一个'好'理论建构和发展所必需的过程，如同一个长不大的歪脖子树，总是只有几个短短的树枝和小小的枝芽，始终长不成常青茂盛的参天大树。"

在做这项研究的时候，一个想法油然而生：中国管理学研究如何能够长出几棵参天大树呢？

我努力去寻求答案。

最能回答这一问题的是肯·史密斯和迈克尔·希特主编的《管理学中的伟大思想：经典理论的开发历程》（Smith and Hitt，2005）。两位编者都曾任美国管理学会主席，他们邀请了 24 位管理学界最有影响力的原创理论的创立者，回溯这些理论产生和发展历程，同时表达自己的感悟。在这本书中，两位编者总结出一个"理论发展的过程模型"。

该模型侧重强调在构建理论时个体学者的特征与行为，但是，一是忽略理论形成的人际因素，二是缺乏理论支撑，三是不能回答我国学术界存在的问题。

例如，我国学术界中存在许多像模型中所说的具有"热情、训练、大想法"特征的学者，也承担着"创造者、编码者、传播者、研究者、倡导者"角色，并且也经历"张力不安→搜寻探索→精耕细作→公布发表"这样的过程，但依然是"只有几个短短的树枝和小小的枝芽，始终长不成常青茂盛的参天大树"。

非常致命的是，这个模型没有揭示西方学术界非常活跃的学术交流和对话情形。

二、搜索探讨

困惑一直在我心中。2011 年春夏学期带领学生们研讨《美国管理学会评论》（*Academy of Management Review*）年度最佳论文和被引最多论文，一共 50 多篇。当读到三篇文章时，心中惊喜，有一种"Aha"的感觉，心中的困惑似乎能够解决了。

第一篇是 Crossan 等（1999）关于"组织学习的 4I 模型"。该模型说，组织学习是一个从个体直觉（Intuiting）和解释（Interpreting）开始，到团队层面整合（Integrating），最后到组织层面的制度化（Institutionalizing）的跨层次动态过程。这个思想非常符合我的想法，学者个体的想法要成为学术社区公认的合法理论，这个过程既是学习过程，也是制度化过程。

第二篇是 Phillips 等（2004）关于"制度化的对话模型"。该模型认为，组织行为制度化是一个从个体到群体的对话过程，特定行为最终能否实现制度化会受到对话过程中诸多因素的影响。这似乎在说我想要说的故事。

第三篇是 Green（2004）关于"管理实践扩散的修辞理论"。该理论认为，制度化是推广管理实践的主体不断说服他人并唤起情感修辞（Pathos）、认知修辞（Logos）和价值修辞（Ethos）的结果。

读完这三篇文章，我心中似乎有了一个从"学者个体想法"到"学术社区公认的合法的理论"的模型了。兴奋之余，我很快就把这个想法写了出来，发邮件给徐淑英老师，讲解我的想法和初步模型。徐老师也很高兴，鼓励我们继续钻研。

有了初步的理论模型，接下来如何去实现呢？

肯·史密斯和迈克尔·希特主编的《管理学中的伟大思想：经典理论的开发历程》就是非常好的素材。我们可以根据书中的故事，与我们的初步理论相互迭代，建立最后的理论。

我们分析了书中许多理论发展历程的故事，在最后陈述时，为了既简约又饱和，我们只呈现了四个案例，分别是以 Jay B. Barney 为代表的资源基础理论、Donald C. Hambrick 为代表的高阶理论、以 Jeffrey Pfeffer 和 Gerald R. Salancik 为代表的资源依赖理论和以 Denise M. Rousseau 为代表的心理契约理论。由于这本书中没有收录华人学者发展理论的故事，我们特别选取了以徐淑英为代表的雇佣关系理论和以陈明哲为代表的动态竞争理论作为理论典范案例。

总体上，案例包括四个宏观领域的理论和两个微观领域的理论，宏观和微观各有一位华人学者作为理论的提出者（见表1）。这一做法遵循了多案例研究设计的复制逻辑和案例研究的数据可获得性原则。

表1 典范理论案例的选择

		理论来源领域	
		宏观领域 （战略管理、组织理论）	微观领域 （人力资源、组织行为）
理论提出者，即代表人物	华人	●动态竞争理论（陈明哲） （Competitive Dynamic Theory，CDT）	●雇佣关系理论（徐淑英） （Employee-Organization Relationships，EOR）
	其他	●资源基础理论（Jay B. Barney） （Resource-Based View，RBV） ●高阶理论（Donald C. Hambrick） （Upper Echelons Theory，UET） ●资源依赖理论（Jeffrey Pfeffer and Gerald R. Salancik）（Resource Dependence Theory，RDT）	●心理契约理论（Denise M. Rousseau） （Psychological Contract Theory，PCT）

三、知识产生及其制度化的对话过程理论

理论建构是一个从个体学者到小范围学术团体，再到整个学术社区的对话过程。在这一过程中，推广理论的主体通过唤醒他人的修辞，使团队直到社区产生对理论的认同感。理论，从最初的状态——个人"体验"，

经过跨层面对话，成为整个学术社区公有化的最终状态——知识"规范"。如图 1 所示，个体、团体和社区层面分别有相应的对话体系，每个层面最后一个对话行为连接着两个不同层面对话体系。

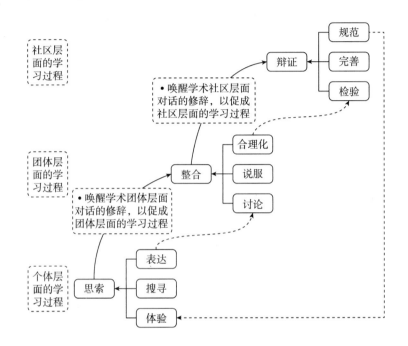

图 1 知识产生及其制度化的对话过程：结构和机制

（一）个体层面对话：思索

思索是理论建构的起点。在这个阶段，新理论的思想逐渐成型但仍然停留在个体学者思辨阶段，是个体学者脑中的思想实验。具体包括体验、搜寻和表达三类个体层面的对话活动。

体验是理论构建的起始点，是个体学者对客观现象的观察与已有认知不符而产生的紧张感受，也是研究问题的来源。例如，高阶理论，源于Hambrick 对《财富》期刊罗列企业高管信息感到十分意外；资源依赖理论，源于 Pfeffer 对美国社会平权运动中组织行为的疑惑。因此，体验作为一种张力（Tension），是理论体系最初的存在状态。

搜寻是个体学者在感受到张力后的第一个行动。个体学者为了回答特定研究问题并解决疑惑，会积极在已有理论中寻找答案。这种搜索不仅是个体学者自我思辨的表现，而且是新管理思想与已有理论的对话过程。例如，为探究心理契约的内涵，Rousseau 积极搜寻心理学、法律、社会学等有关契约文献；Barney 阅读交易成本经济学、公司理论等来解释企业间的异质性。

经过思辨，学者试图用语言、图表等表达自己的理论。只有将抽象的、模糊的、经过思辨的想法表达出来，学者才真正将理论向外界传达，而非仅停留在个体脑中。比如用提纲（资源基础理论：东京地铁上初稿大纲）、课程论文（高阶理论：给 Max 教授的课程论文）、读书笔记（心理契约理论：阅读过程中即时写下灵感、旁注，并用图表等形式辅以表达）等形式表达出来。因此，"表达"这一行为连接着个体层面和团体层面的对话。

（二）团体层面对话：整合

整合是团体层面的对话，是个体将新理论表达后，将理论在多主体间讨论并融合多人观点的行为。与个体层面对话不同的是，整合是理论提出者通过对话活动，构建出认同新理论的小团体（本文案例表明，学术团体通常由提出者的同事、学生和期刊评审等构成），并通过唤醒性修辞达成团体成员对新理论的认同。具体包括讨论、说服和合理化等行为。

讨论是发生在多个主体间、通过语言或文本形式阐述新理论并融入他人想法的社会性活动，主要表现为理论提倡者与其同事或学生讨论并修正最初的想法。这一行为的直接结果是在小范围内，构建出认同新理论的"小圈子"。例如，雇佣关系理论的形成初期，作者"与多位同事和学生定期讨论"（徐淑英，2012）；心理契约理论的提出者也强调，"拥有大量学科和教员的研究型大学是无价之宝"（Smith and Hitt，2005）。

为使新理论进一步获得认同，理论提出者会在更大范围内为其思想进行说服，主要表现为论文发表前的会议宣讲、各种讲座等。例如，正是通过两次学术会议的宣讲，资源基础理论才得到进一步的完善并逐渐获得合法性（Smith and Hitt，2005）。

经过小范围讨论后，理论提倡者对新理论进一步合理化，主要表现为出版或发表的评审过程中对新理论进行辩论、澄清、修改等活动。"合理化"的系列行为连接着团体层面和社区层面的对话，促使对话从团队层面进入社区层面。理论公开发表或著作出版标志着理论进入了整个学术社区的对话。

（三）社区层面对话：辩证

辩证是社区层面的对话行为，表现为相关学者对新理论的检验、完善并最终使理论成为学术社区的规范性知识。这一过程通常要经历漫长的岁月。

发表或出版意味着理论进入了学术社区的对话。成为学术社区规范的理论，其必要条件是能够引起众多学者的兴趣，开展系列科研活动，检验新理论。主要表现为将该理论应用于多情境进行情境化研究、探索新理论的作用机制、探究新理论的边界条件等。正如资源依赖理论提出者 Pfeffer 所言，"……如果想达到理论的成功并最终占据主导地位，……［要求］理论发展和实证检验，……进行修正和完善"（Smith and Hitt，2005）。

检验理论带来的直接结果是，对理论的内涵、逻辑和适用性等进一步完善，主要表现为在学术社区内，学者对理论进行澄清、梳理和修正等活动。例如，在高阶理论发表后的近三十年间，Hambrick 等学者对该理论进行了四次系统性文献回顾，并增加了两个重要的条件变量以增强该理论的解释力。

再如，自雇佣关系理论发表以来，以徐淑英为代表的研究团队对该理论的作用机制、适应条件进行了系列跨情境研究。这些学术社区层面的对话在增强理论的解释力的同时，也提高了理论的合法性。

经过学术社区内的长期对话，理论作为规范成为一定时空内的理论体系，主要表现为被学界公认的知识或写入教材等。研究所选取的案例均成为现阶段管理学研究中成熟的知识体系。理论建构过程是从个体到社区的跨层面的对话过程：从个体学者的"体验"，经过跨层面的对话，成为学术社区内的"规范"，即制度化知识体系。

（四）唤醒性修辞

为什么有的理论能够从个体层面对话进入团体层面甚至社区层面的对话，而有的理论却停留在某一层面？唤醒性修辞（Arousing Rhetoric）起到了关键作用：唤醒小范围学术团体的修辞是由个体层面对话进入团体层面对话的内在机制；唤醒学术社区的修辞则是由团体层面对话进入社区层面对话的内在机制。

制度化过程中包含三类唤醒性修辞：①情感性修辞（Pathos Rhetoric），指在说服过程中引起他人情绪上的共鸣，通过诉诸他人的兴趣、兴奋感等初始反应达成共识；②认知性修辞（Logos Rhetoric），指在说服过程中基于理性计算引起他人共鸣，是通过诉诸基于逻辑、效用等理性判断达成共识的；③规范性修辞（Ethos Rhetoric），指在说服过程中基于社会规范和习俗等引起他人共鸣，将新理论与更大范围内的价值观联系在一起达成共识。

其一，能否唤醒学术团体的修辞决定了理论是否能由个体对话跃迁到团体对话。

一方面，唤醒学术团体修辞的失败会使对话停留在个体层面。例如，在理论发展初期，资源基础理论提出者 Barney，其所在学校中的同事所奉行的价值观与其迥然相异，所以他不能引起小范围内其他学者对其思想的共鸣和唤醒，使进入团体对话的时间被延迟了。

另一方面，成功唤醒学术团体的修辞则加速了对话过程。例如，雇佣关系的思想火花一产生，就引起了他人兴趣，这种唤醒修辞得以迅速形成小的、固定的学术团体，定期地讨论和完善该理论。

其二，能否唤醒学术社区的修辞决定了理论是否能由团体对话跃迁到社区对话。

一方面，唤醒学术社区修辞失败使对话停留在团体层面。例如，资源依赖理论在学术社区内制度化速度相对较慢：这是由其认知性修辞——对现有理论的反驳多于修正和发展——所致。

另一方面，成功唤醒学术社区的修辞则加速了社区层面的对话过程。例如，动态竞争理论、雇佣关系理论和高阶理论等均在较短时间内唤起了整个学术社区内的修辞。其代表文献分别获得相应研究领域的最佳论文，这表明学术社区认可其认知性修辞，从而被唤醒。

四、对话过程理论的启示

中国管理学研究领域并不缺乏有天分、勤奋的学者。然而，从世界范围内看，反映中国社会和文化特征的管理学理论不仅没有占据主导地位，而且尽管近些年来我们越来越多加入国际学术界的对话，但是发展的中国管理学理论依然很少。依据跨层次对话过程理论，我们认为，在构建小范围学术团体和参与国际管理学术社区对话这两个环节上，中国管理学者需要更加努力。

其一，加强学术团体层面的对话，尤其是论文公开发表前的评审和答辩过程。

一方面，中国管理学界应该进一步提高学术论文评审过程的规范化和科学化程度，构建一个有利于学者对话的平台。学术期刊编辑委员会应当制定公正、明确、有效的评审流程，邀请管理学研究领域国内外杰出学者作为外审专家，而期刊编委则成为外审专家与作者之间对话的协调人。坚持与作者共同改善论文、发展思想的方针，学术期刊编委会和外审专家对论文提出实质性修改建议，经过对话使理论更具解释力。在理论发展的任何阶段，提出新理论的学者应该与国内和国际相关领域的学术同行积极沟通，扩大新理论的影响范围。

另一方面，在博士论文答辩阶段，学校、院系专业、博士生导师以及博士生本人应该与世界范围内相关研究领域内的优秀学者积极对话，并邀请他们成为博士论文答辩委员会的成员，架起青年学者与国际管理学研究社区的桥梁。这些实践，既是整合学术团体知识的共同学习行为，也是唤起学术同人甚至实践界对管理学新知识的认知和认同的过程。

其二，加强学术社区层面的对话，特别是增加已经发表的中国管理学理论在全世界范围内的辩证过程。

一方面，中国管理学者在积极组织和参加国内外学术会议的同时，应该充分发展这类活动的平台效应，促进不同学者、不同学术团体之间的思想火花碰撞、合作，以此开展对已有知识的系列化后续研究。

另一方面，中国管理学者不仅要善于借用西方理论解释中国的管理现象，更重要的是要善于发展出具有中国本土特色的管理学理论，并进一步在西方情境中检验、完善和发展，从而提高中国管理学理论在全世界范围内学术社区的合法性，增强中国管理学的理论自信。

总之，走具有中国特色的管理学理论自信道路，不仅要求我们的理论能够反映中国社会、制度和文化的特征，体现中国企业和组织管理现状及其变革的内涵，而且要求我们建立真正意义上的学术社区对话体系，积极加入世界范围内的管理学学术对话中，并把具有中国特色，反映中国社会、文化和制度的管理学理论体系化和制度化。从这个意义上讲，对话过程不仅是丰富中国管理学理论、增强其解释力的必由之路，而且也是中国管理学理论走向国际管理学社区，获得合法性并成为体系化、制度化、规范性的管理理论的重要手段。

参考文献

［1］ Barney J. B. Firm Resources and Sustained Competitive Advantage ［J］. Journal of Management, 1991, 17 （1）: 99 - 120.

［2］ Chen M. J. Competitor Analysis and Interfirm Rivalry: Toward a Theoretical Integration ［J］. Academy of Management Review, 1996, 21 （1）: 100 - 134.

［3］ Crossan M. M. , Lane H. W. , White R. E. An Organizational Learning Framework: From Intuition to Institution ［J］. Academy of Management Review, 1999, 24 （3）: 522 - 537.

［4］ Green S. E. A Rhetorical Theory of Diffusion ［J］. Academy of Management Review, 2004, 29 （4）: 653 - 669.

［5］ Hambrick D. C. , Mason P. A. Upper Echelons: The Organization As a Reflection of Its Top Managers ［J］. Academy of Management Review, 1984, 9 （2）: 193 - 206.

［6］ Jia L. D. , You S. Y. , Du Y. Z. Chinese Context and Theoretical Contributions to Management and Organization Research: A Three - decade Review ［J］. Management and Organization Review, 2012, 8 （1）: 173 - 209.

［7］ Pfeffer J. , Salancik G. R. The External Control of Organizations: A Resource Dependence Perspective ［M］. New York: Harper and Row, 1978.

［8］ Phillips N. , Lawrence T. B. , Hardy C. Discourse and Institutions ［J］. Academy of Management Review, 2004, 29 （4）: 635 - 652.

［9］ Rousseau D. M. Psychological Contract in Organizations: Understanding

Written and Unwritten Agreements［M］. Newbury Park，Calif：Sage，1995.

［10］Smith K. G.，Hitt M. A. Great Minds in Management：The Process of Theory Development［M］. Oxford：Oxford University Press，2005.

［11］Tsui A. S. Autonomy of Inquiry：Shaping the Future of Emerging Scientific Communities［J］. Management and Organization Review，2009，5（1）：1 – 14.

［12］Tsui A. S.，Pearce J. L.，Porter L. W.，et al. Alternative Approaches to the Employee – organization Relationship：Does Investment in Employees Pay off？［J］. Academy of Management Journal，1997，40（5）：1089 – 1121.

［13］郭毅. 活在当下：极具本土特色的中国意识——一个有待开发的本土管理研究领域［J］. 管理学报，2010，7（10）：1426 – 1432.

［14］韩巍. 管理学在中国——本土化学科建构几个关键问题的探讨［J］. 管理学报，2009，6（6）：711 – 717.

［15］田恒. 中国情境下的管理学研究探索——基于理论发展脉络的视角［J］. 科技管理研究，2011，31（1）：226 – 230，242.

［16］徐淑英. 求真之道，求美之路：徐淑英研究历程［M］. 北京：北京大学出版社，2012.

弥合管理理论与实践的
脱节：思考与探索[*]

中山大学管理学院　谢　康　肖静华

李志军和尚增健在《管理世界》"3·25"倡议中，开宗明义地提出"从我国改革发展的实践中挖掘新材料、发现新问题、提出新观点、构建新理论"，并倡导"学术研究的目的不是自娱自乐，要有社会责任感和时代感，要为国家经济社会发展服务"。一段时间以来，管理理论和管理实践的脱节是管理学术研究被诟病的一个关键问题，而主张学术研究为国家经济社会发展服务，正是弥合管理理论与实践脱节的途径之一。这引发我们对管理理论与实践脱节问题的两点思考，也借此进一步分享我们开展的两方面探索。

一、管理理论与实践脱节的合理性

管理理论与实践脱节问题一直备受关注、讨论或诟病，但脱节状况并没有因此得到实质性改善。现实中没有理论指导的成功企业家（俗称"赚大钱者"）比比皆是，似乎印证了实践未必需要理论指导的观点。著述等身的功成名就者（俗称"学术牛人"）也不乏其人，似乎也印证了管理理论未必需要实践检验的看法。事实上，管理理论与实践脱节存在合理性，因为理论研究者与管理实践者本身就属于两种类型的社会群体（张佳良、

　原载《学者的初心与使命》（经济管理出版社 2020 年版）。原文由微信公众号"工商管理学者之家"于 2020 年 4 月 6 日发表（https：//mp. weixin. qq. com/s/9yjzwmVQ－zIs02jHAZL19g）。

刘军，2018）。

管理理论与实践脱节大体可以归结为以下几个主要原因：一是从知识转移角度看，管理理论与管理实践是两种类型的知识体系，两者存在知识转移的障碍（Van de Ven and Johnson，2006）；二是从社会分工角度看，理论研究群体与实践群体属于两类社会群体，两者的社会分工具有不同的专业属性；三是从信任与风险承担角度看，理论研究者与实践者之间存在信任与风险承担的双重隔阂；四是从追求目标角度看，理论研究者追求的是促进人类在管理领域的知识增进，实践者则是追求企业经营的规模和利润。

由此可见，管理理论与实践是两条相互映射和影响的轨道，两者并行发展与交互影响，是其分工结构所决定的，两者脱节存在社会合理性。否则，理论何谓理论，实践何谓实践呢？理论的高度抽象性、逻辑性与实践的高度情境化、复杂性决定了管理理论与实践是两类不同的思维和语言体系，两者脱节是必然的。这既不是管理理论的问题，也不是企业实践的问题，而是社会分工的客观存在。

二、弥合管理理论与实践脱节的互动桥梁

然而，尽管两者的脱节存在合理性，但并不等于不需要弥合两者的脱节。一方面，国内外不少学者通过多种方式介入企业实践，如担任独立董事、外部董事，提供管理咨询，甚至长期在企业任职，或者坚持实地调研和田野调查，持续举办与企业合作的论坛等。这些介入方式或多或少都是在弥合管理理论与实践的脱节。另一方面，国内外不少管理实践者也在通过多种方式介入管理研究，如一些企业家将自己的管理经验和思想出书立著，将一生所思进行传播和交流，或者与学者一起开展自己企业的案例研究等。可以说，上述理论界与企业界的两种努力，都是促进管理理论与实践结合的弥足珍贵的互动桥梁，尽管这座桥梁上依然存在种种困难。

从基础研究、应用基础研究到应用研究、实验与中试和量产过程，是从纯理论到实践形成社会财富的过程，也是社会分工及其知识转移的过程。理论与实践两者存在不可简单比较的社会价值。据此，可以将管理理

论研究者与管理实践者大体分为四类：纯理论研究者与纯管理实践者，兼具实践的理论研究者与兼具理论的管理实践者。其中，后两者是弥合管理理论与实践脱节的重要桥梁。要促进理论创新与管理实践的结合，需要更多桥梁类型的理论研究者与管理实践者不断去尝试探索。

三、探索一：中国情境下的行动研究

行动研究（Action Research）是以既有理论为指导，促进解决实践过程的问题，从而验证和拓展理论，提升参与者能力，并从行动过程中获得结果反馈的循环过程。行动研究周期通常较长，一般超过 1 年，多数为 2~3 年，有的甚至长达 10 年。行动研究的优势在于能够有效地将理论与实践相结合，对现实中的问题进行分析和提炼，有助于突破管理研究中注重理论但实践性不强，或注重实践但理论创新不足的窘境。

然而，我们观察到的一个事实是：行动研究在医学、教育学、心理学和 IT 项目管理等领域有较多应用，在企业管理领域却应用较少。与其他领域行动研究主要针对个体行为或技术项目的干预不同，企业管理领域的行动研究不仅面临复杂的外部市场环境和内部组织环境等问题，还面临管理者对企业经营风险的敏感性等问题（张佳良、刘军，2018）。同时，也存在企业管理者对理论研究者情感信任与能力信任的双重信任问题，这是企业管理领域行动研究不多的主要原因。

基于此，我们认为需要基于中国企业的管理情境构建嵌入式行动研究方法，通过在经典的行动研究五环节（Susman and Evered，1978）中嵌入两个子环节，来解决上述问题。一是嵌入信任环节，通过小范围试验和演练，使管理实践者对理论研究者建立起情感与能力的双重信任，再开展正式的行动研究；二是嵌入经营风险环节，企业经营管理面临各种风险，通常难以接受研究者的直接干预。因此，需要先从风险较小的管理领域切入，再逐步介入企业重大变革的干预和指导。

为此，我们在进行企业实地调研的基础上，提出了中国企业管理情境的嵌入式行动研究方法，在 2010~2012 年以四川某制造企业为对象，进行了信息化规划与管理变革的行动研究（肖静华等，2013）。朱方伟等

（2018）在此基础上，进一步开展了项目化变革情境下企业如何克服组织惯性束缚的行动研究，深化和丰富了中国情境下信任与风险管理的嵌入内涵。

四、探索二：中国情境下的理论工具化

管理理论与管理实践是两种不同的思维和语言体系，弥合两者的脱节一方面需要通过兼具实践的理论研究者与兼具理论的管理实践者，架起以"人"为主体的桥梁；另一方面需要通过研究者或实践者将理论工具化，即将抽象的理论转变为可操作的管理工具，架起以"工具"为主体的桥梁。

众所周知，Porter 的五力模型、Andrews 的 SWOT 分析法、Kaplan 和 Norton 的平衡计分卡、休哈特提出并被戴明普及的 PDCA 等管理工具，均已成为管理理论与实践之间的重要桥梁。借助这些管理工具，可以将严谨的理论逻辑与抽象的学术思想转变为企业可操作的流程和步骤。例如，我们在为某市国资委管辖的国有企业设计激励机制方案时，就将博弈论的模型和委托代理的理论转化为可操作的考核流程和考核工具，使企业能够落地实施。

当前，中国管理学者似乎缺乏将理论进行工具化的探索热情，企业咨询服务者尽管不断开发出各种管理工具，但因缺乏理论基础而多为昙花一现，普适性不强。开展中国情境的管理理论工具化探索是一项极有价值的工作，期待对企业管理实践熟悉的理论研究者和有管理理论基础的企业实践者在这个领域形成贡献。对商学院而言，建议可以在 EMBA 和 MBA 的教育培训中，鼓励学员们更多地探索和开发管理工具，而不是只限于让其撰写并不擅长的研究性论文一条路径。

参考文献

［1］Susman G. I. , Evered R. D. An Assessment of the Scientific Merits of Action Research ［J］. Administrative Science Quarterly, 1978, 23（4）: 390 - 395.

［2］Van de Ven，A. H. ，Johnson P. E. Knowledge for Theory and Practice［J］. Academy of Management Review，2006，31（4）：802 – 821.

［3］肖静华，谢康，冉佳森. 缺乏 IT 认知情境下企业如何进行 IT 规划——通过嵌入式行动研究实现战略匹配的过程和方法［J］. 管理世界，2013，（6）：138 – 152.

［4］张佳良，刘军. 本土管理理论探索 10 年征程评述——来自《管理学报》2008 ~2018 年 438 篇论文的文本分析［J］. 管理学报，2018，（12）：1739 – 1749.

［5］朱方伟，宋昊阳，王鹏. 项目化变革情境下企业如何克服组织惯性的束缚——基于行动研究法的路径与策略分析［J］. 管理评论，2018（8）：209 – 223.

坚定中国企业实践研究的学术自信[*]

北京大学国家发展研究院　陈春花

复旦大学管理学院　马胜辉

在《管理世界》"3·25"倡议中，李志军、尚增健特别呼吁中国学者"立足中国实践，借鉴国外经验，面向未来，着力构建有中国特色、中国风格、中国气派的学科体系、学术体系、话语体系，反对照抄照搬外国模式。坚定学术自信，反对崇洋媚外"。作为回应，我们认为有必要探讨如何坚定中国企业实践研究的学术自信。或者说，在具体的研究中，我们应该如何构建这种学术自信？基于对这一问题的思考，我们认为中国企业实践研究的学术自信主要源于以下五个方面：

一、体察中国实践的独特性和领先性，直面本土管理现象

如果不深刻认识到中国企业实践的独特性和领先性，"立足中国实践"的研究将无从谈起。我们认为，这些独特性和领先性主要体现在三个方面：

首先，在当今互联共享的时代，互联网技术对人们的生活和工作方式带来了巨大改变，也因此对传统的组织管理和商业模式造成了巨大冲击。中国企业在融入和塑造当今互联共享的商业环境中扮演着主导者的角色，

＊　原载《学者的初心与使命》（经济管理出版社 2020 年版）。原文由微信公众号"工商管理学者之家"于 2020 年 3 月 30 日发表（https：//mp. weixin. qq. com/s/URoORp－QOFh7z－lITT5iEg）。

占据了管理实践的领先性，而不再是跟随西方的实践模式。

这其中涌现了一大批独具特色的新兴企业，如小米、腾讯、阿里巴巴、美团等。中国巨大的本土市场和互联网用户为这些新兴商业实践的探索和发展提供了基础，而这些商业实践也极大地改变着人们的生活方式。我们亟须理解本土的这些领先的管理实践，探索传统企业如何基于互联网技术进行转型和变革。

其次，中国企业实践的产生和发展面临着独特而复杂的本土化环境。这包括特殊的政治经济背景、市场环境、社会整体转型、文化传统和哲学等。这些本土化环境可能是西方企业未曾经历过的，因而可能催生全新的管理实践。

例如，不同于发达的西方国家，在中国特有的政治经济制度下，政府机构在企业的战略规划和公司治理中发挥着重要作用（Keister and Zhang，2009），包括协助其辖区的企业应对外部环境，甚至直接参与企业经营。但由于目前的战略管理理论主要源自西方国家，这些理论主要从企业的视角出发，集中于分析市场和技术环境对战略的影响，而很少关注政府在企业战略中的参与（Pearce et al.，2009）。

本土文化环境是中国管理实践产生和发展中的另一个独特影响因素。作为本土管理实践的践行者和创造者，中国的企业家和管理者深受本土文化和思维观念的影响（席酉民、韩巍，2010），因此，我们需要深入了解中国管理者所面临的挑战，了解他们的管理哲学和认知结构，以及这些如何影响他们的管理行为。例如，许多中国管理者深受儒家、道家、法家等传统治道的影响，但学界对这些传统如何具体化在他们的管理实践当中仍然知之甚少，更不用说这些实践的有效性和可复制性（Ma and Tsui，2015）。

最后，在四十多年高速经济增长下，中国企业不断与国内外环境互动，并进行着管理实践的创新，成就了许多优秀的本土企业。有些企业甚至是全球范围内的行业先锋，能够领先所在的行业持续稳定地增长。这些企业的成功不再仅仅是依赖对市场、营销、技术、质量或成本等单一要素的把握，而是形成了自己卓有成效的管理模式（陈春花，2010）。

特别是在中国正在进行的产业转型和升级的背景下，一些领先企业能够不断调整自身结构和战略进行持续增长，如美的、华为、联想、海尔等。虽然我们对于这类企业有大量的讨论，但大多是在媒体或者报纸杂志上，而对它们独特的管理实践的学术研究仍然不足。因此，未来的研究需要深入分析这些领先企业用于构建竞争优势、保持持续快速增长的管理实践。

直面中国现象，基于本土实践的研究能够为中国企业中所存在的，尤其是那些不同于西方的实践提供一个全面的认识，从而呈现本土实践和盛行的西方管理实践之间的差异。

二、回归管理的元问题，重新检视西方理论的基本假设

中国企业实践的独特性和领先性，为回归管理的元问题并构建新理论提供了契机。长期以来，国内研究主要集中于完善、延伸和拓展引进的西方理论。然而要建立中国企业实践研究的自信，则需要对已有理论的基本假设进行检视，探讨其用于解释本土实践的合理性。这要求在研究中，我们要敢于回归管理的元问题，追问其答案究竟是什么？西方已有理论对这些问题进行考察所依赖的假设和前提，是否还有效？这样的研究导向将有助于构建新的理论，而不是单纯对已有理论进行验证和完善（Alvesson and Sandberg，2011）。

在这方面，陈明哲（2016）创建动态竞争理论的过程极具借鉴意义。在 20 世纪 90 年代，陈明哲意识到当时的战略理论对竞争的描述（包括对产业结构和资源能力的理解）都极为静态，与现实中观察到的动态而复杂的竞争行为极为不符。这促使他不断追问"竞争是什么"这一元问题，并提出了更符合现实观察的洞见，将竞争描述为企业间不断的"行动—响应"。正是基于对竞争本质的追问，促使陈明哲能够颠覆已有竞争理论的基本假设，通过一系列研究构建了动态竞争理论，使之成为当今战略管理领域最重要的理论之一。

前面我们探讨了中国企业实践的独特性和领先性，这意味着中国学者面临着大量新兴的管理现象，为回归管理的元问题、检视已有理论的基本

假设提供了良好机会。例如，在高度共享的经济环境中，甚至在当前疫情下出现共享员工的情况，"组织"到底应该如何定义？组织的边界如何界定？组织与环境究竟是什么关系？随着大量基于互联共享技术的商业模式不断涌现，我们是否需要重新定义什么是商业模式？当基于网络技术和数据运算的平台性、开放性和协同性逐渐成为组织的新特征，传统意义上用于协调员工的"组织结构"到底应该如何定义，以及协调员工的管理者的工作内容发生了什么变化（Davis，2015b）？在个人价值崛起而组织忠诚度下降的情形下，个人与组织到底是什么关系？当企业呈现平台化、不断构建以其为核心的生态系统，企业间的竞争应该如何理解？

在关注到中国一系列新兴的企业实践时，学者有必要回归组织和管理理论的一系列元问题，重新审视已有理论的有效性和解释力，并以这些新兴实践为源泉，构建具有这一时代特点的管理新概念和新理论。

三、发掘中国传统智慧，为解释本土现象提供更精准的语汇和视角

任何社会现象都是深刻地嵌入在特定文化之中的，企业经营与管理更是如此。然而，随着西方理论的引进，西方文化的语汇、概念、思维方式开始占据学术的场域。在这样的学术场域中，中国人独有的思维方式、行为模式和情感特质很难得到精准的描述，从而限制了对中国管理实践进行深刻的呈现和探讨。

例如，Li 和 Liang（2015）的研究发现，因为受儒家"修身、齐家、治国、平天下"人生哲学的影响，中国民营企业家更乐意在事业成功后寻求政治领域的职位和影响。然而，这一儒家传统很难用西方关于人生价值和职业发展的语汇去表达。因此，只有突破西方语境，直接运用中国特有的语汇和概念，才能准确地描述这些中国企业家追求政治影响力的动机和行为。

因此，要建立中国实践研究的自信，需要学者们敢于突破西方语汇的局限，在研究中直接采用中国文化的语汇和概念，在传统智慧中寻求启发和灵感。可喜的是，一些中国学者已经进行了开拓性的研究，将中国文化

中的"关系"（Xin and Pearce，1996）、"关系哲学"（Chen and Miller，2011）、"家长式领导"（樊景立、郑伯壎，2000）、"儒家伦理"（Li and Liang，2015）等概念运用到对中国管理现象的探讨中，使其理论构建极具创新性和解释力。而且，这些概念被介绍到国际学界，也产生了极大的影响，引起了国际学者的重视和探讨。

中国学者的自信正源于此，通过发掘中国文化和传统智慧，能够为解释本土现象提供更贴切的语汇和视角。同时，这些东方语汇和视角，也将丰富全球学术场域的多样性，从而为新理论构建和发展提供更多的可能性。

四、贴近本土实践，为中国企业提供更具价值的指导和建议

长期以来，国内学界试图改变"对中国经济与社会发展插不上嘴"的局面（郭重庆，2008）。我们认为，立足中国实践的研究，能够改善这一局面，为中国企业提供更具价值的指导和建议。

必须明确的是，虽然基于中国实践的研究直面本土现象，其目的仍在于描述现实和理论构建，而不是解决具体的管理问题。同时，研究者并不具备解决具体问题的现场知识和相关技能。因此，和大多数研究一样，基于实践的管理研究很难为管理者提供具体的解决方案。

然而，对本土实践的深入研究，能够为管理者提供极具价值的概念性工具和理论框架，促使他们去反思自身的实践，以及去思考所面临的具体问题和处境。也就是说，基于实践的研究，通过提供对管理实践的逻辑及相关活动更好的理解，影响或指导管理者的实践活动（陈春花、马胜辉，2017）。

具体来说，基于中国实践管理研究的现实指导价值主要表现在以下三个方面：

首先，通过呈现不同的管理实践在不同情境中的运用，对本土实践的深入研究可以让管理者对自身管理活动进行反思，并意识到新的或不同的管理实践的存在，从而开拓自己分析问题和解决问题的思路。

管理者通常沉浸在管理活动当中，而很难对自己习以为常的管理方式和活动进行真正的反思。通过对管理实践及其相关活动的描述和相关作用机制的解释，研究者可以为管理者呈现采取不同实践和不同行动的可能性，以及这些可能性存在的优势和局限。

其次，基于中国实践的本土研究可以为管理者呈现他们在管理实践中可能忽视的因果关系、作用机制和负向效应。对于个体在实践中所面临多种因素的整体性关注，使相关研究能够更全面地呈现特定实践的复杂性和多种不同的作用机制。如果意识到这些复杂性和作用机制，将有助于管理者更好地理解自己所面临的问题和处境。

最后，基于实践的本土研究能够为管理者提供新的语汇或概念，使他们能够以一种新的视角去看待相关的实践问题，从而采用新的方式去灵活运用这些管理实践，发挥其在现实中的主观能动性。因为是基于本土实践所构建出来的，这些新的语汇或概念更有可能为本土管理者所接受，从而使他们在实践中运用这些语汇或概念去思考、探讨和解决相关问题。

能够提供对本土企业更具价值的指导和建议，不仅能扩大学术研究的影响力，更是学者的历史使命和社会责任。正因为基于中国实践的研究能够在以上三方面有助于达成这一目标，我们应该更坚定这一研究导向的学术自信。

五、坚持中外学术对话，以中国实践研究推动全球管理理论发展

建立中国实践研究的学术自信离不开中外学术对话，并推动全球管理理论发展（贾良定等，2015）。否则，我们的研究将会变成自说自话，学术自信也会变成盲目自信。

这种学术对话的基础，是基于中国实践的研究具有贡献全球管理理论的巨大潜力。管理理论的发展和创新不足不仅是中国管理学界的独有现象，而且是国际学界的普遍现象。在反思和展望中，回归管理现象和管理问题本身被认为是进行理论创新的关键（Davis，2015a）。在这种背景下，贴近中国本土的管理实践不仅能够提高我们对本土管理现象的认知，也带

来了中国管理研究能够贡献全球管理理论创新的历史机遇。因为新理论通常源于对新的管理现象和管理实践进行解释，中国大量新兴的管理实践为本土研究回归元问题、进行理论创新提供了第一手资料。

例如，基于对中国四个大型国企的案例研究，郭依迪等（Guo et al.，2017）探索了在中国政治经济环境下，企业是如何管理区域政治环境从而实现市场目标的。他们发现了中层管理者在这一过程中所采取的两类管理实践（管理政治环境和管理经济环境）。这一研究有效地解释了中国中层管理者在管理政治环境中的实践和角色，弥补了以往研究只关注管理经济环境的不足，从而对关于中层管理者的理论做出了贡献。这样的理论构建，既能够有效地解释本土现象，又能够为全球管理理论提供新的见解和观点，并与之融为一体。

在中国企业实践的研究中坚持与国际学者对话，不仅能够使本土研究为全球管理知识贡献新的理论和观点，还能够推动国际学者对中国现象的关注，将中国的管理问题国际化（黄光国等，2014）。基于巨大的市场和企业数量，中国实践因其现实影响力必然是国际学者关注的重点话题。在研究中持续和现有理论结合和互动，有利于促使国际学者看到研究中国管理实践对于发展管理理论的价值。

如上所述，因为新的实践常常催生新的理论，中国企业实践的独特性和领先性意味着可能有许多新的管理理论会从中国的管理实践中被发掘，正如科学管理从美国企业实践中被发掘，精益管理在日本的企业实践中被发掘一样。当国际管理学界看到对中国企业实践的研究能够呈现具有独特性的管理现象，看到本土研究对推动一般性理论发展以及构建新理论的契机，必然会参与到相关的研究当中，从而反哺对本土管理的研究（黄光国等，2014）。

因为对实践的深入研究要求研究者能够近距离接触这些实践，从而获取最鲜活的数据和资料，中国本土学者在这些独有的管理实践的研究中将占据天然优势。如果能够在此基础上发掘新的理论，中国将有机会在全球管理研究中实现"弯道超车"（章凯等，2014）。

归根结底，学术自信源于学术研究能够真正提供理论贡献和现实意义。通过以上五个方面的探讨，我们希望能够进一步明确立足中国企业实

践的研究为何能够达到这样的目的，从而坚定学者对坚持这一研究导向的
信心。

参考文献

［1］Alvesson M. ，Sandberg J. Generating Research Questions Through Problematization［J］. Academy of Management Review，2011，36（2）：247 – 271.

［2］Chen M. J. ，Miller D. The Relational Perspective as a Business Mindset：Lessons From East and West［J］. Academy of Management Perspective，2011，25（3）：6 – 18.

［3］Davis G. F. Celebrating Organization Theory：The After – Party［J］. Journal of Management Studies，2015，52（2）：309 – 319.

［4］Davis G. F. Editorial Essay：What Is Organizational Research for？［J］. Administrative Science Quarterly，2015，60（2）：179 – 188.

［5］Guo Y. ，Huy Q. N. ，Xiao Z. How Middle Managers Manage the Political Environment to Achieve Market Goals：Insights from China's State – Owned Enterprises［J］. Strategic Management Journal，2017，38（3）：676 – 696.

［6］Keister L. A. ，Zhang Y. L. Organizations and Management in China［J］. Academy of Management Annals，2009，3（1）：377 – 420.

［7］Li X. H. ，Liang X. Y. A Confucian Social Model of Political Appointments Among Chinese Private – firm Entrepreneurs［J］. Academy of Management Journal，2015，58（2）：592 – 617.

［8］Ma L. ，Tsui A. S. Traditional Chinese Philosophies and Contemporary Leadership［J］. The Leadership Quarterly，2015，26（1）：13 – 24.

［9］Pearce J. L. ，Rebekah Dibble，Kenji Klein. The Effects of Governments on Management and Organization［J］. Academy of Management Annals，2009，3（1）：503 – 541.

［10］Xin K. R. ，Pearce J. L. Guanxi：Connections as Substitutes for Formal Institutional Support［J］. Academy of Management Journal，1996，39（6）：1641 – 1658.

［11］陈春花. 当前中国需要什么样的管理研究［J］. 管理学报，

2010，7（9）：1272 - 1276.

　[12] 陈春花，马胜辉. 中国本土管理研究路径探索——基于实践理论的视角 [J]. 管理世界，2017（11）：158 - 169.

　[13] 陈明哲. 学术创业：动态竞争理论从无到有的历程 [J]. 管理学季刊，2016（3）：1 - 16.

　[14] 樊景立，郑伯埙. 华人组织的家长式领导：一项文化观点的分析 [J]. 本土心理学研究，2000（13）：126 - 180.

　[15] 郭重庆. 中国管理学界的社会责任与历史使命 [J]. 管理学报，2008，5（3）：320 - 322.

　[16] 黄光国，罗家德，吕力. 中国本土管理研究的几个关键问题——对黄光国、罗家德的访谈 [J]. 管理学报，2014，11（10）：1436 - 1444.

　[17] 贾良定，尤树洋，刘德鹏，等. 构建中国管理学理论自信之路——从个体、团队到学术社区的跨层次对话过程理论 [J]. 管理世界，2015（1）：99 - 117.

　[18] 席酉民，韩巍. 中国管理学界的困境和出路：本土化领导研究思考的启示 [J]. 西安交通大学学报（社会科学版），2010，30（2）：32 - 40.

　[19] 章凯，张庆红，罗文豪. 选择中国管理研究发展道路的几个问题——以组织行为学为例 [J]. 管理学报，2014，11（10）：1411 - 1419.

企业需要什么样的管理研究[*]

中国上市公司协会　宋志平

《管理世界》杂志的"3·25"倡议引发了管理学界的思考和讨论，这个讨论又远远超出了管理研究学术论文的范畴，涉及企业管理最深层次的问题，即我们企业需要什么样的管理研究。作为一名长期扎根企业的管理者，我谈谈自己的看法，供大家参考。

一、 管理研究是要解决企业的问题

管理研究为何而来？应是从应对企业问题中来，为发现企业问题、为解决企业问题而产生的。从工业革命开始，如何提高企业的效率，这个问题就是最初管理的起因。随着企业的发展，战略研究、投资研究、组织研究、创新研究等这些都应运而生，所以管理研究始终是为着解决企业问题的。

我国的企业管理是随着我国改革开放发展起来的。改革开放初期，我国企业管理总体上比较粗放，生产水平也很落后。在 20 世纪 80 年代，我们的企业处于管理的学习阶段，我们开始学习西方的管理理论和日本的管理方法，主要针对的是现场管理、成本控制、质量改进等方面。到 20 世纪 90 年代，我们开始引入 MBA 教育，我国企业管理研究有了一定发展；伴随着国有企业的改革、民营企业的发展、上市公司的壮大，这一段的管

　　* 原载《学者的初心与使命》（经济管理出版社 2020 年版）。原文由微信公众号"工商管理学者之家"于 2020 年 4 月 7 日发表（https：//mp. weixin. qq. com/s/u10P3BfRw wmr1koakqwwWQ）。

理研究更多转向对企业制度的探讨。

自 2000 年以后，我国企业面对的主要是互联网、新技术革命、企业"走出去"、气候环境变化等问题，由此，这一段的管理研究紧紧围绕着企业创新、国际化、应对气候变化等问题展开。之后新冠肺炎疫情在我国和全球暴发，对企业产生了巨大压力和影响，管理学界又围绕如何应对疫情为企业献计献策。

所以我想，企业的管理研究是个实践产物，它来源于企业，是为解决企业面对的问题而开展的。对于企业管理研究者来讲，我们要深入企业，了解企业的变化和企业的问题，针对企业的问题进行研究，帮助企业发现存在的问题并找出解决问题的方法，再将这些方法升华为管理的理论，进一步指导企业的工作。

我在企业工作了 40 年，大多是做管理工作。在工作中学习的管理理论和知识给了我很大帮助，同时我自己也从一个管理的实践者变成了管理的研究者。随着企业面对环境的不确定性带来的变化，我们需要研究的问题越来越多。我从实践中得出结论：管理研究确实能帮助企业解决问题，并且能帮助企业提高竞争力和促进企业的发展。

二、　管理研究服务于企业管理者

管理研究着眼于解决企业的问题，指导企业经营发展，它的成果应该应用于企业，它的服务对象应是企业家和企业管理者。因此，无论是写论文还是著书立说，为什么、为了谁这个目标不能缺失。如果我们写的东西让做企业的人看不懂，"丈二和尚摸不着头脑"，这肯定是管理研究的失败。过去这些年，一些知名企业家批评现在的管理教育不解决问题，甚至学了还不如不学。我认为这些批评并不是对管理研究和教育的批评，而是对脱离企业实际和对象、束之高阁的管理研究和教育的批评。

随着企业的发展，我国企业界的管理水平越来越高，企业的创新能力也越来越强。在这种情况下，企业家需要高水平、有针对性的管理指导，应该说这对做管理研究的学者来讲既是机遇也是挑战，因为研究企业这些新问题和新变化所需要的知识和方法的难度越来越高。

过去我们研究出一项成果或许能用好多年，但现在可能很快就不适用了，所以这就要求我们做管理研究的学者要贴近企业、贴近企业家，要与时俱进。我们的研究成果要及时反馈企业、指导企业，征得企业家的认同。企业管理研究归根结底是为企业服务的，因此判定管理研究成果的好坏也只有放回企业，在实践中加以验证。

管理研究要有一定的理论性，我想这是研究的特征。但这些理论要让有学习能力的企业家看得懂，也就是说，研究成果要达到能让大家茅塞顿开和喜闻乐见的效果。东方人和西方人在研究上的思维重点有所不同，东方人比较喜欢定性，而西方人比较喜欢定量；东方人比较重视结论，而西方人喜欢过程求证。这可能是深层次的文化偏好，大家各有所长，所以东西方研究方法也应互相借鉴和融合。

企业管理研究要借助数学进行逻辑验证和概括，但又要直白地把原理和结论写清楚，这样会更方便让企业人士看清楚。现在企业里的管理层大多有本科以上的学历，应该说普通的数学原理大家是看得懂的，但如果过度使用数学会让大家望而生畏失去读者，那再好的理论也没有用。

2009年，我在水泥行业大规模推进联合重组，引起了美国哈佛商学院的重视。资深教授鲍沃先生带了几个学生，深入我正在整合的南方水泥项目中调研几个月时间，写出了一个案例。他们把案例拿给我看，我看后大吃一惊。整个案例写得极其简单直白，写了整合水泥的起因、整合的方法和效果，让人一目了然，通篇没有一个数学公式，也没有数字曲线和表格。2019年，也就是十年之后，我还专程去哈佛商学院就这个案例进行了演讲。

这几年，我带领中国建材做的水泥重组和三精管理，也两次获得全国企业管理现代化创新成果一等奖。成果的写法也比较简单，就是把起因、目的、措施、效果、案例、结论这些说清楚，让大家能看明白、看进去。

三、 知行合一的管理研究

管理大师德鲁克主张企业管理应知行合一，并且认为首先是行不是知，他这句话表明了企业管理研究的实践性特点。综观德鲁克的管理书籍，里面布满了他对企业案例的研究；其实我了解到美国一些大企业管理方法大部分源于读德鲁克的书，德鲁克的书籍中也鲜有数学公式和曲线。

和德鲁克先生一样，陈春花老师也注重实践，投身于华为、新希望、云南白药等进行实战性研究，所以陈春花老师写的书有广泛的企业读者。这次抗"疫"过程中，不少企业研究学者为企业出招应对困难，获得了企业界的一致好评。企业管理研究和一些纯理论研究不同，它必须以企业为对象进行研究，必须对企业进行深入的调查研究。

我经常拿医学院和商学院进行比较。在医学院大部分教授都去临床，因为只有具备临床经验才能真正更好地进行教学。医学的研究建立在解剖等办法上，就是那种追根溯源的做法。医学上还有个办法很值得企业学习，就是会诊制度，大家针对病人的病情和医疗方案共同研究，以减少失误。医学界的临床和会诊模式很值得我们企业管理界学习，医学最终是为了治病救人，而管理说到底是为了做好企业。

当然讲这些，并不是要求我们每位做管理研究的学者人人都去搞一家企业，这既不可能也没有必要，而是希望我们做管理研究的人员要深入企业，更多获得企业一手资料，为企业提供服务，这应是我们做管理研究的思想基础。我对商学院的教学也赞成在录取和教学中注重实践性，毕竟商学院的教育是实践性和继续性教育。我也赞成在商学院里增加有实践经验的企业家作为实践教授，形成"教授＋教练"的教师结构，企业家的进入也会促进管理研究的实践化。

虽然我讲了很多管理实践的意义，但我还是十分赞成加强管理理论的研究。而且，在从事管理的过程中，我也十分受益于管理理论的学习。同时，我也主张更多的企业家来学习管理理论，我认为只凭经验不学习管理做不好企业；反之亦然。

关于讲好中国故事，我觉得这是我们目前要特别重视的问题。企业管理毕竟是以研究企业为对象的，工业革命后管理热潮产生于英国，20世纪上半叶美国独领风骚，而后日本跟上，现在应是讲中国企业故事的时代了。

事实证明，企业管理理论是和经济发展与企业成长分不开的，尤其是随着互联网、5G、AI 等一批新经济企业的快速崛起，在这个时候我们应该有自己特色的企业管理理论。以前袁宝华老先生提出我国企业管理理论要"以我为主，博采众长，融合提炼，自身一家"的这一主张，今天已具备实现的条件了。

管理学者的道德责任 *

——理论与实践的一致性

武汉大学　卫　武　陈正熙

自从泰罗提出科学管理理论以来，管理学的科学性得以提升，研究者越来越关注基于自然科学研究方式所建立的理论，而忽视了作为一门社会科学，管理学所应考虑的社会伦理和价值观念。

上述趋势，导致管理研究得到的理论能否有效地指导实践，似乎变得不那么重要了……而不好的理论，给现实带来的负面影响，也正在影响管理学作为一门科学的合法性。

本文将从管理研究中的价值导向偏差、对理论的过度关注、不好的理论对管理实践的负面影响以及研究结果的难以复制性四个方面说明，它们是如何造成管理理论与实践的不一致性，以及管理理论对实践的指导性不足等问题。

管理学的服务对象除了管理学者，更多的是企业、企业家和管理人员。保持管理理论与实践的一致性，让服务对象真正受益，是管理学者开展研究时所必须保持的底线和责任，也是管理学界必须关注的问题。

一、商学院的研究中不存在价值中立理想

科学哲学的核心争论之一是"价值中立理想"的概念。

---

　　*　原载《学者的初心与使命》（经济管理出版社 2020 年版）。原文由微信公众号"工商管理学者之家"于 2020 年 4 月 30 日发表（https：//mp. weixin. qq. com/s/3CkAMYBxh74QtJjoR 6GYZA）。

与科学相关的价值大致分为两类：第一类是认知价值。在科学研究中，一般通过概念和逻辑来系统化地阐释现实中的各种现象，从而帮助人们认知世界中的各种规律，并使用这些规律改造和预测未来。认知价值可作为标准来评价科学推理和证据的充分性。第二类是与科学活动无关的价值观，也被称为非认知价值，包括社会伦理、道德等，这些非理性的因素影响人们在各类过程中的决策（包括科学过程），给同一知识带来不同的实际意义和后续影响。

所谓"价值中立影响"，其基本前提是科学工作只强调认知价值，而忽视非认知价值；以内在的科学价值（如可靠性、有效性、解释力）为指导，而不受社会价值（如正义、伦理）的影响，因为这些不是科学过程的固有部分。

科学家的作用是客观地发现知识，不受任何环境因素的影响。科学家只对本领域其他科学家负责，而不对本领域以外的人负责。这却已成为管理学界较为普遍的现象，使学界进入封闭的状态和象牙塔式的怪圈，让人对研究成果的实际应用表示担忧。

现象一：学术会议只邀请学者参加，不邀请一线的企业界人士参与；会议中充斥着大量的专业术语，企业界也听不懂术语的具体含义；学者不接触学术圈外的人，不接触企业家和专业人士，只埋头做"研究"。

现象二：管理学科已划分出诸多分支领域（战略管理、人力资源、市场营销、创新创业等），很多学者只专注于自己的领域，强调本领域对管理的重要性，导致知识面越来越窄，研究领域变得越来越封闭，而忽视了管理学需要的是跨学科多领域创新，以及不同学科领域界限已日益淡化的事实。

另外，价值中立理想的反对者认为科学的主要目的是满足人类的需要。经过几十年的争论，现在得出的普遍结论是：价值中立理想是不可能的，价值中立理想是一种与科学工作现实不符的幻觉。

商学院的研究也同样如此：

首先，虽然管理学通过采取自然科学研究模式取得了作为一门科学学科的合法性，但必须要注意到，商学院的研究属于社会科学领域，道德、伦理、正义等非理性的因素是其必须重视的研究因素。

其次，与其他科学类似，商学院的研究旨在理解和解释管理、商业和组织领域中的经验主义难题。与实践的相关性是商学院研究的核心。商学院的研究既有认知价值，也承载着社会（非认知）价值。商学院的使命是开发有关商业组织的知识，并利用高质量研究获得的知识来培训商业领袖和管理人员。因此，商学院的研究必须与实践相结合。

商学院的教授是否应该既懂理论又懂实践？但是，当前商学院的教授逐渐分成两类，一类更重视学术理论，另一类更重视企业实践，双方相互看不起对方，这也让教授内部出现割裂。因此，现在商学院对教授的评价方式，除了至少要有高水平学术论文的发表，这是作为学者应该具备的先决条件，还应关注他们是否对企业提供实际咨询帮助，是否对政府提供有益的政策建议，以及是否用论文的学术理论观点去解决实际问题。

二、管理领域对理论贡献的热爱过犹不及

众所周知，管理领域的顶级期刊要求所有的稿件都要对理论做出贡献。投稿人必须做出有趣的理论模型，才能得到顶级期刊的青睐。理论帮助我们获得理解，但理论本身并不是目的，一味强调理论贡献会阻碍我们对实践的理解。

在评估一篇论文是否"对理论有贡献"时，审稿人几乎总是采用论文必须提出新的理论观点作为逻辑解释的标准，很少考虑理论是否已经经过了测试。而且不幸的是，有些现有理论的测试都不合格，这意味着管理领域荒谬的想法比率较高，意味着我们假设的比我们知道的要多。

所有其他学术领域重视对先前提出的理论、观点和操作机制的直接测试，而管理领域专注于理论的新解释和修正，却轻视简单的证据。以至于我们更关心新奇的东西，而不是正确的东西。对理论贡献的过度热爱，让管理领域的研究倾向于价值中立理想，为研究而研究，没有充分考虑理论在管理实践中的应用和价值（当然包括社会价值）。在学术交流过程中，只注意模型的有趣性和新颖性，不敢或不愿将模型放到实践中去验证。这种对理论的盲目崇拜和自以为是，恰好是暗示了管理学在学术上缺乏安全感，陷入了象牙塔式的理论研究。

　　科学管理理论强调，科学管理的中心问题是提高劳动生产率，可以应用科学方法确定从事工作的"最佳方式"，对管理思想和管理理论的发展做出了卓越的贡献，但没有对管理中人的社会因素和作用给予足够重视。

　　霍桑实验的初衷是进行有关科学管理的实验，想通过改变工作条件和环境，找出提高生产率的途径，然而其却通过实验发现了科学管理理论无法解释的有趣现象。基于这种来自实际的证据，霍桑实验对古典管理理论进行了大胆的突破，第一次把管理研究的重点从工作和物的因素上转到人的因素上来，不仅在理论上对古典管理理论作了修正和补充，开辟了管理研究的新理论，还为现代行为科学的发展奠定了基础，导致了管理实践中的一系列变革。

　　20世纪管理理论就是在这样不断发现新实际证据的迭代中不断发展起来的。

　　然而，现有的管理研究并不是根据新的证据提出新的理论，而是用已有理论去解释新的现象，并对已有理论进行修正。这样的研究方式无法突破已有的理论体系，也无法创造新的理论解释新的事物，让管理学的研究陷入因循守旧的怪圈。进入21世纪以后，这种新的管理理论的产生似乎停止了。

　　克服这些问题的关键，在于改变评判的标准。

　　管理领域的领先期刊应该纳入那些对理论没有直接贡献，但却具有巨大实际潜在影响的论文。这些论文可能会发现令人信服的经验模式，迫切需要未来的研究和理论来解释。它们可能是重要但未被探索的现象的定性描述，进而可能会促进新理论的产生。"对理论的贡献"的要求将被"论文是否有很高的可能性刺激未来的理论研究，研究将极大地改变管理理论和实践"所取代。有了这个标准，一些按照现行标准发表的文章将不再符合发表资格，最优秀的期刊上将为更重要的新类型文章留下空间。

三、不好的管理理论破坏好的管理实践

　　有学者表明，与管理相关的学术研究在某种程度上正在对管理实践产生消极的影响。商学院的研究越来越多地采用"科学"模型，它要求理论

建立在尖锐假设、局部分析和演绎推理的基础上，同时排除人类的情感或选择，并拒绝任何道德或伦理方面的考虑。

这样的方式，在管理者的世界观中注入了一系列主导管理研究的想法和假设，将学者从道德责任感中解脱出来。同时，对个人和机构持悲观假设的意识形态逐渐渗透到管理理论所植根的大多数学科中，这种假设认为社会理论的主要目的是解决由人类缺陷引起的社会成本的"消极问题"。

上述两者的结合逐渐让管理研究所依赖的前提假设变得不真实且有偏见，让研究分析变得片面。与自然科学理论不同，社会科学中的理论往往是自我实现的，上述两者引发的偏见也会通过自我实现作用到管理实践中，产生负面影响。例如，一个假设管理者不能被信任的公司治理方案，会使管理者变得不那么值得信任。无论一开始是对是错，这个方案都可以随着人们调整他们的行为，而让管理者变得不值得信任。

在某些领域，没有什么比一个好的理论更实用，没有什么比一个坏的理论更危险，坏的管理理论目前正在破坏好的管理实践。

奥利弗·威廉姆森在交易成本经济学中对机会主义的分析认为，如果违背承诺的收益超过成本，机会主义者就会立刻行动。如何在组织中有效管理"机会主义者"造成的负面影响？理论很简单：管理者必须知道每个人应该做什么，并对产出做出监制和奖惩，管理者运用等级权威防止机会主义者损人利己。

实际结果与威廉姆森的理论预测完全相反，这样的管理方式创造和加强了员工的机会主义行为。基于"通过等级权威可以控制员工的机会主义行为"的假设，对于原本是非机会主义员工而言意味着不信任，这种不信任进而降低了员工合作的动机和自我认知，反而促进了员工机会主义行为的发生。不好的管理理论对管理实践的负面影响由此可见。

再举个现实的例子：根据诞生于1976年的"代理理论"，公司的管理者和所有者之间存在目标冲突，所有者很难约束管理者的行为。因此，如果一个公司增加管理者对公司的所有权，理论上可以加强目标一致性。基于这个理论，自1976年以来，美国企业大量使用了基于股票的高管薪酬结构。

然而实际数据显示：在1976年以前，CEO为股东赚得更多，而相对薪酬更少。在 1976 年以后，CEO 通过股票获得的薪酬显著增加，但股东的收益却没有显著增加。股东和 CEO 的目标一致性并没有得到提高。从理论角度来说，"代理理论"符合正反馈机制，简洁优雅，是一种看起来非常科学的理论。可是由于它忽略了人性中很重要的一点——贪婪，导致期望的正反馈未能如期到来。

这些例子生动地说明，管理研究中不能忽视非认知价值，社会科学家比物理学家具有更大的社会和道德责任，如果他们将思想隐藏在科学的借口中，可能造成对企业实践更大的伤害。

四、研究结果难以复制导致实践意义的可靠性不足

使用大量统计学方法的研究范式，已被学者广泛采用，但这种方式背后的理论基础和可靠性所带来的问题却被误解或忽视。

目前主流的零假设统计检验（Null Hypothesis Statistical Tests，NHSTs）是许多学术研究领域定量实证研究的核心，但最近的研究对与零假设统计检验相关的许多问题和它的制度背景提出了质疑。NHSTs 关注 p 值大小，p 是在原假设为真的情况下，样本值与实际观测值相同的概率。p 值的大小通常被用来衡量结果的强度，较小的 p 值被认为是更有力的证据。

在 p 值显著的情况下，是否表示研究结果一定具备实际意义呢？答案是否定的，原因是这些研究的环境和背景不同，结果未必可以复制。有统计数据表明，超过 70% 的研究人员曾试图复制另一个科学家的实验并以失败而告终，而超过一半的研究人员竟无法复制自己的实验。

有多少文献的研究结果是可重复的？这方面最著名分析是针对心理学和肿瘤生物学文献的，这两个领域的可重复性只有 40% 和 10%。所以，p 值的显著不能代替可重复性成为研究结果有效的保证，强行对这些结果进行解释会带来不当的理论和有偏差的引导。

复制有多种形式，包括使用相似环境中的不同数据样本来检测原始研究的稳健性，或将结果推广到不同环境。只发表有统计意义的结果，不发表重复验证结果，无法保证统计结果的有效性。在一项研究中，一个重要系数的结果显著能证明的东西很少（甚至没有），但它建立了初步的证据。

一方面，对重要系数进行一次没有统计显著性的复制并不能证明任何事情，能被复制验证的统计结果在某种程度上更具有实际意义，积累可复制的知识在某种程度上得到可靠性高的研究成果。另一方面，能不能从 p 值不显著的研究中发现有意义的内容，也是需要思考的问题。从统计学方法看，p 值不显著的研究结果不能作为假设的有力证据，但这不能掩盖研究过程中暴露出来的问题。针对这些问题做进一步研究，很可能帮助我们找到新的理论和方法。

基于以上论述，我们明白了当前管理学研究方法中的一些问题及带来的负面影响，也明白了在接下来的研究中，提出具有现实指导意义的理论所面临的挑战。

由于科学的权威性，公众期望科学家是负责任的专家和人民的公仆——他们能确保科学知识可靠地指导政策和实践。基于这种信任，管理学者在解释和预测商业世界的过程中，他们有道德和责任保持研究过程中价值观念的公正；通过理论的创新，更好地解释和预测新的事物；通过跨学科、跨领域、与一线管理人员的碰撞提出新的理论；在基于统计学方法做研究时能规避统计学方法的不足，找出真实的问题并解决它。追求理论对实际的指导意义，避免为理论而理论的象牙塔式研究，以建立理论与实践的一致性，有效地指导实践，推动理论和实践的进一步发展。

参考文献

［1］Bettis R. A., et al. Creating Repeatable Cumulative Knowledge in Strategic Management: A Call for a Broad and Deep Conversation Among Authors, Referees, and Editors ［J］. Strategic Management Journal, 2016, 37 (2): 257 - 261.

［2］Douglas H. The Moral Responsibilities of Scientists. Science, Policy, and the Value - free Ideal (Chapter 4) ［M］. Pittsburgh: University of Pittsburgh Press, 2009.

［3］Ghoshal S. Why bad Management Theories are Driving out Good Management Practices ［J］. Academy of Management Learning & Education, 2005, 4 (1): 75 - 91.

［4］Hambrick D. The Field's Devotion to Management Theory ［J］. Academy of Management Journal, 2007, 50 (6): 1346 – 1351.

［5］Risjord M. Philosophy of Social Science: A Contemporary Introduction ［M］. New York: Routledge, 2014.

［6］Tsui A. S. Reflections on the So – called Value – free Ideal: A Call for Responsible Science in the Business Schools ［J］. Cross Cultural and Strategic Management Journal, 2016, 23 (1): 4 – 28.

中国经济学研究现实的反思[*]

中国社会科学院　李金华

　　新媒体最近流行几篇文章，分别是《经济学家为何错得如此离谱》（以下简称《错》文）、《经济学家的数学崇拜》（以下简称《崇》文）、《经济学家的傲慢与无知》（以下简称《傲》文）。三篇文章有的是早先发表而最近被重新提起，有的则是新近发表的。仅从题目看，这几篇文章应该不受经济学家欢迎，但它们却在学术界广为流传。意外的是，学术圈内颇为宁静，未引起大的争议，尤其是鲜见有不同观点或针锋相对的文章面世，这种现象值得深思。

　　几篇文章的核心观点可归纳为三点：经济学家热衷于炫耀自己的数学才华，在经济学研究中注重数学公式、数学模型的漂亮和精确，却忽视模型揭示真实客观世界的能力；经济学家充满自信和骄傲，在一些经济学家眼里，无论多么复杂的现象都是可以用数学模型来进行解释的，只要构建了模型，其研究方式就是科学的，研究结论便有了充分的合理性和正确性；面对复杂的经济现象，经济学家常常难以作出正确的预测，时常会作出错误的判断，面对复杂的经济问题，经济学家常常束手无策，但这并不动摇一些经济学家的优越感和自信心。几篇文章用直白率性的语言，痛陈当代经济学研究中比较普遍存在的问题，剑指学界不能回避、不可否认的现象，振聋发聩、石破天惊。学术界可能对这些文章的观点持有不同的认知，但迄今未见有挺身发声的学者，也未见有针锋相对进行驳斥的文章。这几篇让一些经济学家颇为难堪、一时语塞的文章确实反映了经济学研究

---

　　[*]　原载《中国地质大学学报（社会科学版）》2018 年第 2 期。

的现实，也体现了经济学研究的无奈，应该引起经济学界的深刻反思。

一、经济学学术成果的高度数学化

如《错》文和《崇》文所述，当下的经济学研究成果，即经济学学术论文有着难以掩饰的数学崇拜或数学推崇现象，主要体现在三个方面。

第一，经济学论文大多都会有数量模型。从国际主流学术期刊发表的学术论文看，经济学论文都是有数学模型的，无论是规范性研究成果，还是实证性研究成果，数学方法、数学模型都在论文中占有相当的篇幅，如果没有较过硬的数学功底，这些论文一般人连看也看不懂。这是一种典型的数量模型应用泛化。

中国经济学论文模型泛化起自 20 世纪 90 年代。彼时，一批海归学者学成归国，逐步主导了中国经济学研究的范式和方向。特别是随着高等院校经济管理类专业高级宏观经济学、高级微观经济学、高级计量经济学等数学色彩浓厚的课程开设，中国经管类的研究生很好地掌握了数学工具，这使计量方法、数学模型在经济学研究中能大行其道。特别是数学建模、计量分析方法成为经济学博士生培养的核心课程后，中国的经济学研究基本承袭了西方经济学的研究范式，经济学论文逐渐形成了一个固定的套路：理论依据—研究假设—模型设计—模型检验—研究结论。不宜指责这种研究范式的不妥，也不能否认模型和计量方法在经济学研究中的作用，但需要注意的是，一些经济学者有意或无意地对数量模型的过度推崇，似乎一切经济现象都可以用数量模型描述，一切经济问题都可以用数量模型解析。

事实上，数量模型是由客观现实抽象出来的描述现象特征和现象间相互关系的数学表达式。它借助数学语言和数学符号来刻画客观经济现象，其表达形式是方程式。数量模型由变量、参数和随机误差等要素构成。其中，变量反映经济现象特征或现象变动情况；参数是用以求出其他变量、决定方程式的待定常数；随机误差是无法预知、不可确定的因素。在内容上，经济模型的背后是客观事物和经济现象。然而在现实中，经济问题和经济现象是十分复杂的，并且是动态变化的，有限的若干个变量是很难精准地反映所要描述的对象的。特别是经济现象的变化过程常常受到不可预测的随机因素的影响，而随机因素不易捕捉又容易在数量分析中被忽略，但恰恰是这些被忽略的随机因素可能严重地影响了事物或现象变化发展的结果。这就导致了数量模型可能出现预测不准、结论不可靠的情况。

第二，数量模型成为许多学术论文的主体。经济学学术成果高度数学化的另一个重要表现是，一篇研究现实问题的论文有相当大的篇幅是理论模型的描述、应用模型的设计、模型的各种检验，而研究结论或研究发现、有关问题本身的分析、对问题本身解决的对策则是寥寥数语。如果一篇研究现实问题的论文，大量的笔墨不是对问题的剖析，不是解决问题的措施，反而是数量模型的构建、模型的检验等，这显然是不妥的。若学者是无意而为之，至少是喧宾夺主，偏离了主题；若是有意而为，则就如《崇》文所述的有数学炫技之嫌。特别地，当学者费力设计出的数学模型仅仅是说明了一个不言自明的道理，或是证明了一个诸如"兔子长了两只耳朵，马有四条腿"这样显而易见的命题，这就需要引起警觉。事实上，这种以众所不知的语言说明一个众所周知问题的现象在当下的经济学研究中绝非个案。如果把此类娱乐性的文字游戏也称为经济科学研究，那无疑是对"科学"一词的贬损。

第三，一切问题都试图以数量模型解决。在现今的经济学研究中，不少经济学者对经济模型给予了足够的信任和依赖。在一些学者看来，一切经济现象均可以用数学来说明，一切经济问题均可用模型来解决，于是就出现了估计一个地区吸毒者的数量模型、反映官员升迁与地区增长的模型、反映传统婚礼最优参加人数的模型、雾霾污染与官员晋级的模型、反映"官二代"如何获入优质中学的数量模型等。在这些学者眼里，数量模型就是一个法宝，放之四海而皆准。一篇经济学论文，有了数量模型就有了立论的依据，就占领了制高点；有了数量模型，研究的结论就有了科学理论的支撑。模型越复杂就越科学，模型越复杂水平就越高。

数量模型反映客观事实与事物内部的结构、现象间的关系。数量模型的构建需要有数学理论基础，也需要统计学和经济学理论作支撑。如果以数量模型来分析研究客观经济问题，就必须要求所设计的模型能精准、全面地反映客观现实，能反映客观事物的本质，而做到这一点恰恰是极为困难的。2014 年，斯坦福大学金融经济学家保罗·弗莱德尔发表了一篇有名的论文《变色龙：理论模型在金融与经济学中的滥用》，严肃地批评金融研究和经济学研究中数量模型的滥用问题。他把模型比作一个变色龙，认为：模型即使建立在一个值得怀疑的真实世界基础之上，也仍可以得出结论，故而不能不加鉴别地或不足够审慎地将数量模型应用于我们对经济的理解中。他指出了数量模型的局限，批评了模型应用的随意性。美国经济学家、新增长理论的主要建立者保罗·罗默在 2015 年发表过《经济增长理论中的数学滥用》一文，揭示经济学研究中多年来持续存在的滥用数学模型的现象，指名道姓地批评一些大牌经济学家也存在的数学模型滥用问题。罗默认为，经济学中的数学模型滥用不但无助于解决现实问题，反而使简单的问题变得复杂，复杂的问题变得更加晦涩难懂。经济学家应该用更为直接、易懂的语言来展现他们所擅长的知识，而不是如现在这般把简单的问题复杂化，似乎只要建立了模型，其研究方式和结论便有了充分的正当性。

应该承认数量模型可以帮助经济学家进行分析和推论，但过度夸大数量模型的功能，过度强调数量模型的普适性，甚至对数量模型产生崇拜，这就走极端了。现在，国内主流的或被公认的权威经济学期刊，其发表的学术论文大多都是要有数学模型、数学公式，没有数学模型和数学公式，就体现不出技术含量、表现不出学术水平，模型和公式成为经济学研究成果水平的核心标尺，以文字表现的论文观点、思想则显著地被忽视了。较之论文的内容，论文的表达形式更显重要。经济学与数学是如此之近，而经济学思想、经济科学成果离大众却又是如此之远。现实中许多普遍常见的经济现象，在经济学者的笔下被描绘得如此深奥无比、晦涩难懂。一项科学研究成果，其表现形式重于成果本身，显然是不合逻辑的，也是十分有害的。

二、经济学研究成果的不确定性

模型无所不适，无所不能。有了数学模型，模型通过了检验，研究就成功了，研究结论就立得住了，研究范式就科学了。正是这种认知，推动了中国经济学研究中模型的泛化和滥用。

数量模型滥用、泛用的一个重要恶果是导致经济学研究结果的不确定性，这里的不确定性主要指研究结论的不可信、不可靠。正如《傲》文中所提到的加州大学伯克利分校富尔卡德教授的观点：经济学中的某些原理与客观现实的关系实际上含混不清，在经济学研究中晦涩难懂、充满矛盾。中国的一些经济学者凭借数学上的优势，常常喜欢设计经济计量模型研究经济问题。他们将更多的精力放在漂亮模型的设计上，努力地使数量模型能通过各种检验，但模型捕捉客观现实的能力却被他们轻松地忽视了，而这恰恰是致命的。

一切数量模型都是建立在数据基础之上的。经济数据主要分为三类：截面数据、时间序列数据、面板数据，当然也有一些通过专门调查获取的微观数据，如离散数据、计数数据、截断数据、持续时间数据等。根据不同类型的数据，可能设计不同的数量模型，但所有的理论模型都是有假定前提的，而且对数据性质也是有要求的。为解决建模过程中遇到的数据缺失或数据失效的问题，经济学者们煞费苦心，耗尽了心力，总是能使各类数据拟合出各类数量模型，使建模能够成功。例如，基于时间序列数据建模往往要求数据是平稳的，面对非平稳的时间序列，学者通过一阶差分、二阶差分，可以解决数据的平稳性问题，从而建立起数量模型。如果截面数据出现异方差性，即对于不同的样本点，随机误差项的方差不再是常数，而是互不相同的，可能导致参数估计量失效，变量的显著性检验也失去意义，进而降低模型的预测功能，经济学者发明了图示检验、戈里瑟（Gleiser）检验、巴特列检验、G - Q 检验、怀特检验等进行异方差检验，而后用加权最小平方法、广义最小平方法等解决建模的参数求解问题。经典回归模型中的随机误差项如果存在相关关系，即出现序列相关，会影响模型的预测和分析，经济学家探索了德宾 - 沃森（Durbin - Watson，DW）检验、拉格朗日乘数（LM）检验，用广义差分法来解决建模问题。如果多个解释变量存在相关关系，即出现所谓的多重共线性问题，经济学家们发明了差分法来排除引起共线性的变量，或者用岭回归法来减少参数估计量的方差。如果多个解释变量中存在一个或多个随机变量，即随机解释变量与误差项不相关，或者与误差项同期无关而与异期相关，或者与误差项同期相关，可能导致模型参数的有偏或非一致，经济学者发明了工具变量法来解决随机变量的问题等。

由经济计量学的教科书可知，面对模型构建中存在的各种困难，经济学家都基本成功地找到了应对之策，努力地使数据能很好地符合建模要求，保证经济模型能自圆其说，符合数学逻辑。可以说，一部经济计量学教科书也就是一部如何依据数据建立数量模型、如何克服各种困难建立数量模型的过程史。问题随之而来，模型是建立起来了，也通过各种严格的检验了，似乎是更精确了，但使用经过改造后的数据建立起来的模型对客观世界反映的真实程度又有多大呢？如果认定数据是对真实现实的反映，那么建立在加工修匀后的数据基础上研究结论又有多大的可信度呢？

事实上，客观现实远比数学模型复杂，特别是一些不确定因素，是数学模式永远也无法捕捉和刻画的，这也就决定了数学模型的局限性，数学模型不可能万能。在计量经济学的发展史上，曾出现过许多著名的数量模型，例如：1909 年美国巴布森统计公司发布的巴布森经济活动指数；1911 年美国布鲁克迈尔经济研究所编制并发布的涉及股票市场、商品市场和货币市场等经济景气指标体系；1917 年哈佛大学编制的"经济晴雨表"和进行经济景气预测的著名的"哈佛指数"；1920 年英国伦敦与剑桥经济研究所编制的英国商业循环指数；1950 年美国国家经济研究局（National Bureau of Economic Research）设计扩散指数，建立的经济景气监测体系等；1955 年设计的测度美国长期经济增长的瓦拉瓦尼斯（Valavanis）模型、1960 年建立的反映美国萧条时期经济情况的杜依森伯利—艾克斯坦—费罗姆（Duesenberry – Eekstein – Frolnm）模型等。这些带有典型意义的计量或统计模型或方法，曾在特定时期对经济分析发挥过一定的作用，但最终因为经济预测和判断的失灵或失败而退出历史舞台或不再留在人们的记忆中。特别是几次波及全球的经济大危机、布雷顿森林体系崩溃、频频出现的周期性经济波动、石油价格的不断上升，深刻地影响了全球经济，但经济学家及经济学家所创立的数量模型最终都未能做出准确预判。更让人们大跌眼镜的是，当危机蔓延、危害日盛时，经济学家和他们的数量模型始终不能推出有效的应对措施。人们不得不对名扬一时的模型失去信心，从而不再迷信这些模型。这也使经济学家以及他们的模型陷入难堪的境地。

　　芝加哥经济学派代表人物之一，1995 年诺贝尔经济学奖得主罗伯特·卢卡斯曾对政策实施效果的定量评估进行过批判，不认为宏观经济计量模型在政策目标分析中是有效的。讽刺的是，他对模型的应用还遭到过罗默的批评。2011 年的诺贝尔经济学奖得主克里斯托·西姆斯对传统的考尔斯经济研究基金会设计的关于行为关系的模型设定方法也曾提出过质疑。他指出对模型的短期动态约束是不可信的，但他的批判导致了向量自回归模型在宏观经济计量分析中的广泛使用。同样，哈佛大学教授奥兰多·帕特森、伊森·福斯认为①，经济学家与公众的认知往往存在巨大的差距，即便每年有获得诺贝尔经济学奖的研究成果，但这也掩盖不了经济学家所创立的理论和政策在实践中造成的灾难性后果，而加州大学伯克利分校的富尔卡德则认为，经济学家无法正确揭示客观现实世界的本质，许多经济关系模糊不清，许多经济学研究成果在逻辑上存在矛盾。在意识形态和利益集团存在分歧时，他们的观点难以得到真实清晰的表述。

　　虽然对经济学研究成果的不确定性见仁见智，但一个基本事实是，经济学的科学性远低于医学、物理学和生物学，甚至低于社会学。除了数量模型的应用问题之外，另一个原因是经济学者对定性分析方法甚至对其他领域和观点的排斥。因此，需要承认经济学中的数量模型与物理学模型是存在差别的。后者建立在大量实验数据基础之上，这基本能保证其揭示事物的内在本原，保证其预测能接近客观实际，而经济学中的数量模型则是建立在系列假定之上的，加之削足适履的数据处理和方法，使其很难精确地捕捉真实世界。在经济学研究的实际中，许多数量模型的背后可能是一个虚构的故事，本应包括在其间的一些因素可能被忽略，一些因素可能不被捕捉。这类有缺陷、不完整的数量模型直接导致了其研究结果的不确定性，而克服这种不确定性的过程将是漫长且十分困难的。

---

　　① 2015 年 2 月 9 日，美国《纽约时报》以"经济学家被高估了吗？"为题，邀请一些从事社会科学不同研究领域的学者，对经济学家的地位和作用展开分析、批评或辩护，以利比较经济学与其他学科的优劣，防止经济学研究误入歧途，促进经济学和跨学科研究的顺利发展。奥兰多·帕特森、伊森·福斯的观点是在这次辩论会上的发言。参见 http：//www. mbachina. com/html/zx/201708/111288. html。

三、经济学理论对实践指导的滞后性

经济学模型的滥用、泛用常常让经济学家陷入难堪，而经济学理论的应用也常使经济学者无奈。

按照经济学说史的演化脉络，现代经济学起源于 1776 年亚当·斯密出版的《国富论》一书。这是第一本阐释欧洲产业经济增长和商业发展历史的经济学著作，其面世标志着现代经济学的诞生。斯密创立了价值理论、分配理论、社会资本再生产理论、经济发展理论、国际贸易理论，讨论了政府在经济发展中的作用及其经济政策。古典经济学集大成者大卫·李嘉图继承和发展了斯密的经济学理论，在经济学研究中引入逻辑演绎方法，对后世经济学研究产生了长期深远的影响。他创立的经济理论体系把英国古典政治经济学推到了一个高峰。

19 世纪末，美国经济学家托尔斯坦·凡勃伦对传统经济学理论进行尖锐、诙谐的批判。他阐明了习惯、文化以及制度如何塑造人类行为，以及人类行为的变化是如何影响经济的，强调社会制度对个体行为的影响，创立了制度学派。1890 年，近代最为著名的经济学家阿尔弗雷德·马歇尔发表了在经济学史上划时代的著作《经济学原理》，把古典经济学的生产三要素扩充为劳动、资本、土地和组织（企业家才能）四要素，提出以工资、利息、地租和利润等来决定均衡价格，创立了微观经济学理论体系。1936 年，约翰·梅纳德·凯恩斯发表了《就业、利息和货币通论》，成为宏观经济学理论休系诞生的标志性著作。与古典经济学家和新古典经济学家不同，凯恩斯反对放任自流的经济政策，主张国家直接干预经济，其创立的财政政策、货币政策思想后来演变为整个宏观经济学的核心。在他看来，政府可以通过建设大坝、桥梁、公路、铁路等公共项目，雇用失业人员，刺激生产、增加就业。凯恩斯等创立的宏观经济学至今仍在西方经济学理论体系中占据重要地位。

追溯经济学理论的发展史不难发现，现代社会发展过程中所出现的一切经济活动或涉及的一切经济问题都有与之相对应的经济理论，如财政、金融、货币、产业、经济增长、经济发展、经济危机、生产效率、生产供给、市场需求、资源有效利用、经济制度结构、制度变迁、产权、博弈均衡、消费、行为经济、契约等。这些经济学理论的形成和发展，丰富了经济学知识体系，对当时或后世的社会经济都产生过影响甚至重要影响。但是，作为人文社会科学的经济学研究带有鲜明的时代特征，相当多的经济理论形成都是缘于当时的社会环境，经济学家的研究也都是为了解决彼时的现实经济问题。在中国，这一特性表现得尤为明显。中国经济学家探索思考经济问题都是在浓烈的时代大背景下展开的，如初级阶段理论、市场经济理论、所有制理论、企业发展理论、企业改制理论、商品流通理论、价格理论、宏观经济理论、分配与消费理论、经济发展战略理论、产业结构理论、生产效率理论、产业组织理论、区域经济理论、农村经济理论、对外开放理论等。与其说是中国经济学家创立了这些理论，不如说是中国经济学家在中国经济建设和发展的过程中研究思考过这些问题。

由上文的分析可知，经济学理论的形成更多依赖于社会实践，是社会经济发展的实践促成了经济学家对经济问题的研究思考。因此，相对于社会经济发展的实践，经济理论存在滞后性。在社会发展的实践中出现了某些问题，经济学者便热衷于去研究（当然，也有开展前沿或未来问题研究的经济学者），而后形成所谓的经济学理论。当新的问题再度发生、环境条件发生变化时，既有的理论就无法指导解决新问题。例如，没有恰当的理论能解释中国经济增长的奇迹，也没有恰当的理论能说明新工业革命的缘起走向。现阶段，中国经济如何自我持续增长？贫困地区如何有效发展经济？制造业如何升级发展？金融市场如何稳定？宏观经济如何由虚向实？民营企业如何激发投资活力？这些具体的经济问题似乎没有哪种或哪些经济理论能开出灵丹妙药，拿出有效的解决对策。

经济学理论自身的概念和结构也限制了其应用和发展。保罗·弗莱德尔在他那篇有名的批评数量模型在经济学研究中滥用的文章中曾作过一个形象的比喻：一个工程师、一个物理学家和一个经济学家被困在荒岛上没有东西吃。一个装有罐头的箱子被冲到岸上，三个人考虑如何打开罐头。工程师说：让我们爬上那棵树，把罐头扔到岩石上；物理学家说：让我们把罐头放在营火上加热，直到里面的压力增加使它打开；经济学家说：让我们假设有一个开罐器。这个故事说明，相对于自然科学这类硬科学，经济科学有着更多的软性或柔性成分。许多事实说明，一些著名的经济学定律、经济学原理，一如天上的星星，辉耀但却遥不可及。这些理论社会大众不明白、科学家不明白、政治家不明白、工程师不明白、企业家不明白、商人不明白，有时甚至同领域的经济学家也不明白！试想，这样的经济学还是关于现实世界的经济学吗？建立在一个或多个假定基础之上的理论对现实能有多大的指导意义呢？这样的研究成果能有多大的应用价值呢？

两百多年的经济理论发展史表明，面对飞速发展的社会，面对日趋复杂的经济问题，经济理论常常显示出它的无奈和怯力。人们感受不到，或者很少直接感受到经济科学给人类带来的文明和愉悦，恰恰是自然科学、工程技术、四次工业革命给人类带来了巨大的物质文明和精神文明，给人类带来了幸福感和成就感。不能指望经济学家能一朝一夕改变这种状况，但经济学家不能漠视这种现象，需要警醒，需要反思。

四、结语

在反思了中国经济学研究的一些现实后，不能如本文开头提及的三篇文章中所述的那样，说经济学家傲慢无知（宋小川、乔瑞庆，2017）。恰恰相反，有些经济学家极为精明，他们擅长发明新的学术名词，善于使用艰涩的语言，把具体的问题抽象化，把简单的问题复杂化，让人如坠云里雾里。然而，无情的事实让不少经济学家不能遂心如愿。他们研究的某些定律此时成立，彼时不成立；某些研究发现有时似乎正确，有时又似乎不正确；某些研究成果，时而管用，时而又不管用；某些经济预测忽而准确，忽而不准。这大大削弱了经济科学在公众心中的位置。

要看到，有一批认真、执着、务实、谦逊的学者，在踏踏实实地研究经济问题，为解决经济问题不断提供着可执行的、可操作的或可供选择的方案。这些学者值得尊重。但是也要看到，把研究建立在假想虚无的环境中，无视公众需求，严重脱离实际，把数量模型打扮成科学，把数学方程式当作研究的标尺，这样的学者也不在少数，更不是个案。事实已经证明，客观事实与数学推理不可同日而语，数量模型不能成为判定事实的决定性依据。在黑板上推演数理模型，在书斋里、在象牙塔里讨论经济问题，这种煞有其事的经济学研究，其实是经济学人的自娱自乐，算不上是真正的科学研究，也是不可持续和没有生命力的。经济学家、经济学者需要走出书斋，走出象牙塔，面对实际，解决问题，把经济学研究建立在社会经济发展所需、人类进步所求之上，为人类创造福利，为社会带来效应。这才是真正的经济科学研究，才是社会和公众所欢迎期待的经济科学研究。

参考文献

［1］保罗·克鲁格曼. 为什么经济学家错得如此离谱？［J］. 刘利，张兴胜，译. 银行家，2010（7）：128－131.

［2］Levinovitzd A. 经济学家的数学崇拜［N］. 企业家日报，2017－07－14（W03）.

［3］Pfleiderer P. Chameleons：The Misuse of Theoretical Models in Finance and Economics［Z］. Working Paper No. 3020，2014.

［4］Romer P. M. Mathiness in The Theory of Economic Growth［J］. American Economic Review，2015（5）：89－93.

［5］Lucas R. E. Jr. Econometric Policy Evaluation：Acritique［J］. Carnegie－rochester Conference Series on Public Policy，1976（1）：19－46.

［6］Sims C. A. Macroeconomics and Reality［J］. Econometrica，1980（1）：1－48.

［7］宋小川，乔瑞庆. 经济学家的傲慢与无知［N］. 企业家日报，2017－07－21（W03）.

面向实践的管理学研究转型[*]

南开大学　白长虹

《管理世界》杂志今年第四期的编者按——"亟需纠正学术研究和论文写作中的'数学化''模型化'等不良倾向"，在管理学界引起强烈反响。许多学者通过网络渠道直抒宏议卓见，提出纠正定量方法泛滥的各种措施，把这种风气和理论研究与管理实践脱节的现象联系起来，话锋所向，直指管理研究的学术方向。

《南开管理评论》自 2017 年第 6 期起，借"主编寄语"持续倡议管理学科的实践取向，希望改变管理研究中的不良倾向，推动理论界与实践界的"知识旋转门"。我们认为，"一流的管理学研究，应当体现鲜明的时代气质，应当具有积极的实践意义"。

管理学的理论研究与管理实践脱节，既有体制原因，也有学术期刊的导向、学术风气乃至学术界与企业界的固有隔阂等多种原因。要使理论研究与管理实践深度结合，仅靠改变学术期刊的选题方向是不够的，需要在多个环节上做出有力度的调整。

近年来，国家在职称制度改革、高校体制改革方面出台了一系列重大举措，清理"唯论文、唯职称、唯学历、唯奖项"专项行动正在展开，学术研究的体制环境正在优化，包括学术期刊在内的其他环节也需大力改进。

为此，《南开管理评论》有必要重申对管理学面向实践研究转型的几

---

　　* 原载《学者的初心与使命》（经济管理出版社 2020 年版）。原文由微信公众号"工商管理学者之家"于 2020 年 4 月 30 日发表（https：//mp. weixin. qq. com/s/zz9LeARdDaTrPnEcKt BQ6Q）。

点主张。

一、管理学科的实践属性

推进学术转型，首先应该厘清管理学的学科属性，摆正学术性与实践性的关系。实践性是管理学科的基本属性，意味着理论成果必须能够服务于管理实践，或者说理论必须为实践者提供有益的帮助。

管理者具有主观能动作用，管理实践又发生在复杂、变化的情境中，人们很难找到两个完全相同的情境。由此可见，许多管理理论都不大可能为管理者提供精确的指导，无法对一些事物进行准确预测，从而不具备普适性。

故而，管理理论用于实践的主要方式是启发管理者，帮助他们深化对现实事物的理解，拓宽视野，丰富思路，构建合理的逻辑。

二、管理学科好理论的特征

"好理论莫过于实用。"面向实践不是不要理论，而是需要好的理论。

之前，我们把管理学科好理论的特征归纳为真实性、融贯性、有效性、简约性四个方面：

真实性——无论观点源自何处，是猜想、推理或是受其他理论启发，它所对应的现象必须在实践中被真实观察到，才能升华为理论。

融贯性——新生的理论应该和大家公认的理论相融合，如果新理论否定了已有理论体系的某一部分，也应该与其他部分保持逻辑的一致性。

有效性——新理论能够给管理者更多的启发，使他们更好地理解现实事物，为他们探索未来提供更多的知识。

简约性——新理论应该简明易懂，不能故作深奥、故弄玄虚，应该方便与企业界人士交流。

沿着这种思路，人们不难理解，好的理论成果一定要有理论贡献，这种贡献包括对一些管理现象给出更合理或更简明的解释、发现一些理论的使用边界或局限性、针对某些管理情境对已有理论做出修正，以及提出得到实践验证的新理论。

当然，从管理学科百年发展史来看，管理理论成果既不具有普适性，也不具有永久性。因此，在理解理论贡献时，有必要放弃以发现管理实践中普遍真理为目的进行理论研究的"本质主义"科学观。事实上，已有学者撰文指出，对数量方法的崇拜恰恰与"本质主义"有一定关系。

三、如何面向实践做研究

管理研究要面向实践，就需要深入和准确地观察、领悟实践行为，才可以更好地概括出管理者的决策逻辑，再将这种决策逻辑与现实世界中复杂的因果关系网络相对照，借助已有的理论成果识别决策逻辑中的有效成分，这样才有可能生成有价值的理论成果。

面向实践不一定要降低理论的抽象性，而是要在抽象过程中保留真相的关键特征，好的抽象的理论成果也可以充分地解释实践，甚至能够在一定程度上引领实践。从另一方面讲，现代管理者大多受过高等教育，有很强的学习能力，能够接受抽象的理论。理论的抽象性，并不是导致理论与实践脱节的根源。

管理研究的这种特性，意味着学者在学术研究中需要对现实事物和管理实践做深入观察，查明其间的因果脉络，再做出准确的概括。对于中国学者而言，在研究中首选的观察对象自然是中国企业。

这里所说的中国企业是指所有在中国本土上开展经营活动的企业，其中既包括华为这样的企业，能够成功地把西方管理理论转化为企业的竞争力；也包括吉利汽车这样的企业，能够走出一条独特的国际化道路；还包括利用逆杠杆机理成长起来的本土企业，以及面对危机表现突出的跨国公司在华企业，这些都是很好的研究对象。

当然，在条件许可的情况下，研究外国企业在西方社会中的管理实践也不失为一种研究选题，但如果不能对研究对象进行深入调查，仅凭一些二手资料进行推断，很难获得理想的研究成果。

需要说明的是，管理理论虽然不具有普适性，却也不受国界的限制，外国好的管理理论同样可以启发中国的管理者。中国的管理学界要服务于中国的企业，主要就是要把更好的研究成果奉献给中国的管理者。

四、面向实践也需恪守学术标准

面向实践的学术转型，并不是要降低学术标准，更不是要把学术文章写成通俗故事。学术标准是学术质量的保证，严格的学术标准也有利于遏制学术浮躁，而后者恰恰是理论研究与实践脱节的驱动因素之一。

我们在审稿过程中发现，有四类问题比较突出：

一是构造模型时提出的假设严重偏离现实，使模型完全无法联系实际，损害了理论的应用价值。

二是有些作者在选用一些概念的操作型定义时寻求省力，忘记了操作型定义就像是显微镜的镜头。过于简化的定义等同于粗制滥造的镜头，即使一架显微镜镶金嵌银，这样的镜头也不可能让人看清事物，更不用说深入观察事物内在的机理。

三是在案例研究或其他定性研究中，对真实事例观察不细，证据链缺少必要的细节，实际资料不足却急于构建理论，理论悬浮于现实之上。

四是大量罗列文献，不顾文献的代表性和观点的正确性，有文章在一句完整的话中竟分次出现三四个标注，让人不知作者是在引述他人的观点，还是在做观点合成。这些问题也是学术浮躁之风在文稿中的典型表现。

管理学科面向实践的转型，当然需要企业界的呼应。这就需要打破学术界与企业界双方的隔阂，建立起能够充分沟通、深度交流的合作关系。我们曾经提议，为了实现双方思想共振、知识共创、理论共融，有必要建立起更为畅通的"知识旋转门"。

令人高兴的是，近年来企业界和学术界的交流深度和广度已经得到显著改进，我们也希望以学术期刊为平台，通过多种途径吸引双方的注意力，继续致力于这种知识交流机制的建设，为管理理论研究建立起更坚实的实践基础。

关于学术研究的三点思考

管理世界杂志社　李逸飞

习近平总书记指出："新时代改革开放和社会主义现代化建设的丰富实践是理论和政策研究的'富矿'。"理论源于实践，时代课题是理论创新的驱动力。推动中国特色社会主义政治经济学发展，需要立足我国国情和发展实践，深入研究世界经济和我国经济面临的新情况新问题，揭示新特点新规律，提炼和总结我国经济发展实践的规律性认识，把实践经验上升为系统化的经济学说，把论文写在祖国大地上。

为学如为人，做学问要坚持实事求是的求真态度，做有情怀的学者，做负责任的研究。对于学术研究而言，首先应该搞清楚的是谁来做研究，做什么样的研究，研究讲给谁听的问题。

一是谁来做研究——专业的人做专业的事。学术研究本身是一个专业性极强的工作，需要经过系统性的专业训练方可迈入学术研究的门槛。从这个意义来讲，不是所有人的成果都可称为严谨的学术研究。是不是专业人员做研究决定了学术交流是否可以用学术的语言进行讨论。以经济学研究为例，能否称之为学术研究人员，应该具备以下几点能力：首先是是否掌握领域内的理论体系。对于学术研究而言，跟踪前沿文献是必要的，但是单纯从文献到文献的研究本身可能是有缺陷的。从长期而言，研读本领域的经典理论，掌握理论脉络是非常重要的，如果单纯从文献到文献，很容易演变为变量与变量之间的影响研究，缺乏问题本身背后的理论分析。其次是掌握必要的研究工具，可以是计量的工具也可以是理论的工具，甚至可以是案例剖析工具和数据采集、运用的掌握。研究工具是进行学术研究的必要条件，随着大数据、结构方程等新兴研究工具的流行，为进行更深层次的学术研究提供了很多便利，但这并不意味着掌握好研究工具就可以开始学术研究，在进行学术研究时，合适的工具就是最好的工具；发现问题的能力，这种能力可以是发现理论问题的能力也可以是发现现实问题的能力，就是是否有发现研究命题的嗅觉。发现问题的能力是做研究最为重要的能力，能否发现好的问题往往决定了该研究本身的高度和价值；解释问题的能力，这种能力也许仅次于发现问题能力的重要性，能否在一个学理层面通过研究的逻辑验证来解释提出的问题对于学术研究的质量至关重要。如何解释问题往往决定了一个学术研究的有趣性和故事性，以典型的 AB 关系研究命题为例，如果研究机制的分析完全依赖于数据结构本身的约束，往往会失去对于该问题本身的思考；如果研究机制的设计是学术界耳熟能详的，或者是一些显性的影响机制，那么，该研究的新意往往是有限的。

二是做什么样的研究——有缺陷的研究本身即是好的研究。学术研究本身是一个非常严肃的工作，做研究应该具有家国情怀、高度负责的胸怀。研究是给别人看的，研究是保留一生的成果。首先，研究本身应该遵循必要的研究规矩，要坚决杜绝学术抄袭（文字抄袭和思想抄袭），在从事一项研究的起点和过程中，始终保持独立思考，前人的研究是我们做研究的重要借鉴和启发，但绝不可越过底线，放弃学术研究的初心使命，采取短平快的手段，进行学术不端操作。其次，做有用的研究。研究本身在于其是有价值的，是能够推动理论的前沿研究，能够给别人带来启发，或是能够对现实决策带来参考价值。关于研究是不是有用的，首先需要视研究本身的范式做差异化的评判。以经济学研究为例，现有研究范式主要有纯理论研究、问题导向的实证研究、调查研究三大类，比如理论研究，主要看该研究对现有理论是否有更进一步的拓展，是否更加符合现实；对于实证研究，主要看该研究是否发现了一个好的命题，对于问题的解释性是否拓展了往常的认知，是否可以提出好的政策建议等；对于调查类研究，尤其是大样本的数据调研基础上的调查研究成果，主要看该研究是否很好地描绘出重要的事实，并基于这些事实发现了哪些存在的问题，并提出相应的解决方案。其次需要通过时间的考验。经典的研究往往具有生命力、引领性。如果一篇文章在十年甚至更长时间仍然是一个领域的代表性研究，无疑这篇文章是非常有价值的。更为显性的指标即是目前比较流行的引用率。往往有价值的研究都会被学界关注，被后续的研究引用。但我们在评判一篇文章是否真正有价值时，不能完全唯引用率而定，试想，同样引用率的两个研究，其中一个研究基本是被高质量研究引用，另一个研究被一些价值不大的研究所引用，那么究竟哪个研究是更加有价值的，高低立判。最后对于研究本身而言，看似完美的研究往往并非是最好的，看似有缺陷的研究很有可能是有价值的研究。一个好的研究，其价值体现本身应该是对后续研究有高度借鉴意义，也即开拓性。从这个层面理解，即研究本身的不足之处恰恰是有价值的拓展空间。在实证研究方面，往往完美、全面地解释一个命题的研究，是缺乏边际贡献的，因此研究本身的贡献即在于它有缺陷。

三是研究讲给谁听——由专业到通俗。前文已讲到，专业的事情让专业的人来做，学术研究具有很强的专业性。隔行如隔山，学术语言往往是小众的，由此决定了研究本身是专业的人写给专业的人看。研究不同于博客、不同于网络文章，也不同于政治宣传，因此单个的、短期的研究本身一定是专业的，读者也一定是专业的。但从长期发展来看，研究来源于生活、生产过程，社会实践是研究的源泉，长期的研究必然会形成基于本土实践的理论体系，进而更好地指导实践。逐渐成熟的理论往往其研究结论就变得更加普世，更易传播，因为它根植于长久的实践规律，是对以往实践的学理性提炼。从这个意义上说，研究本身是由专业到普众的，诸多现实的故事成就了研究本身，而长期的研究成果又来解释和指导活生生的故事本身。

时代是出卷人，时代课题是理论创新的驱动力。对于经济学本身，究竟是解释性学科还是指导性学科，众说纷纭。好的经济学研究首先都是为了解释现实世界，持续性的基础理论研究和实证主义研究发展成 套符合现实发展规律的理论体系，则可指导新的社会实践工作。研究本身的背景即是现实，无论是理论研究还是实证研究，均需以现实为依据，从问题出发，根本目的是解释现实，凝练理论，达成一般性的研究框架。大量的经典理论均是从现实出发而来，时至今日依然有很强的指导价值。比如刘易斯的二元经济理论、克鲁格曼的贸易理论等。

总而言之，为学当作金字塔，做真正有价值的研究，要有使命感，要有责任心，为真求实。不唯风、不唯上、不唯书，则为实，追求真理，始终坚持唯真的风骨。

迈向高质量研究的三个关键要素：问题、故事与方法

管理世界杂志社　　韩　彬

2021 年 4 月 24 日和 2021 年 5 月 15 日，管理世界杂志社先后主办"研究中国问题　讲好中国故事——如何把论文写在祖国大地上"研讨会和"加快构建中国特色的管理学体系"研讨会，旨在深入贯彻落实习近平总书记"把论文写在祖国大地上"的重要指示精神，研究探讨如何更好地把论文写在祖国大地上，推动建设中国特色、中国风格、中国气派的管理学体系，研讨会获得了学界高度评价和广泛认可。

作为一名青年编辑和助理研究员，经过一年多的编辑岗位锻炼和两次研讨会的学习提升，对管理世界杂志社"研究中国问题　讲好中国故事"的办刊宗旨有了更全面的理解和认识，对高质量学术研究和政策研究也有了更深刻的感悟和体会。一般而言，研究问题、研究故事和研究方法是一篇学术论文的关键构成要素，决定着研究成果的学术价值和理论生命力。本文结合个人的研究认识和编审经验，尝试从上述三个方面总结阐述如何迈向管理世界杂志社要求的高质量学术研究。

一、研究问题：劳于始而逸于终

研究问题是学术研究的灵魂，也是创作一篇高质量学术成果的起点，苏轼在《决壅蔽》中曾写道："欲事之无繁，则必劳于始而逸于终。"学者为找到好的研究问题往往费尽心思，可谓"衣带渐宽终不悔，为伊消得人憔悴"。主要是因为只有从有价值的研究问题切入，才能面向国家战略

需求、面向经济主战场、面向学科前沿探求事物的本质和规律，才能够真正创作出为党资政、为国建言、为民服务的高质量学术研究。

真正顶天立地且有价值的好研究问题，往往是"众里寻他千百度，蓦然回首，那人却在灯火阑珊处"。这是王国维所说的古今之成大事业、大学问者所能达到的最高境界，也是找到好的研究问题的要义，其中"蓦然回首"甚是精辟传神，因为好的研究问题并非在"云深不知处"，它就在国家发展规划、战略纲要和政策文件中，就在立足中国国情的改革实践中，需要学者的学术前瞻力、政治判断力和理论洞察力。在实际研究中，有些学者在发掘研究问题时常常为了趣味性而放弃重要性，为了使用方法而选择问题，为了"另辟蹊径"而一叶障目，这些羊肠小道往往使学术研究误入歧途，使有能力的学者与高质量学术研究失之交臂。

首先，误把话题当问题。研究问题需要从三个维度理解：一是现实要求解答的题目，研究问题一般具有坚实的现实基础和突出的现实意义；二是需要研究解决的矛盾，研究问题常常围绕着影响经济社会发展的主要矛盾展开；三是具有重要性，研究问题往往是某一领域学术研究的关键或者重点。然而话题仅仅是"谈话的中心"，他与问题相比范畴更广，更新频率更高，可能趣味性更强，但是重要性普遍较低，虽然吸引眼球，但对经济社会的持续影响力较小。国际管理学顶级期刊 *Academy of Management Journal* 的主编 Laszlo Tihanyi 在 *From "that's Interesting" to "that's Important"* 一文中也倡导研究问题从趣味性转向重要性。事实上，过度关注趣味性的往往不是研究问题而是研究话题，有些只是为了吸引眼球和引人关注，但是这些研究话题一般不具有重要性，使用实证研究加以验证，往往显著性水平高但是解释力极低。真正的研究问题应该能够提升管理效率、改善社会福利、促进经济发展，甚至造福子孙后代。

其次，错依方法找问题。有些学术研究出现根据方法寻找问题的怪现象，比如学会使用双重差分法后开始翻阅查找适合使用这种方法的政策法规，并用双重差分法检验一下该政策的实际影响，而在实际使用中，常常忽视上述方法的适用假设条件，对政策持续试点不用渐进双重差分法，对不满足外生冲击要求的内生分组视而不见。一方面，这可能是由于没有将学术训练和科学研究有效区分开，在校研究生学习实证方法的练手之作被作为研究成果投递到期刊；另一方面，可能是对相关政策文件的理解不全或洞察不足，不关心政策制定的真正初衷，造成重方法而轻问题。

最后，一叶障目看问题。有些学术研究在选择研究问题时要么先入为主带着偏见看问题，要么一味追求差异而"另辟蹊径"看问题。具体表现为，在相关政策效应的主要方面已有研究加以验证的情况下，一味寻找细枝末节或者理论上不相关的因素验证政策后果，虽然在研究视角和研究结论上有所"创新"，但是这种"捡芝麻丢西瓜"或者"没了西瓜就捡芝麻"的做法无法真正抓住问题的主要矛盾。同时，不同层级政策的生命力和制定初衷是不同的，用统一方法或者研究机制不加区分的加以验证难免有失偏颇，将长期政策影响进行短期研究评估进而提出对策建议是危险的。

二、研究故事：惊涛拍岸，卷起千堆雪

研究故事是学术研究的基因，相同的研究问题呈现出差异性的研究成果原因在于研究故事各具特色。习近平总书记曾强调，"要讲好中国特色社会主义的故事，讲好中国梦的故事，讲好中国人的故事，讲好中华优秀文化的故事，讲好中国和平发展的故事。讲故事就是讲事实、讲形象、讲情感、讲道理，讲事实才能说服人，讲形象才能打动人，讲情感才能感染人，讲道理才能影响人"。

平铺直叙、平平无奇、平淡无味对高质量的学术论文而言通常是致命伤。事实上，看似中规中矩"没有毛病"的论文往往存在不小的问题。这种问题往往不是理论分析有误或者研究设计缺陷，而是研究故事视角陈旧、内容老套、方法平庸。"乱石穿空，惊涛拍岸，卷起千堆雪"是苏轼在《念奴娇·赤壁怀古》中描绘江水磅礴澎湃、千波万浪的词句，而基于前沿学科视野和坚实理论基础之上构建起的优秀研究故事，同样能够做到奇峰突起、层次分明、高低不同，真正做到深入浅出、引人入胜。

一是意料之外，情理之中。好的研究故事必须以实践为基础、以事实为依据，做到有理有据、合情合理。在此基础上，随着研究的深入、情境的转变和研究者观察角度的差异，往往能够创作出意料之外、情理之中的

好故事。小学时学过一篇课文《画杨桃》，小朋友按照自己看见的讲桌上的杨桃，画出了五角星形状的杨桃而受到了同学们的嘲笑，但是五角星形的杨桃得到了老师的理解和支持，同学们在老师的引导下坐在小朋友的位置上都看到了五角星形的杨桃。事实上，很多研究都是从文献到文献，单纯建立在已有文献基础上的研究很难创作出意料之外的故事，用自己的眼睛看、用自己的脚步丈量反而能得出"意料之外"的故事，而这往往是在"现有研究"和"西方理论"意料之外的中国故事。当然，这既需要学者的勇气，也需要编辑的胆识。

二是前后呼应，层层深入。好的研究故事必须有清晰连贯的逻辑线条，做到前后呼应、首尾衔接。有些学术论文研究问题与理论分析之间存在断层，而理论分析的提出的影响因素和作用机制又没有在研究设计和检验中充分体现出来，这容易让读者像"丈二和尚摸不着头脑"。同时，好的研究故事还要做到层层深入，层次分明。无论是规范研究还是实证研究，每一部分都比前一部分有所深入和深化，让读者能够在论文逻辑主线的牵引下畅游"桃花源"，感受到"初极狭，才通人。复行数十步，豁然开朗"的阅读体验。

三是纵横对比，高低不同。好的研究故事一般能够从时间维度的演进差异、空间维度的情境不同和研究对象的组别异质而呈现出"横看成岭侧成峰，远近高低各不同"的特点。这种纵横对比和高低不同的故事特点常常也是一篇学术论文最出彩和最具特色的地方。从时间维度、空间维度和对象维度挖掘研究故事的深度和广度，通常由论文作者学术积淀、研究视野和理论认识决定。以工商管理领域的实证研究为例，一般化地从产权性质、市场化程度和竞争程度进行异质性拓展分析无法充分体现研究故事的特点，容易使一篇独具特色的学术论文在能够实现飞跃的环节变为"泯然众人矣"。

三、研究方法：不识庐山真面目，只缘身在此山中

研究方法是学术研究的桥梁，科学合理的研究方法不仅可以帮助学者从研究的理论设想中求证出研究发现，还能够为将研究成果转化为有价值

的对策建议奠定坚实的技术基础。研究方法多种多样，包括实证研究法、案例研究法、调查法、文献研究法、定性比较研究法、经验总结法等，其中实证研究法在管理学稿件中占比较高。以实证研究法为例，随着学者对研究设计科学性、研究过程稳健性和研究结论严谨性的要求越来越高，实证研究方法的选用也日益复杂，从早期的最小二乘模型到随机效应模型、固定效应模型再到系统 GMM 模型、断点回归模型、双重差分模型和合成控制方法等。

但是，学术论文创作在研究方法的发展和进化过程中却出现了"过犹不及"的现象，不分情况、不分场合地使用数学方法和模型，为了使论文看起来"高大上"而装饰性地使用实证方法，为了寻求符合心理预期的研究结果而选择相适应的回归模型，只重视实证结果的统计意义而忽视经济意义。这不仅造成很多学术论文方法至上而理论空洞，还导致一味追求结果而忽略研究问题的出发点，最终迷失在方法的"丛林"中。不仅无法得出科学严谨的研究结论，还会导致依据研究结论提出的对策建议空洞无物，甚至误导决策。

一方面，方法至上，理论空洞。管理世界杂志社李志军社长和尚增健总编辑曾经以编者按的形式在《管理世界》上发表《亟需纠正学术研究和论文写作中的"数学化""模型化"等不良倾向》，旗帜鲜明地反对"不分情况、不分场合地使用数学方法和模型的现象"和"过度'数学化''模型化'等不良倾向"。方法不是万能的，任何方法的使用都有前提假设、适用条件和固有局限，即使被广泛使用的方法也未必是最优的，可能是学习成本较低、模仿性较强的原因。例如，Ed deHaan（2021）在 *Using and Interpreting Fixed Effects Models* 一文中便指出了盲目使用公司固定效应产生的估计偏误；Heath 等（2020）在 *Reusing Natural Experiments* 一文中研究发现被广泛使用的自然实验方法，在被用于研究多个因变量时存在多重检验问题导致的严重偏误；Chen 等（2018）在 *Incorrect Inferences When Using Residuals as Dependent Variables* 一文中研究发现在两阶段回归中普遍使用的残差因变量会产生有偏的估计系数以及 t 值，进而得出错误推断。

一些学术研究以技术为导向、以方法为目的，将本能够用简单理论加以阐释的研究问题，用复杂的数学模型加以推演，而在推演过程中往往基于脱离实际的模型假设或者国外研究的指标参数，不仅对提升研究故事的说服力于事无补，还严重影响了理论分析的合理性。此外，还有一些研究将一些与研究分析不相关的模型纳入理论分析中，仅仅依靠模型简单的线性推演便试图得出复杂丰富的研究假设，不仅导致研究逻辑上的断层和脱钩，还使使用的模型化方法成为装饰性盆景，显得画蛇添足。

另一方面，只看结果，不问初衷。科学合理的研究方法能够为研究故事提供有力的支撑，但是现实中一些研究将研究方法矮化为研究模型，存在"根据结果提假设"和"根据结果选模型"两种误区。所谓"根据结果提假设"是指运用多种实证方法，先收集数据再设计模型获得实证结果，根据结果提出研究假设并寻找理论依据。这种看似成功率百分之百的"讨巧"方法实际上是本末倒置，是从方法着手寻找问题的错误案例。所谓"根据结果选模型"是提出研究假设后，使用多种实证回归模型获得实证结果，最终选择与研究假设相一致的实证回归模型，人为地忽略了相关模型的使用假设和适用条件。

此外，很多学者在进行实证研究检验环节过度关注回归结果的显著性水平，当回归结果不显著时一味改变方法得到理想的研究结论。然而，很多实证结果往往只具有统计意义而没有经济意义。Kim 等（2018）便在 *Significance Testing in Accounting Research：A Critical Evaluation Based on Evidence* 一文中提出，许多研究没有在显著性水平（或第一类错误的概率）与统计能力（或第二类错误的概率）之间的合理权衡，单纯使用 p 值统计标准导致回归结果显著性水平被严重高估的风险。实际上，"意料之外"的回归结果可能是多种因素造成的，研究样本的清洗是否充分考虑制度环境，研究对象是否存在时间维度上的异质和空间组别上的差异，研究数据是否呈现的是真实情况与理论预期存在差距，这些实际上往往是学术研究"福之所倚"的创新之处。

四、结语

在习近平总书记给《文史哲》编辑部全体编辑人员回信中，对办好哲学社会科学期刊提出殷切期望，并强调"高品质的学术期刊就是要坚守初心、引领创新，展示高水平研究成果，支持优秀学术人才成长，促进中外学术交流"。《管理世界》不仅具有国家高端智库办刊的特色，还享有学术界的高度认可和广泛赞誉。新时代的青年编辑理应做到强国有我、使命在肩，深入贯彻落实习近平新时代中国特色社会主义思想，积极适应移动互联网时代融媒体发展趋势，营造作者、编辑、读者"三位一体"良好学术生态，以敏锐的政治领悟力、前沿的学术视野和勇于创新的胆识气魄，挑选推荐在研究问题、研究故事和研究方法上顶天立地、逻辑清晰、层次丰富、方法科学的高质量学术论文，为搭建高质量的学术交流平台、打造高质量哲学社会科学期刊积极贡献力量。

参考文献

［1］Chen W. , Hribar P. , Melessa S. Incorrect Inferences When Using Residuals as Dependent Variables［J］. Journal of Accounting Research, 2018, 56 (3)：751 - 796.

［2］Ed deHaan. Using and Interpreting Fixed Effects Models［R］. Working Paper, 2021.

［3］Heath D. , Ringgenberg M. , Samadi M. , et al. Reusing Natural Experiments［R］. CEPR Discussion Papers, 2020.

［4］Kim J. H. , Philip Ji, Ahmed K. Significance Testing in Accounting Research：A Critical Evaluation Based on Evidence［J］. Abacus, 2018：54.

［5］Tihanyi, Laszlo. From "that's Interesting" to "that's Important"［J］. Academy of Management Journal, 2020：329 - 331.

［6］李志军，尚增健. 亟需纠正学术研究和论文写作中的"数学化""模型化"等不良倾向［J］. 管理世界，2020，36（4）：5 - 6.

坚持对学术的初心　追求对现实的理解

管理世界杂志社　赵　玮

学术界的硕博研究生和科研院所的学者大概都知道发表这条路的艰难，尤其是要在国内外顶级学术期刊发表，更是难上加难。怎样做科研，怎样发现好的问题，怎样磨炼自己，在顶尖期刊上发表，在这个过程中不忘初心，始终记得自己的使命是追求和提升对真实经济的理解，是最难得的。很多学者在这个过程中逐渐忘记了走上学术之路最初的梦想，有的因为走得太艰难要"活下去"，有的因为走得太顺名利双收后不再专注于学术研究。希望学术界少一些有名气却没实力的学者，多一些有责任感、有情怀的、有实力的学者。

论文发表应该是学术研究的副产品，学术研究应该是初心，发表是路径和结果，这虽然是非常理想主义，甚至浪漫主义的想法，但是这种信念可支撑学者一直走下去。学术界有句名言"Publish or die"，尤其是对于青年学者而言，没有发表就"活不下来"，而一旦"活不下来"，所有学术的初心就如同梦幻泡影。从另一方面看，一个严肃的研究者，正规的学术发表也是有必要的，发表本身不重要，但是求证的过程非常重要，正规的学术研究有固定的研究范式，严谨到"八股"的程度，但是在这个被"八股"、细节、逻辑折磨的训练过程中，会被潜移默化成一个对逻辑自洽感兴趣的人。本人尚未在国内外顶刊上发表过文章，因此发表过顶刊的人写这种文章应该对读者更有好处，但是愿意写这种文章的人太少了，所以我愿意把从一些有发表顶刊经历的学者那里听来的、看到的、学到的东西，结合自身在做研究的一些经验教训以及审稿过程中形成的一些心得体会与大家分享，如果这篇文章能给看到的人一点正能量或一点启发，也是好事一桩。

一、好文章应该有什么特征

具体来讲，什么样的文章才算好文章呢？个人感觉好的文章需要具备以下几个条件：

一是读者是否可以学到东西是判断论文好坏最核心的标准。如果读前和读后，读者感到没有区别，那么读者包括审稿人就会感到不耐烦。什么叫可以学到东西？学生有时候文献积累少看什么都觉得能学到东西，相反，老师尤其是资深学者研究经验比较丰富，知道文章和经典论文以及最前沿论文做的是什么，就对论文提出了更高要求，所以"多读文献"是必不可少的，读得越多，越知道自己的局限。让读者学到东西的本质事实上是文章的创新性、文章的边际贡献。相比于现有的研究，文章有什么新发现、新思想、新方法等，也就是从"0"到"1"的创新与创造。

二是选题好。选题是一篇学术论文的灵魂。什么样的题目是一个好题目？怎样选好题呢？一个好的经济学家应该有强烈的家国情怀和社会责任感。应该去选择对社会大众和国家来说重要的问题、亟待解决的问题，如果解决好了可以使公众境况、福利变好的问题。从这个意义上讲，做人和做学问是一致的。如果你不去关注对社会大众重要的问题，你十有八九做不成出色的学问；如果每天都想着争名夺利，就做不成出色的研究，因为你关注的问题对大多数人不重要[1]。

那么这样的问题从何而来？如何找到这样的问题？学者应该从我国改革发展的实践中挖掘新材料、发现新问题、提出新观点、构建新理论，并且围绕我国和世界发展面临的重大问题，着力提出能够体现中国立场、中国智慧、中国价值的理念、主张、方案。总之，要做到按照立足中国、借鉴国外，挖掘历史、把握当代，关怀人类、面向未来的思路，着力构建中国特色哲学社会科学，在指导思想、学科体系、学术体系、话语体系等方面充分体现中国特色、中国风格、中国气派[2]。近年来，我国学术界科研

---

① 参见陆铭 2006 年 11 月 13 日在复旦大学的演讲整理稿《现实·理论·证据——谈如何做研究和写论文》。

② 参见习近平总书记 2016 年 5 月 17 日在哲学社会科学工作座谈会重要讲话。

成果数量和质量显著提升，学者关注经济社会发展的重大问题，努力学习和探索新方法和新理论，在政治经济文化建设与建言献策方面发挥了重要作用。与此同时，学术界还存在一些问题：第一，照搬西方经济学模型，研究中国问题。存在大量简单套用西方概念、模型的现象，所做研究脱离了中国的实践与情境，对于西方经济学研究范式没有做借鉴性创新，对中西方文化、制度等方面的差异重视不足。第二，受制于国内现行学术评价体系与学术论文发表体制，研究尤为关注学术研究范式，为了快准狠地发表论文而进行研究，没有做到以我国经济面临重大挑战和问题为导向，从而导致政策建议不具针对性和可操作性。第三，过度依赖数学模型。很多学术论文过度专注于数学模型的精巧性，更有甚者通过构建复杂的、强假设条件的模型炫耀数学技巧。殊不知，这样的模型因其强假设条件导致其脱离真实经济，复杂性导致其无法求解而增加作者随意更改参数的概率，最终造成结论的偏误。这样的模型既不能对经济进行有效的解释，也不具备思想性和理论创造性，更缺乏切实可行的政策建议。

为了纠正上述问题，高质量的学术期刊应该立足中国国情，扎根中国实践，以国家战略为导向，引领学术界研究中国问题、讲中国故事。具体而言，多组织多发现基于中国情境，体现继承性、民族性、原创性和时代性的专业性、系统性研究成果。多鼓励多刊发从我国改革发展的实践中挖掘新材料、发现新问题、提出新观点、构建新理论，系统总结改革开放和社会主义现代化建设实践经验，发展社会主义市场经济、民主政治、先进文化、和谐社会、生态文明以及党的执政能力建设等领域的实践性成果。多刊发敢于打破以西方为主的研究模型与研究范式，积极探索中国特色社会主义制度下的新概念、新模型、新范式和新理论的学术成果，增强学者学术志气、骨气、底气；多营造多倡导学术争鸣、学术创新、学术守信的学术风气。高质量的学术期刊要坚守初心、引领创新，展示高水平研究成果，支持优秀学术人才成长，促进中外学术交流。

问题的提出和确定很重要，同样在选题时也应该考虑到研究的可能性、可行性，如研究数据的可获得性也是制约学术研究的一个重要因素，有时候找到了一个好问题，如果该问题需要进行实证分析验证，那就离不开数据的支撑，所以选题时应该兼顾数据可得性。研究的时间、团队人才构成特征，也是在选题时需要考虑的，这关系到在既定的时间是否可以达到预期研究成果。有些选题适合利用宏观经济模型去分析，以便透明化中间的传导机制；有些问题适合用计量经济学分析方法，去探寻相关变量之间的因果关系；有些问题适合利用案例分析方法，总结所选择案例的成功经验以及在我国企业中推广的可能性，不同选题最佳匹配的方法不同，是否可以找到擅长这些方法的合作者进行合作，也是需要考虑的。

三是文字简洁，方法科学，数据可靠。首先，文章应该简单清爽、眉清目秀，不能拖泥带水。《论语》只有10000余字，《道德经》仅有5000余字，两者均历经千年而不衰，是我国优秀传统文化的经典著作。清人刘大櫆在《论文偶记》中提到，"凡文，笔老则简，意真则简，辞切则简，理当则简，味淡则简，气蕴则简，品贵则简，神远而含藏不尽则简，故简为文章尽境"。"尽境"就是"简"，就是文章的最高境界。可见，好文章在于把复杂的事情说得简单明了，而不在于把简单的问题说得复杂。此外，文章的开头结尾特别重要，毛泽东《改造我们的学习》中，引言就很简短，"我们主张将我们全党的学习方法和学习制度改造一下。其理由如次"是一语开篇的好例子。《三国演义》开篇第一句话："话说天下大势，分久必合，合久必分"，直入全书主题的同时又彰显了历史厚重感与气势磅礴感。托尔斯泰的《安娜·卡列尼娜》开篇，"幸福的家庭都是相似的，不幸的家庭各有各的不幸"，很有哲理又言简意赅，这些开头都让人过目难忘①。其次，方法科学。一般可将学术论文的研究方法分为定性和定量研究。常见的定性研究里面有文献归纳演绎、质性研究（案例研究）；定量研究一般常见的方法有计量经济学分析方法、宏观模型分析，以及定性和定量相结合的定性比较研究（Qualitative Comparative Analysis，QCA）。如果是文献归纳法，需要注意文献的全面性、权威性、经典性，最重要的是要针对所研究的问题有自己的见解与分析以及对未来的展望，最忌讳的是简单地罗列文献和现有的观点；如果是案例研究，则选择的案例必须要有代表性，最重要的是注重调查研究。"没有调查就没有发言权！"九十多年前毛泽东同志提出的这一工作原则，正是今天我国管理学界实践转型所

---

① 参见王梦奎2009年7月14日在国家行政学院举办的全国省、部研究室和研究中心主任研讨班所作的专题讲座《文章写作十二题》。

亟需的。让我们把更多时间用于实地调研，把自己的学术触角扎根到企业实践中①。如果是计量经济学分析方法，最重要的是解决内生性问题，并且注意分析和区分研究问题的经济学显著性，而非变量之间统计意义上的显著性。如果是宏观建模分析，那么所构建的模型尽量简洁，要和我国真实经济现实结合紧密，能够解释经济现象。模型尽量简化，只包含真正想要描述的东西来表达清楚主要的想法。写的东西尽量给读者一个清楚的信息，这样容易记住。同时，这个信息要能够用来解释很多现象，帮助读者理解现实世界，不能只是用来自娱自乐。也就是说，理论抽象于现实，但是同时服务于现实。最后，数据可靠。数据的录入、处理和计算最好用计算机程序实现，一方面提升工作效率，另一方面有助于降低人为手工处理的错误率。

四是好的论文应该是惊奇的（Surprising）、符合直觉的（Intuitive）、结论稳健的（Robust）。Surprising 和 Intuitive 这两个词在英语上看似矛盾，但是细思之后就觉得很有道理，具体而言就是，如果文章不够惊奇，道理用几句话能说清，就不需要数学模型了。直觉意味着假设要贴近现实，对文章主要结论的解释要直观合理。具体来说，就是刚看到文章结论的时候读者要感到结论有新意，以前没想到过或者没有看到过，对于读者来说这是新东西，但读完文章之后觉得文章的结论是合理的，想想还真是那么回事。也就是说，好的论证逻辑就像剥洋葱，一层一层剥到中心，最后才知道洋葱中心究竟是什么。平面性的论证逻辑缺乏新奇感，就像"摊大饼"，一开始就知道大饼中是什么内容了，所以这样的论证不会给人遐想，也不会带来新奇。好的论文，同样要给读者带来出人意料的结果。② 结论稳健指的是研究结论是可以复现的，并且研究结论不依赖某个特定的模型假设。

五是正确使用数学模型。纵观整个宏观经济学的发展，我们可以看到数学在经济学的应用越来越精致。众所周知，宏观经济学可以分为经济增长和经济周期两个分支。经济周期方面，最有影响的工作是凯恩斯 1936

---

① 白长虹. 实践转型需要大兴调查研究［J］. 南开管理评论，2020（4）.
② 胡键. 写好学术论文的方法［EB/OL］.［2015-05-18］. https：//wenku. baidu. com/view/0a7ba5176bec0975f465e2be. html.

年的《通论》，启动所谓凯恩斯革命。经济增长的论述可以回溯到亚当·斯密《国富论》第一章斯密定理，即劳动分工和专业化是经济增长的源泉。现代关于增长的论述有索洛的外生经济增长理论以及罗默的内生经济增长理论。从这些理论的表述形式来看，亚当·斯密的时代是文字性的，索洛用的是储蓄函数，而内生经济增长理论用的是动态优化。凯恩斯的著作主要也是文字加上一些简单数学分析，如消费函数。其后，弗里德曼将永久收入概念引进消费函数。再到 Lucas 等（1982）、Bernanke 等（1999）、Mankiw 和 Gali（2000）等所用的动态优化。数学的引入可以使理论的表述形式和分析框架更加严谨，在经济学研究中确有必要，并有积极作用。马克思认为："一种科学只有在成功地运用数学时，才算达到了真正完善的地步。"1969~2015 年共 76 位经济学家获得诺贝尔经济学奖，有 75% 的获奖成果都运用了数学方法。然而，在经济学研究中过度数学化、模型化，甚至玩弄数学技巧的"数学滥用"现象也存在。经济学中好的数学模型有三个特征：能够证明自己的想法、数学符号语言解释能够紧密联系、经济变量要有意义并且与实际数据能够较为紧密的对应。然而现有文献中，很多数学使用并不满足上述三个特征，存在一定程度的数学滥用现象，如不符合现实和经济直觉的假定以及错误的数学推导，这会阻碍对经济增长理论的研究和探索[①]。目前，学术界和期刊界对数学滥用现象进行了广泛反思，如何正确认识数学模型在经济学中的应用，学术界从思想性和技术性两个角度进行了探讨，习近平总书记的讲话为解决经济学中思想性与技术性之间的矛盾指明了方向："哲学社会科学研究范畴很广，不同学科有自己的知识体系和研究方法。对一切有益的知识体系和研究方法，我们都要研究借鉴……对现代社会科学积累的有益知识体系，运用的模型推演、数量分析等有效手段，我们也可以用，而且应该好好用。需要注意的是，在采用这些知识和方法时不要忘了老祖宗，不要失去了科学判断力……如果用国外的方法得出与国外同样的结论，那也就没有独创性可言了。"只有原创性的思想和理论才能构建符合中国国情的经济学学科体系、学术体系和话语体系，希望学术界多一些用恰当的数学模型刻画和描

① Romer P. M. Mathiness in the Theory of Economic Growth [J]. American Economic Review: Papers & Proceedings, 2015, 105（5）: 89 – 93.

述我国经济中重要的、有特色的经济学机制的原创性论文。模型推演、数量分析是证明经济思想和理论的手段和工具，是为经济思想和理论服务的，是要用的，而且要用好，要恰如其分，不能过度，更不能滥用。

二、怎样做一个好编辑

入职杂志社以来，在杂志社前辈的指点下有了一点点工作和审稿的心得，与大家分享一下。

其一，良好的工作态度。编辑是一份为他人做嫁衣的工作，这就决定了既然选择了这一份工作，就要有一些牺牲奉献精神，要有"板凳要坐十年冷"的思想准备。对于编辑来说，独立思考的权力、淡定读书的心境以及从容的研究和打磨文章时间，最为重要。

其二，高水平的学术素养。编辑需要精准的、敏锐的选稿鉴别力、审稿观察力以及敢于质疑权威的底气，应当做到慧眼识珠，避免优秀的稿件淹没在审稿系统中。"打铁还需自身硬"，你能不能指出论文好在哪里，坏在哪里，能不能在与作者的交流中产生碰撞、擦出火花，有没有质疑权威的勇气，敢不敢在那些盛气凌人的名家大家面前说不。勇气源于自身的水平，但是要做到这一点需要大量的积累，高水平的学术素养。怎样提高学术素养呢？一言以蔽之，多看、多学、多写、多做学术研究。一是多看文章，尤其是比所在期刊学术水平高的文章，多关注知名学者的新概念、新观点、新理论。二是多学研究方法，虽然文章的研究方法常常是外审专家把关的内容，但是多学习一些实证研究方法（如传统以及前沿计量经济学分析方法、文本分析法、宏观一般均衡模型、案例分析等）可以帮助自己快速理解文章，判断文章的严谨性和学术性。三是多写，老出版家钟叔河先生说过，名编辑是编出来的也是写出来的，所以编辑除了多读之外还需要多写。四是多做学术研究，多写学术论文，做到编研结合，持续学习。"观千剑而后识器"，学术界的新理论、新方法层出不穷，编辑应该及时学习，更新自身的知识库，才能眼光敏锐、见解独到、入木三分。

其三，做到公平公正、克己奉公。在顶级期刊发表文章收益可观，导致顶刊编辑面临被个别学者围猎的风险。公平公正是编辑审稿的基本准则和避免围猎的有力法宝。坚守公心、不谋私利，牢记期刊编辑的初心与使命。个人学术能力以及端正的工作态度是审稿公平公正的前提，编辑最重要的还是个人的学术素养，要懂政治、懂方法、懂数据、懂论文所研究问题的前世今生，才能准确地评价一篇论文的重要性、严谨性、学术性与规范性。

其四，做到坚守四个勤奋。勤于同读者、作者沟通，了解他们的意见与需求；勤于总结来稿常见的问题，提升审稿效率；勤于更新审稿专家库，加强专业匹配准确性；勤于向专家、学者求教，再评价和认识已发表论文，提升期刊质量。

接下来再与各位读者分享一下在审稿过程中常见的退稿类型：

第一，拉郎配型论文。整个经济系统是一个复杂的动力学系统，各个经济变量之间都有千丝万缕的联系。根据上述规律，这类论文往往选取数据可得的任意两个经济变量，构建计量模型，证明两者之间的关系，并常将边际贡献写为：现有文献忽视了两个经济变量之间的因果关系，本文填补了空白等。事实上，作者选取的经济变量间的关系可能是相关关系而非因果关系，得到的实证结果也往往仅仅是统计意义上的显著性，而非经济意义上的显著性。

第二，公理型论文。采用较为复杂的数学模型，或者计量经济模型，废了好大劲儿，最后证明了一个众所周知的、常识性的、已成为学术界共识的问题。注意是当前学术界，也有可能后期会被推翻，但是这种可能性一般是在采用了革命性新方法、新数据、新技术或者放松原假设条件情况下才可能出现，所以像这种不具有新思想、新结论的边际贡献接近于无的文章一般不予采用。

第三，包装型论文。主要存在两个问题：包装过度和包装不足。包装过度型文章特点是说得比做得好，很会讲故事，但是内核的指标选取无法准确衡量他所要讲的故事。包装不足型文章的特点是做得好，但是不会讲，理论和现实高度不够，这样就很吃亏，事实上这些论文根据自身所研究的内容，与我国当前重要的经济问题结合起来，在提高理论和现实深度基础上讲好一个故事。所以，学术严谨性重要，会讲故事也较为重要。

第四，实证过程不规范。一般采用计量经济学作为研究方法的文章，其实证部分可以分为研究设计、数据来源与描述性统计分析、实证结果分析、稳健性检查，有些文章还有中间传导机制分析和异质性分析部分。常见的不规范类型有：一是回归分析结果表述有误，如结果发现解释变量的回归系数为正，但不显著，应该怎样表述呢？有些论文表述成："解释变量对被解释变量无影响""解释变量对被解释变量有正向影响，但不显著"，上述两种表述显然都不严谨。这些作者的计量经济学水平有待提升。二是内生性，引起内生性的原因很多，不同的原因、不同的研究问题有不同的解决方式。有些学术论文压根就不去解决内生性，有些尽量去控制了，但是没控制好。例如，工具变量是解决内生性的常见办法，但是很多学术论文找的工具变量并不符合工具变量的要求。

　　第五，构建局部/一般（动态）均衡宏观模型的论文，常见的失误主要有几种情况：一是没有立足于中国现实，直接拿国外的模型套用中国数据进行研究，而这种模型的设定很多时候不符合中国实际情况；二是对真实经济环境过度简化，忽略了现实中对结果有重大影响的条件，没有厘清研究问题的边界，约束条件不明确，得出的结论却声称可以解释真实经济现象和指导政策制定；三是常见的宏观模型在应该做参数估计的时候不做估计，什么是应该做估计的时候呢？就所设定的模型有些参数跟其他学术论文中经济学内涵并不一致，无法直接拿来借鉴套用时，应该估计本模型系统中的参数。如果直接采用"拿来主义"，而不去深究拿来的参数背后的经济意义，这样的仿真实证结果肯定存在偏误。

讲好"中国故事"[*]

——管理学者的责任与行动方向

中国人民大学　刘　军　朱　征　李增鑫

摘要： 近年来，越来越多的管理学者呼吁"研究中国问题、讲好中国故事"。尽管一批学者对"本土管理研究"的基本问题（如对象、原则和方法论等）进行了探讨和澄清，但从研究实践的角度来看，我们仍不十分清楚中国管理好故事是什么，以及如何发现和讲述中国管理好故事。本文通过整理、归纳和剖析国内外期刊上呈现的优秀中国管理故事，针对以下三方面内容进行深入探讨：究竟什么样的故事是好的中国管理故事？在研究想法产生阶段，我们应该如何提出重要的、有价值的研究问题？在研究设计和执行阶段，我们应该如何选择合适的方法、规范的操作来提升研究的严谨性和可靠性？希望通过对管理研究案例的梳理和分析，激发研究者对本土现象的关注和兴趣，从研究实践的角度为国内管理学研究者讲好中国管理故事指明方向。

关键词： 中国故事；中国管理；研究问题；研究设计；责任与行动方向

一、引言

新中国成立70多年来，中国经济发展取得了举世瞩目的成就。尤其是改革开放之后，中国获得了大约40年的高速经济增长，中国的快速崛

---

* 原载《外国经济与管理》2020年第8期。

起堪称奇迹。中国崛起的历程是一个波澜壮阔的宏大故事，涉及方方面面的内容。从企业视角来看，中国管理实践涌现了一系列新现象：一是管制放松带来的制度变革，包括产权制度改革、市场价格机制改革、现代企业制度建立、经营管理模式演进等；二是企业家精神的释放，外部资本和管理技术的引入，中国民营经济的崛起，以及加入 WTO 与嵌入全球市场的产业链；三是人力资本、经营管理能力和绩效的提升，大批企业经由模仿到迭代、再到创新的追赶超越模式实现巨大发展。

反观本土管理理论的发展，中国管理学者一直在追随西方管理研究的步伐，关注西方情境中的研究课题，验证西方发展的理论和概念（Tsui，2009）。诚然，西方管理学研究者讲述的"好故事"不仅推动了优秀管理思想的建立和传播，更为自己所在国家或区域的管理实践提供了有益的理论指引。例如，以泰勒、法约尔和韦伯为代表的古典管理学派思想（如科学管理原理和一般管理理论等）解决了西方国家管理过程中劳资关系紧张、员工劳动生产率低下等现实问题；以梅奥为代表的人际关系学派提出"社会人"假说，并对"经济人"假设形成挑战，推动了行为科学理论的形成与发展，将管理对象由"物"转向"人"，由"监督管理"转向"人性化管理"；到后来以巴纳德、西蒙、德鲁克和明茨伯格为代表的现代管理学派建立了一系列影响深远的现代管理理论（如经理人职能、有限理性等），为西方乃至世界范围内建立现代企业管理制度提供了系统指导。纵观西方管理思想的发展史，我们可以看到西方的管理理论发展是特定历史背景下回应现实问题的产物，又推动了劳动生产率的提升和劳资关系的改善。因此，我们并不否认借鉴西方管理理论来发展本土管理理论，但更倡导本土管理研究者立足于本土管理实践讲好中国管理故事。

随着中国科技的迅猛发展，各类新技术（如云计算、人工智能、物联网等）在企业发展中的应用不断深化，中国涌现出了一批如滴滴、小米、华为、海尔等跨界者和整合者，为管理学研究者"讲好中国管理故事"提供了丰富的实践素材。例如，华为、联想和海尔的"复杂—简练双重性"战略导向（武亚军，2009），滴滴出行的平台企业数据赋能（周文辉等，2018），小米模式背后的时间领导力（高子茵等，2019），杭州云栖小镇的数字创业生态系统（朱秀梅等，2020）等。这一系列在互联网时代涌现的企业实践提示我们，组织管理实践正在朝着"数字化""智能化""跨界""融合""共生"等方向发展（李平等，2018）。对中国管理学者而言，关注中国现象，构建中国理论的机遇已经到来。

事实上，一些期刊如《管理世界》《管理学报》《组织管理研究》（*Management and Organization Review*）等对中国本土管理研究的相关问题进行了大量探讨。例如，《管理学报》开设"管理学在中国"栏目，鼓励国内研究者挖掘本土管理实践案例，探讨本土管理哲学和管理思想，反思管理学研究的方法（如实证研究）等。这一系列高屋建瓴的讨论澄清并解决了本土管理研究的一些基本问题（如本土管理研究的对象、原则、思路和方法等），但这些讨论的理论性和抽象程度较高，未能给本土管理学者提供可操作的研究方向和策略。因此，本文将结合国内外典型的"中国好故事"（见表1），对优秀研究案例进行对比、剖析，解释这些研究案例的"闪光点"以及研究过程，试图从贴近实践的角度探讨什么是中国管理的好故事，如何讲好中国管理故事，希望能为本土管理理论的进一步发展和完善提供具体的指导。

表1　本文引用的基于中国文化或中国实践开展的典型研究案例

研究主题		主要观点及结论	研究方法	文献来源
基于"儒、法、道"传统文化和哲学思想的管理研究	"儒、法、道"哲学思想的整合	从中国哲学智慧出发，提出以"道""阴阳""悟"为核心内容的本土管理研究基础	理论研究	李平（2013）
		从中国哲学智慧中"水"的概念出发，建构了中国本土的水式管理理论，为推进中国管理理论的发展做了初步尝试	理论研究	陆亚东和符正平（2016）
		结合中国"威权""平衡"的文化思想提出了本土新兴成长型企业的战略双重性理论，即本土新兴企业需同时具备战略复杂与战略简练的双重特征	案例研究	武亚军（2009）
		构建了全面的组织伦理体系（包括伦理领导和伦理问责），并探讨不同层面伦理体系对员工离职影响的涓滴效应模型	案例研究	莫申江等（2015）
	基于道家思想的研究	基于道家"阴阳平衡"的思想提出了"悖论式领导"（Paradoxical Leadership）的概念	问卷调查	Zhang等（2015）

续表

研究主题		主要观点及结论	研究方法	文献来源
基于"儒、法、道"传统文化和哲学思想的管理研究	基于儒家思想的研究	以儒家思想为理论基础，提出了"工作场所儒家传统价值观"（Confucian Traditional Values at Workplace，CTVW）的概念	问卷调查	王庆娟和张金成（2012）
		"关系"（Guanxi）不仅影响员工的行为，同时影响组织间的竞争策略，对关系的内涵、操作化及意义进行梳理，整理关系研究的脉络，并探讨关系研究的前景	研究述评	张晓洁和王海珍（2014）
		面子倾向是解释道德威胁对消费者生态消费行为影响的一个重要过程	实验研究	施卓敏和郑婉怡（2017）
		中国传统的儒家文化倡导"仁者爱人"等伦理思想，对中国企业捐赠行为具有显著的促进作用	二手数据研究	徐细雄等（2020）
		"仁、义、礼、忠、孝、信"儒家价值观和"中庸"思想共同影响"买卖"双方建立商业关系的不同逻辑，基于此建立了顾客关系模型	理论研究	王丽娟和高玉平（2013）
		揭示了"施恩—知恩—感恩—报恩"这一以人为本的自组织机制如何组织村民共创性地解决乡村活动中出现的危机	案例研究和叙事研究	潘安成等（2016）
	东西方哲学思想的对比与整合	系统回顾了"矛盾视角"的管理学研究，将我国传统矛盾辩证理念和西方的矛盾概念结合，分析了管理矛盾的三种范式	理论研究	周禹等（2019）
		对人情关系和社会交换关系的比较分析，清晰地描述了中国文化的人情关系和西方文化的社会交换关系如何影响组织关系管理策略和员工关系偏好	理论研究	陈维政和任晗（2015）
基于本土管理实践的管理研究	基于"辱虐管理"现象的研究	从下属做人（政治技能）和做事（工作绩效）匹配的角度研究了管理者为什么辱虐下属	问卷调查	刘超等（2017）
		团队绩效与管理者的调节定向焦点会交互影响辱虐管理行为的产生	问卷调查	Fan等（2020）
		员工的趋向平衡策略和回避平衡策略能够有效增加领导对员工的权力依赖和减少员工对领导的权力依赖	问卷调查	Wee等（2017）
		逢迎是一种应对管理者辱虐的有效手段，但是这种"拍马屁"的方式必须在员工拥有较高政治技能的情况下才能真正发挥作用	问卷调查	刘军等（2009）

续表

研究主题		主要观点及结论	研究方法	文献来源
基于本土管理实践的管理研究	基于"公平与信任"现象的研究	员工拥有的某种公平信息（比如互动公平信息）模糊时，他会根据其他清晰的公平信息（程序或分配公平信息）来对这种具体的公平类型（互动公平）进行判断	实验研究和问卷调查	Qin 等（2015）
		陌生人对个体的帮助和信任会通过间接互惠，影响中国人信任（其他）陌生人的倾向	二手数据和实验研究	Yao 等（2017）
	基于"组织理论和创业"的研究	提出了一系列动态竞争概念，颠覆了已有竞争理论的基本假设，创建动态竞争理论	理论研究	Chen（1996）
		识别了孵化型裂变创业的主要特征，并构建了孵化型裂变创业的理论模型	案例研究	李志刚等（2016）
	基于"消费行为和服务管理"的研究	提出消费者低碳消费行为背后的心理动因：个体心理意识和社会参照规范	扎根理论	王建明和贺爱忠（2011）
		提出服务品牌内化概念，并构建由品牌识别、品牌内部营销和品牌内化的员工参与三个要素组成的服务品牌内化概念模型	扎根理论和内容分析	陈晔等（2011）
	基于"数字化"管理实践的研究	平台企业在试点阶段、复制阶段和扩张阶段通过不同方式实现数据赋能，以有效促进价值共创	案例研究	周文辉等（2018）
		数字创业生态系统遵循"多主体机会集开发共生关系"的IPO路径动态演进，并遵循自组织规律	案例研究	朱秀梅等（2020）
		提出从基于经验的产品研发转变为数据驱动的产品研发的两阶段转型模型，对"数据驱动"的内涵进行了创新性阐述，构建了数据驱动的产品研发转型理论	案例研究	刘意等（2020）

　　具体来说，本文首先提出了中国好故事的五项标准；其次从立足实践、理论对话和追溯文化三个方面探讨了国内外优秀的"中国故事"是如何发现和提炼研究问题的；再次分析了优秀"中国故事"是如何基于研究问题选择恰当的研究方法，并讨论了研究者如何通过研究问题与研究设计的匹配、研究变量的操作化等方面提升整体研究设计的严谨性；最后总结

了讲好中国故事的方法、研究者应具备的素质以及一些其他的策略。通过对国内外优秀"管理故事"和"中国管理故事"的分析和讨论，本文澄清了什么是中国管理好故事，并展示了讲好中国管理故事的方法和路径，为管理学者开展管理研究、构建本土化的管理理论、解决中国管理问题甚至世界管理问题提供了可以借鉴的思路和方法。

二、中国管理好故事的标准

Colquitt 和 George（2011）提出衡量管理好故事的三个标准：重要的、新颖的和令人好奇的。首先，一个好的故事所反映的本质问题是重要的，这种重要性主要体现为能回应与解决重大问题和重大挑战。例如，中国老龄化问题逐渐凸显，养老保障不仅是一个严峻的社会问题，更会成为国家全面建设小康社会的"短板"。李海舰等（2020）创造性地提出"时间银行"这一新型互助劳务养老模式，为解决世界养老难题贡献了中国智慧。

其次，一个好的故事是新颖的。新颖的故事能够为我们带来新知识，并改变特定文献中已经发生的"对话"。例如，传统的组织行为研究认为信任对员工的工作态度和表现具有积极作用，然而 Baer 等（2015）的研究却发现，被信任可能会增加员工的压力和情绪耗竭，给员工带来负面影响。Baer 等（2015）的研究改变了我们以往在信任文献里的"对话"，启发管理者在借助信任管理和激励员工时，重视信任可能产生的代价。

最后，好故事总能吸引人的注意力，始终让读者保持好奇心。一个吸引人且始终让读者保持好奇的故事不仅在于让人猜不到故事的结局，更在于让人始终有兴趣知道"为什么"。例如，Matta 等（2017）的研究提出了一个问题："领导者时而公平、时而不公平会不会比一直不公平更加糟糕？"这样的问题会引发读者的好奇心，让读者有兴趣进一步去探索答案。

毫无疑问，"重要性""新颖性""令人好奇"三项标准也是衡量中国管理好故事的基本标准。不过，以上三点尚不足以完全反映出什么是中国管理好故事。目前经管类的主流研究范式、研究哲学取向和基础理论依旧是西方主导，本土管理学者只是将西方的变量直接用于中国研究情境，或借由西方的理论逻辑解释中国的管理现象。我们并不否认西方理论的正确性，但是西方理论真的完全适用于中国的社会情境吗？

中国与西方在文化认同、社会发展阶段、政治制度和产业政策等诸多维度上存在巨大差异。在西方背景下被验证和推崇的理论，未必适合中国组织，生搬硬套可能会导致"用正确的方法解决不恰当的问题"。因此，中国管理好故事应立足于中国实践，发现中国经济社会发展以及组织管理中的真问题。另外，中国社会发展历经千年浮沉，文化宝藏多不胜数。从春秋战国诸子百家的争鸣，到明清时期晋商、徽商、潮商等商帮的兴起，再到近年华为、阿里、腾讯、海尔等企业的崭露头角，中国的传统文化与商业思想在历史的潮流中相辅相成，齐头并进。例如，中国传统的儒家文化倡导"仁者爱人"等伦理思想，对中国企业捐赠行为具有显著的促进作用（徐细雄等，2020）；陆亚东和符正平（2016）从中国哲学智慧中"水"的概念出发，建构了中国本土的水式管理理论，为推进中国管理理论的发展做了初步尝试；李平（2013）从中国哲学智慧出发，提出以"道""阴阳""悟"为核心内容的本土管理研究基础，为推动中国管理理论的发展指明了方向。

综上所述，衡量中国管理好故事的另外两个标准是：根植于中国文化土壤，立足于中国社会实践。中国管理好故事的标准能指导我们理解如何才能讲好中国故事。其实，管理学者讲述中国故事的过程就是将实践现象转化为研究问题，并通过研究设计解决问题的过程。因此，接下来我们将围绕提出重要的研究问题和进行合适的研究设计两个方面对一些优秀管理故事进行归纳和整理，为管理学者讲好中国故事提供一些启发。

三、讲好中国故事的根本：提出重要的研究问题

研究问题是讲述管理故事的起点，也是讲好中国管理故事的根本。一个好的研究问题能反映出中国管理实践的现状，并将特殊的管理经验总结为普遍适用的管理理论和知识，最终达到传播的目的；一个好的研究问题能让研究者准确加入特定文献的"对话"，对已有文献和理论进行挑战，修正已有理论的缺陷；一个好的研究问题能彰显中华文化的博大精深，包裹着文化内核的研究问题才更具有生命力和传播中国声音的价值。因此，

重要研究问题的发现和提出也应满足上述三点要求。

（一）立足实践

立足实践是指尝试提出并从学术理论上解决中国社会经济及企业管理的"大问题"或"真问题"。管理学是一门实践的科学，管理理论构建的目的是服务于管理实践（陈春花，2017；彭贺，2011）。好的问题是从实践中来的，由问题牵引出的理论最终需要接受实践检验。例如，开启管理理论新篇章的霍桑实验最初是为了通过研究工厂的照明条件和工作环境来提升生产效率，却意外发现人的心理和行为发挥着更加重要的作用，极大地挑战了古典管理理论，为现代行为科学奠定了基础（斯蒂芬·P.罗宾斯和蒂莫西·A.贾奇，2012）。由此可见，重要的、有价值的研究问题往往源于解决管理实践中的需要。

在管理学理论发展的过程中，一批中国学者扎根管理实践，从实践中发现了有价值的研究问题，并讲述了许多经典的中国管理故事。例如，华为、联想和海尔的战略实践同时具备简约性和复杂性的双重特点，这一实践现象引发本土研究者深度思考：本土新兴成长型企业的战略究竟应该如何设计？简约与复杂这一对具有矛盾性的战略设计如何融合指导本土新兴企业进行战略设计。最终，武亚军（2009）结合中国"威权""平衡"的文化思想提出了本土新兴成长型企业的战略双重性理论，即本土新兴企业需同时具备战略复杂与战略简练的双重特征，并对其应用策略进行了讨论，对企业战略实践提供了有益指导。

本文作者团队在企业调研的过程中发现了"辱虐管理"这一现象，由于中国社会高权力距离的文化特点和工厂中员工自我控制能力比较差的现实情况，一些制造型企业的管理者往往嘲笑、指责或侮辱下属，给员工身心健康甚至组织绩效带来极大威胁。基于这一实践现象，我们围绕辱虐管理展开了一系列研究，试图探究管理者为什么表现出辱虐管理行为，以及员工究竟该如何应对辱虐管理行为。例如，在影响管理者辱虐成因的研究中，Fan等（2020）的研究发现，团队绩效与管理者的调节定向焦点会交互影响辱虐管理行为的产生；刘超等（2017）从下属做人（政治技能）和做事（工作绩效）匹配的角度研究了管理者为什么辱虐下属，将宏观的规则适应与资源依赖理论应用于微观研究之中。在应对辱虐管理的研究中，刘军等（2009）则提出逢迎是一种应对管理者辱虐的有效手段，但是这种"拍马屁"的方式必须在员工拥有较高政治技能的情况下才能真正发挥作用；Wee 等（2017）进一步从权力依赖的理论视角并结合"趋向—回避动机理论"，提出员工的趋向平衡策略和回避平衡策略能够有效增加领导对员工的权力依赖和减少员工对领导的权力依赖，为遭受辱虐的员工提供了非常具体的应对策略（比如提升价值、扩展网络等）。

从上述研究案例可以看出，有价值的研究问题来源于研究者的实践观察。管理研究者可以通过直接经验（现场观察、工作经验）和间接经验（访谈、新闻）来获取现实的管理实践，并从管理实践中提炼出实践者关心的"真问题"。正如陈春花（2017）提到的"企业家的经验不能复制，研究出来的理论或知识可以复制"，只有从企业管理的经验和事件出发，才有可能提出有价值的研究问题，最终才可能产生能被复制和传播的管理理论与知识。

（二）理论对话

从实践中寻找管理现象是我们提出有趣研究问题的第一步，接下来我们需要回到文献中，寻找文献中与现象符合的构念、理论和逻辑，最终才能形成有价值的研究问题。只有回到文献中，我们才能真正将现象的本质抽象出来，并为实践现象在已经形成的管理知识中寻找一个恰当的位置，凸显研究的理论贡献并获得理论研究的"合法性"；也唯有将现象置于理论检视之中，才能真正了解这个现象是否被已有知识解决，明确研究问题的价值。

尽管将实践现象转化为理论问题是枯燥又充满风险的过程，但仍有大量的学者成功地将实践现象定位在文献中，为现象找到恰当的理论"位置"，并对相关研究领域做出了巨大贡献。例如，陈明哲创建的动态竞争理论（Chen，1996）。在实践中，陈明哲教授观察到企业间的竞争行为是动态而复杂的，但是回溯竞争的理论却发现，已有的战略理论对竞争的描述都是静态的。实践现象和理论文献的矛盾让陈教授持续不断地思考"竞争究竟是什么"，正是对竞争本质问题的反复思考，陈教授最终提出了一系列动态竞争理论，颠覆了已有竞争理论的基本假设。

在微观的组织行为领域，公平感的形成一直是一个复杂的问题。虽然我们普遍认为员工会利用环境中与公平相关的信息进行公平判断，但 Qin 等在对公平进行研究时发现，现实生活中员工并非总是能够获得清晰的信息进行公平判断，他对员工在公平信息模糊时员工的公平感是怎么形成的这个问题非常感兴趣。当他回到文献中时，他发现公平研究都假设员工会拥有充分信息进行公平判断，这与实际情况背道而驰。最终，Qin 等（2015）发现，员工在拥有的某种公平信息（如互动公平信息）模糊时，会根据其他清晰的公平信息（程序或分配公平信息）来对这种具体的公平类型（互动公平）进行判断。Qin 等的研究通过实践观察及比对理论和实践的"差距"，挑战了组织公平研究的一个基本假设，即员工总是拥有清晰的公平信息来进行公平判断。

从这些学者的经历中我们能够发现，从实践出发，并将实践现象放在理论文献中何其重要。由于理论构建的简约性要求，每个理论都有适用的边界，每个理论的有效性也都建立在一定的基本假设之上。通过理论和实践的持续激荡和对比，我们往往能够发现理论成立的基本假设可能是违背现实情况的。当我们找到能够弥补理论存在的基本假设的缺陷时，我们就能对已有的理论形成巨大挑战，弥补已有理论的漏洞，并最终形成我们研究的理论贡献。

（三）追溯文化

追溯文化是凸显组织行为的"独特性"或"历史性"的手段，使研究问题更加契合中国情境。中国拥有 5000 多年的历史文明，文化积淀早已渗透到每个中国人的血脉中，影响着中国人的思维模式和行为方式。组织中的个体虽然受到市场规范和组织规范的约束，但企业的运作以及员工的行为深受传统文化浸染。例如，"关系"（Guanxi）不仅影响员工的行为，还影响组织间的竞争策略（张晓洁、王海珍，2014）。管理学者讲好中国故事，追溯传统文化是一条重要路径。

随着本土化研究运动的开展，越来越多的研究者对文化衍生的管理现象产生浓厚的兴趣。例如，王庆娟和张金成（2012）以儒家思想为理论基础，提出了"工作场所儒家传统价值观"（Confucian Traditional Values at Workplace，CTVW）这一概念，认为 CTVW 本质上是一种以关系和谐为核心的儒家关系导向，包括遵从权威、接受权威、宽忍利他和面子原则四个维度。王丽娟和高玉平（2013）则基于儒家价值观建立了顾客关系模型，施卓敏和郑婉怡（2017）在研究道德威胁对消费者生态消费行为的影响时，也发现护面子倾向是一个重要的解释过程。除了儒家思想，道家思想也深刻影响本土管理学者的研究。Zhang 等（2015）基于道家"阴阳平衡"的思想提出了"悖论式领导"（Paradoxical Leadership）的概念，帮助管理者掌握在复杂、动态和竞争环境中赢得竞争优势的领导策略，为解决管理者面临的不同需求和矛盾提供了一个整合性的思维方式。这些研究基于儒家的"和谐思想"和道家的"平衡思想"，开发了具有中国本土特色的学术构念。这些学者没有直接将西方概念应用于中国情境，而是深入发掘具有中国文化色彩的构念，并对其进行操作化，为解决情境性的问题和普适性的问题提供了中国思路。

恩情，是中国情理社会中一颗耀眼的明珠。尽管西方研究者在心理学的层面围绕感激（Gratitude）这一概念开展了大量研究，但潘安成等（2016）的研究独具匠心地从中国乡村日常互动活动出发，深刻揭示了"施恩—知恩—感恩—报恩"这一以人为本的自组织机制如何组织村民共创性地解决乡村活动中出现的危机。与"感恩"思想一样源远流长的中国传统思想还有根植于儒家和法家文化中的"敬畏"思想。莫申江等（2015）基于传统思想中的"敬畏"框架，结合社会学习理论对山东老家餐饮公司开展了案例研究。他们构建了全面的组织伦理体系（包括伦理领导和伦理问责，伦理领导对应"敬"的一面，而伦理问责呼应了"畏"的一面），并构建了不同层面伦理体系对员工离职影响的"涓滴效应"模型，为破解员工离职困局提供了一个崭新视角和有效框架。

深挖传统文化不代表否定西方的管理思想，东西方的管理思想和文化并无优劣之分，只是反映了不同文化背景下个体的行为模式的差异。例如，陈维政和任晗（2015）对人情关系和社会交换关系的比较分析，为我们清晰地描述了中国文化的人情关系和西方文化的社会交换关系如何通过影响组织关系管理策略和员工关系偏好，最终塑造组织文化形态和员工态度和行为。周禹等（2019）则系统回顾了"矛盾视角"的管理学研究，将我国传统矛盾辩证理念和西方的矛盾概念结合，分析了管理矛盾的三种范式，为组织管理、组织创新和变革等研究领域提供了新的研究思路。通过东西方文化结合的方式，既能够凸显传统文化的精华，又有助于将传统文化推广到国际舞台，提升其国际认可度。

通过回顾这些学者的研究，我们发现将实践现象提炼的理论问题放在特定文化（道家、儒家、法家）背景中进行思考，能够提升研究问题的深度并且让我们对研究现象产生亲切感和共鸣感。简单来说，文化可以增加研究问题的厚度，升华实践现象背后蕴含的思想。

四、讲好中国故事的关键：进行恰当的研究设计

恰当的研究设计是进行科学研究的关键，也是讲好令人信服的中国管理故事的必由之路。恰当的研究设计不仅要求研究者对研究问题有深刻认识，同时要求研究者熟知管理研究的基本方法并能够根据研究问题选择恰当的方法进行设计，以保证研究问题被可靠地解决。另外，研究设计的严谨性也是科学研究和负责任研究的保障，研究者必须明白不严谨的研究设计有哪些具体表现，才能够在研究设计和执行的过程中有效规避这些错误，提升研究的严谨性。

（一）研究方法的选择

定性研究方法论和定量研究方法论是指导社会科学研究的两种基本理论取向或哲学原理。以唯物主义、经验主义和实证主义为基础，定量方法论强调确定性和因果推断，适合解决演绎性的科学问题，而定性方法论以相对主义、建构主义和人文主义为基础，适合解决归纳性科学问题（艾尔·巴比，2018）。基于此，社会科学研究者会选择不同的研究方法解决研究问题。

1. 定量研究方法及适用的问题

受实证主义研究范式的影响，定量研究方法是管理学研究的主流取向。接下来，我们主要以组织行为学为例对定量研究方法适用的研究问题进行梳理。组织行为的定量研究一般通过问卷调查获取数据，并采取不同的分析技术解决问题。早期的定量研究采用多层线性回归进行数据分析，如刘军等（2010）在解决政治技能前因的问题时，基于人格特质理论视角和社会学习理论识别出了人格特质和政治教导对员工政治技能的影响，并

采用多层线性回归的方法验证了理论假设。但是，随着研究从个体层面向更高层面（团队和组织）以及更低层面（事件）的拓展，传统的线性回归已经不能满足研究的需要，因此跨层次分析（Multi - Level Analysis）的方法被提出来解决这一问题。例如，Hofmann等（2003）在讨论领导—成员交换质量对员工安全公民行为的影响时认为，团队安全氛围会调节这一影响过程。由于团队安全氛围与主效应分别属于研究的团队层面和个体层面，因此他们选择了跨层的策略解决该问题。

为了进一步提升研究的严谨性，组织行为研究者在解决特定研究问题时选择了更为严谨的研究方法。例如，当研究者需要解决匹配问题时，传统的研究选择直接对匹配进行测量或对匹配双方的数据进行"相减"，随着分析技术的进步，多项式回归与响应面分析（Polynominal Regression and Response Surface Analysis）技术被应用于更加准确地描述匹配情况。例如，Cao和Hamori（2020）在研究员工对发展性工作的需要以及组织提供的发展性工作之间匹配对离职意愿的影响时，采用了多项式回归与响应面分析的技术解决这一问题。当然，多项式回归与响应面分析不仅可以应用于不同主体匹配的问题，同时也适用于构型问题的研究。比如，刘超等（2017）研究了员工工作绩效和政治技能的不同构型会影响领导的辱虐管理。

另外，随着经验取样法（Experience Sampling Method）的普及，越来越多的研究开始利用经验取样法捕捉个体变化性高的一些情感、态度和行为。传统的问卷调查不能准确描述个体情感和行为的每日变化，但现实情况却是员工的认知、情感、态度和行为可能每天都存在差异。因此，越来越多的研究采用经验取样法弥补以往研究的不足。例如，Lin等（2019）希望研究不同类型帮助动机对员工积极情感和后续帮助行为的影响时，采用经验取样法可以准确反映员工的情感变化以及帮助行为的每日差异。

除了问卷调查之外，组织行为研究还通过元分析（Meta - Analysis）进行量化的文献综述（Colquitt et al.，2001，2013），并利用实验法进行更为严格的因果推断（Qin et al.，2015；Yao et al.，2017）。不同的研究方法没有优劣之分，其本质是为了服务于研究问题的解决。因此，组织管理的研究不能为了追求方法的新颖和高端而滥用方法，还应回归研究问题，选择最适合解决研究问题的方法来进行研究，从而回归科学研究的"初心"。

2. 定性研究方法及适用的问题

虽然定量研究是目前组织管理研究的主流取向，但是我们可以看到的是，越来越多的期刊和研究者开始鼓励定性研究方法。定性研究适用于探索性研究，其最大优势在于我们对一个问题的认识不够清晰时，定性研究方法可以帮助我们找到问题的答案，甚至能够帮助我们构建和发展理论。内容分析法（Content Analysis）、扎根理论（Grounded Theory）和案例研究（Case Study）是管理研究中应用比较广泛的三种定性研究方法。例如，王建明和贺爱忠（2011）在探讨以往研究忽略的一个问题——低碳消费行为的心理归因时，运用扎根理论提炼了个体心理意识和社会参照规范两个主范畴，分别对应于认知学习和观察学习两个理论视角，对消费者为什么会产生低碳消费行为做出了回答。刘意等（2020）通过对韩都衣舍的纵向案例研究，提出从基于经验的产品研发转变为数据驱动产品研发的两阶段转型模型，对"数据驱动"的内涵进行了创新性阐述，构建了数据驱动的产品研发转型理论，通过案例研究实现了理论发展。

这些定性研究策略在多数情况下并不是单独使用，而是互相结合使用。在案例研究的过程中往往会用到内容分析的研究策略，也可能会用到扎根理论的研究策略。例如，陈晔等（2011）在讨论服务品牌内化的问题时发现，已有研究聚焦于产品品牌问题，然而对服务品牌的问题缺乏讨论，因此他们采用跨案例研究和内容分析策略对服务品牌内化的概念进行探索。李志刚等（2016）希望了解一种新的裂变创业模式——孵化型裂变创业，因此采用了单案例研究和扎根理论结合的方法，识别了孵化型裂变创业的主要特征并构建了孵化型裂变创业的理论模型。

随着混合研究方法论的产生，一些研究者开始同时使用定性研究方法和定量研究方法，主要包括三角校正设计（Triangulation Mixed Method Design）、嵌入式设计（Embedded Mixed Method Design）、解释式设计（Explanatory Mixed Method Design）和探索式设计（Exploratory Mixed Method Design）四种类型（Creswell and Clark，2010）。以组织行为学研究为例，解释式设计和探索式设计运用得比较广泛。解释式设计是指先基于特定理论逻辑进行定量研究设计，然后通过定性研究结果解释或扩展定量研究的结果。例如，Zhang 等（2019）在研究基于家庭的工作动机对员工创造力和工作产出的影响时，先基于自我决定理论设计了量化模型进行检验，然后通过定性研究扩展了基于家庭的工作动机对不同工作结果的影响和影响的具体过程。定性研究不仅补充解释了量化模型的研究结果，同时扩展了量化研究中基于家庭工作动机的结果及影响结果的具体过程。

探索式设计是先通过定性研究探索概念的内涵、结构、测量和理论逻辑，再设计定量研究进行验证。量表开发及模型检验是一种典型的探索式设计方式，此外，也有研究先通过主性研究确定研究的逻辑，再通过定量研究验证理论逻辑。例如，Chen 等（2019）希望了解当领导被信任时会有什么反应，因此他们围绕领导被信任感进行访谈，探索了领导被信任后会表现的不同领导行为及具体过程，然后进一步设计量化模型进行检验。

（二）提升研究的严谨性

严谨的研究设计是提升研究结果可靠性和可重复性的重要环节，也是做负责任研究的基础。Bono 和 McNamara（2011）认为，不严谨的研究设计主要体现为以下三方面问题：研究问题与研究设计不匹配、测量和操作的问题、研究模型的设计不合理。接下来，我们将通过介绍严谨的研究设计案例对上述三个问题进行深度剖析。

1. 研究设计与研究问题不匹配

在研究设计阶段，选择什么样的方式收集和分析数据取决于研究问题的界定。现实情况却是，很多研究的研究设计与研究问题是不匹配的。例如，管理学研究往往会提出"因果关系"的问题，但是在研究设计的过程中却收集了截面数据。不管使用何种分析工具，截面数据都无法验证因果关系（Bono and McNamara，2011）。因此，如果要进行强有力的因果推断，研究设计就应该采用纵向数据或实验数据。例如，为了提升研究的严谨性，建立合理的因果关系，Yao 等（2017）围绕"陌生人信任"的问题进行了四项实验和一个二手数据的实地研究，结合微观行为实验和宏观数据对文章的核心理论进行了反复检验，极大地提升了文章的可靠性和严谨性。

2. 测量和操作问题

首先，研究人员由于对现有测量工具的不当调整可能会导致构念的操

211

作化不能有效反映概念的内涵。为了提高调查对象配合的程度，研究人员往往会通过缩减量表长度实现。但是一些研究人员毫无依据地随意删除构念原量表中的测量题项，导致测量的有效性被大大降低。因此，一些研究者会依据因子载荷进行题目选择，比如选择因子载荷最高的若干道题目进行测量。例如，Hu 等（2018）在研究谦逊型领导对员工创造力影响时，对谦虚型领导的测量选择了原量表（9 题项）中因子载荷最高的 6 道题进行测量。Bono 和 McNamara（2011）给出了更为严格的操作方法，比如研究者可以在一个子样本或完全不同的样本中对两个测量方案（原始的和缩短的版本）的效度进行分析，以论证缩减版的量表能够同样好地预测与核心变量相关的其他关键结果。

其次，同源数据是导致可能的因果关系倒置和共同方法偏差（如评分者效应、背景效应等）的一个重要原因。因此，越来越多的管理学研究（尤其是微观研究）在数据收集时要求研究者收集不同来源的数据。由于数据的不易得性，一些研究者会选择补充实验的方法弥补研究缺陷，增强研究设计的可靠性。例如，Qin 等（2018）虽然运用经验取样法探索了辱虐管理对领导者本身的影响，但是评审对同源数据造成的潜在的因果倒置问题提出了质疑和挑战。为了解决这个质疑，Qin 等重新设计了两个实验室实验，最终以严谨、科学、翔实的设计与数据结果验证了他们构建的理论。

3. 模型设计问题

恰当的控制变量选择可以提升研究的准确性和澄清研究的贡献。Becker（2005）、James（1980）指出，应纳入的控制变量包含三个条件：理论或之前研究证明的与因变量有关的控制变量，与假设的自变量相关的控制变量，控制变量不是研究的关键和核心。不管是过多的控制或过少的控制变量，都会增加研究的 I 型错误和 II 型错误，因此研究人员需要选择恰当的控制变量，以保证研究的合理性。例如，Hu 等（2018）探讨谦虚型领导对团队创造力的影响时，控制了可能对团队创造力产生影响的其他领导方式（如变革型领导和授权型领导），这些领导方式与结果之间的关系都被以往的研究所验证，因此他们的研究结果能够明确指出谦虚型领导相较于其他领导方式对团队创造力的独特贡献。

另一点是对中介变量的控制决定了包含在研究中的中介能超越以往研究过的中介对主要逻辑的解释，最终反映出研究贡献是新颖的。例如，张亚军等（2018）在研究组织政治知觉对员工绩效的影响时，基于自我损耗的理论视角选择了资源损耗作为中介过程。但以往的研究已经证明社会交换理论和工作压力的视角能有效解释组织政治知觉的作用机制，因此他们控制了组织支持和工作压力，来验证资源损耗是新的解释机制，具有额外的解释力度。

只有进行严谨的研究设计，并选取恰当的研究方法，才能解决好研究问题，提升研究的稳定性和可靠性。唯有如此，研究者才有可能解决现实问题，积累科学的管理知识，讲好中国故事并发挥管理学的社会价值。

五、结语

通过回顾、整理和分析国内外期刊上优秀的中国管理故事，本文认为，讲好中国管理故事，实际上就是从管理实践现象中抽象出重要的管理问题，并通过合理的研究设计解决问题，最终讲述研究发现的过程。提出有价值的研究问题是讲好中国管理故事的根本所在，需要管理学者与管理实践者深度合作，从管理实践中提炼出实践者关心的问题；将研究问题有效定位于理论文献中，找到研究问题能够对理论发展产生的独特贡献，并从中国文化的角度加深我们对管理实践和理论问题的认识，深化研究问题的文化特征。提出有价值的研究问题后，研究者需要进行严谨的研究设计保证研究问题能够被准确、可靠地回答。在这一过程中，管理学研究者需要了解定量研究和定性研究的方法，明确何种方法适合所提出的研究问题，选择恰当的研究方法解决问题；同时管理学者需要保证解决研究问题的过程是可靠的、可以被复制的，这就需要我们注意利用恰当的方式收集数据、选择合适的样本进行调查、使用准确可靠的研究工具进行测量、挑选合理的变量进行控制，最终才可能得到准确、科学的研究结果。

徐淑英教授倡导"负责任的研究"（Tsui，2019），并获得大量管理学者的支持（Huang et al.，2020）。管理学者又该如何基于管理实践、管理理论和中国文化讲述中国故事，承担起管理学服务社会的责任？技术环境的变化（大数据、人工智能、数字化组织等）、自然环境的恶化（全球变暖、雾霾等）、社会可持续发展的挑战（资源枯竭、社会财富差距、腐败、利益相关群体等）、后疫情时代出现的新型工作模式（如居家办公、线上办公和虚拟团队等）都是新时代涌现出的管理现象，这些现象背后有一系列亟需解决的研究问题。比如，组织如何与利益相关者（如员工、供应商、顾客、社区等）打造"命运共同体"的伙伴关系以谋求共赢？政治、经济、文化和社会环境对企业战略选择产生何种影响？如何创新管理工具和管理模式以适应远程办公或虚拟团队的需要？如何进行工作设计以降低职场压力和焦虑，提升员工幸福感？组织和管理者如何减少工作场所的"工具性导向"，实现"世界和人类心灵更加美好"的研究愿景？管理学者应当行动起来，结合自己的研究兴趣和研究优势，从管理实践中捕捉研究现象，将实践现象与相关理论文献进行对比和分析，并利用中国传统文化的智慧（如阴阳平衡、悟性思维、和谐、中庸等）来提炼有意义的研究问题，发展适应时代和社会需要的管理制度和管理工具，帮助解决中国当前或未来管理实践的现实问题。

当然，本文也存在诸多局限。我们仅仅选择一些国内外优秀的研究案例进行剖析，并希望能对什么是中国管理好故事及如何讲好故事进行实践方面的启发。我们对案例的选择具有一定的主观性，可能在某些领域涉及较少，且受篇幅所限，我们的案例选择不够全面。另外，在研究设计部分我们主要以组织行为研究为例，辅之以战略、组织理论和营销领域的研究，因此对研究方法的讨论不够全面。希望未来研究能通过内容分析法或文献计量手段对国内外重要期刊的中国管理故事进行量化的分析，并对不同领域研究设计和方法进行系统整理，得出更为可靠的研究结论，为中国及世界管理研究者了解本土管理研究提供一个窗口，激发大家研究中国现象、解决中国管理问题的兴趣。

讲好中国管理故事绝非易事，理论发展涉及学者主体性、激情和理论自觉，即在自身感受到的中国重要研究问题基础上（个体主观性）进行科学严谨的研究（客观性），然后整个学术共同体才可以为更好地推进中国管理知识贡献各自的力量（主体性与集合性）。这要求管理学者具备强大的洞察力和感知力、深厚的理论积累、娴熟的研究方法、缜密的逻辑推理以及概念化能力，更需要管理学者秉承负责任的态度，研究管理实践中的真问题，利用严谨的研究程序创造科学知识，在国际舞台上发出中国管理研究的声音，造福企业、社区和人类。

参考文献

［1］ Baer M. , Dhensa – Kahlon R. K. , Colquitt J. A. , et al. Uneasy Lies the Head that Bears the Trust：The Effects of Feeling Trusted on Emotional Exhaustion ［J］. Academy of Management Journal, 2015, 58（6）：1637 – 1657.

［2］ Becker T. E. Potential Problems in the Statistical Control of Variables in Organizational Research：A Qualitative Analysis with Recommendations ［J］. Organizational Research Methods, 2005, 8（3）：274 – 289.

［3］ Bono J. E. , McNamara G. Publishing in AMJ – Part 2：Research Design ［J］. Academy of Management Journal, 2011, 54（4）：657 – 660.

［4］ Cao J. , Hamori M. How can Employers Benefit Most from Developmental Job Experiences? The Needs – Supplies Fit Perspective ［J］. Journal of Applied Psychology, 2020, 105（4）：422 – 432.

［5］ Chen M. J. Competitor Analysis and Interfirm Rivalry：Toward a Theoretical Integration ［J］. Academy of Management Review, 1996, 21（1）：100 – 134.

［6］ Chen X. W. , Zhu Z. , Liu J. Does a Trusted Leader Always Behave Better? The Relationship Between Leader Feeling Trusted by Employees and Benevolent and Laissez – Faire Leadership Behaviors ［J］. Journal of Business Ethics, 2019, 170（3）：615 – 634.

［7］ Colquitt J. A. , Conlon D. E. , Wesson M. J. , et al. Justice at the Millennium：A meta – Analytic Review of 25 Years of Organizational Justice Research ［J］. Journal of Applied Psychology, 2001, 86（3）：425 – 445.

［8］ Colquitt J. A. , Scott B. A. , Rodell J. B. , et al. Justice at the Millennium, a Decade Later：A Meta – Analytic Test of Social Exchange Andaffect – Based Perspectives ［J］. Journal of Applied Psychology, 2013, 98（2）：199 – 236.

［9］ Colquitt J. A. , George G. Publishing in AMJ – Part 1：Topic Choice ［J］. Academy of Management Journal, 2011, 54（3）：432 – 435.

［10］ Creswell J. W. , Clark V. L. P. Designing and Conducting Mixed Methods Research ［M］. 2nd ed. Thousand: SAGE Publications Inc. , 2010.

［11］ Fan X. L. , Wang Q. Q. , Liu J. , et al. Why do Supervisors Abuse Subordinates? Effects of Team Performance, Regulatory Focus, and Emotional Exhaustion ［J］. Journal of Occupational and Organizational Psychology, 2020, 93 (3): 605 – 628.

［12］ Hofmann D. A. , Morgeson F. P. , Gerras S. J. Climate as a Moderator of the Relationship Between Leader – Member Exchange and Content Specific Citizenship: Safety Climate as an Exemplar ［J］. Journal of Applied Psychology, 2003, 88 (1): 170 – 178.

［13］ Hu J. , Erdogan B. , Jiang K. , et al. Leader Humility and Team Creativity: The Role of Team Information Sharing, Psychological Safety, and Power Distance ［J］. Journal of Applied Psychology, 2018, 103 (3): 313 – 323.

［14］ Huang X. , Chen X. P. , Hitt M. , et al. Management and Organization Review special issue on "Responsible Leadership in China and Beyond: A Responsible Research Approach" ［J］. Management and Organization Review, 2020, 16 (1): 215 – 220.

［15］ James L. R. The Unmeasured Variables Problem in Path Analysis ［J］. Journal of Applied Psychology, 1980, 65 (4): 415 – 421.

［16］ Lin K. J. , Savani K. , Ilies R. Doing good, Feeling Good? The Roles of Helping Motivation and Citizenship Pressure ［J］. Journal of Applied Psychology, 2019, 104 (8): 1020 – 1035.

［17］ Matta F. K. , Scott B. A. , Colquitt J. A. , et al. Is Consistently Unfair Better than Sporadically Fair? An Investigation of Justice Variability and Stress ［J］. Academy of Management Journal, 2017, 60 (2): 743 – 770.

［18］ Qin X. , Huang M. P. , Johnson R. E. , et al. The Short – lived Benefits of Abusive Supervisory Behavior for Actors: An Investigation of Recovery and Work Engagement ［J］. Academy of Management Journal, 2018, 61 (5): 1951 – 1975.

［19］ Qin X. , Ren R. , Zhang Z. X. , et al. Fairness Heuristics and Substitutability Effects：Inferring the Fairness of Outcomes，Procedures，and Interpersonal Treatment when Employees Lack Clear Information ［J］. Journal of Applied Psychology，2015，100（3）：749 – 766.

［20］Tsui A. S. Editor's Introduction – Autonomy of Inquiry：Shaping the Future of Emerging Scientific Communities ［J］. Management and Organization Review，2009，5（1）：1 – 14.

［21］Tsui A. S. Guidepost：Responsible Research and Responsible Leadership Studies ［J］. Academy of Management Discoveries，2019，7（2）：1 – 20.

［22］Wee E. X. M.，Liao H.，Liu D.，et al. Moving from Abuse to Reconciliation：A Power – Dependence Perspective on When and How a Follower Can Break the Spiral of Abuse ［J］. Academy of Management Journal，2017，60（6）：2352 – 2380.

［23］Yao J. J.，Zhang Z. X.，Brett J.，et al. Understanding the Trust Deficit in China：Mapping Positive Experience and Trust in Strangers ［J］. Organizational Behavior and Human Decision Processes，2017，143：85 – 97.

［24］Zhang X. N.，Liao H. Y.，Li N.，et al. Playing It Safe for My Family：Exploring the Dual Effects of Family Motivation on Employee Productivity and Creativity ［J］. Academy of Management Journal，2019，63（6）：1 – 17.

［25］Zhang Y.，Waldman D. A.，Han Y. L.，et al. Paradoxical Leader Behaviors in People Management：Antecedents and Consequences ［J］. Academy of Management Journal，2015，58（2）：538 – 566.

［26］艾尔·巴比. 社会研究方法（第2版）［M］. 邱泽奇，译. 北京：华夏出版社，2018.

［27］陈春花. 管理研究与管理实践之弥合 ［J］. 管理学报，2017（10）：1421 – 1425.

［28］陈维政，任晗. 人情关系和社会交换关系的比较分析与管理策略研究 ［J］. 管理学报，2015（6）：789 – 798.

［29］陈晔，白长虹，吴小灵. 服务品牌内化的概念及概念模型：基于跨案例研究的结论 ［J］. 南开管理评论，2011（2）：44 – 51 + 60.

［30］高子茵，宋继文，欧阳林依，等. 因时乘势，与时偕行——小米模

式背后的时间领导力［J］.管理学报，2019（11）：1581-1592+1600.

［31］李海舰，李文杰，李然.中国未来养老模式研究——基于时间银行的拓展路径［J］.管理世界，2020（3）：76-90.

［32］李平，杨政银，陈春花.管理学术研究的"知行合一"之道：融合德鲁克与马奇的独特之路［J］.外国经济与管理，2018（12）：28-45.

［33］李平.中国本土管理研究与中国传统哲学［J］.管理学报，2013（9）：1249-1261.

［34］李志刚，许晨鹤，乐国林.基于扎根理论方法的孵化型裂变创业探索性研究——以海尔集团孵化雷神公司为例［J］.管理学报，2016（7）：972-979.

［35］刘超，刘军，朱丽，等.规则适应视角下辱虐管理的成因机制［J］.心理学报，2017（7）：966-979.

［36］刘军，吴隆增，林雨.应对辱虐管理：下属逢迎与政治技能的作用机制研究［J］.南开管理评论，2009（2）：52-58.

［37］刘军，吴隆增，许浚.政治技能的前因与后果：一项追踪实证研究［J］.管理世界，2010（11）：94-104.

［38］刘意，谢康，邓弘林.数据驱动的产品研发转型：组织惯例适应性变革视角的案例研究［J］.管理世界，2020（3）：164-183.

［39］陆亚东，符正平."水"隐喻在中国特色管理理论中的运用［J］.外国经济与管理，2016（1）：3-14.

［40］莫申江，王夏阳，陈宏辉，等.由敬畏到人心：组织伦理系统破解员工离职困局的新视角——以山东老家饮食连锁公司为例［J］.管理世界，2015（2）：137-152，188.

［41］潘安成，张红玲，肖宇佳."破茧成蝶"：知恩图报塑造日常组织活动战略化［J］.管理世界，2016（9）：84-101.

［42］彭贺.管理研究与实践脱节的原因以及应对策略［J］.管理评论，2011（2）：122-128.

［43］施卓敏，郑婉怡.面子文化中消费者生态产品偏好的眼动研究［J］.管理世界，2017（9）：129-140+169.

［44］斯蒂芬·P.罗宾斯，蒂莫西·A.贾奇.组织行为学（第14

版）［M］．孙健敏，李原，黄小勇，译．北京：中国人民大学出版社，2012．

　　［45］王建明，贺爱忠．消费者低碳消费行为的心理归因和政策干预路径：一个基于扎根理论的探索性研究［J］．南开管理评论，2011（4）：80－89，99．

　　［46］王丽娟，高玉平．基于儒家价值观的顾客关系模型［J］．管理世界，2013（2）：180－181．

　　［47］王庆娟，张金成．工作场所的儒家传统价值观：理论、测量与效度检验［J］．南开管理评论，2012（4）：66－79＋110．

　　［48］武亚军．中国本土新兴企业的战略双重性：基于华为、联想和海尔实践的理论探索［J］．管理世界，2009（12）：120－136．

　　［49］徐细雄，龙志能，李万利．儒家文化与企业慈善捐赠［J］．外国经济与管理，2020（2）：124－136．

　　［50］张晓洁，王海珍．中国文化背景下管理中的"关系"研究综述［J］．管理学报，2014（7）：1087－1094．

　　［51］张亚军，张军伟，崔利刚，等．组织政治知觉对员工绩效的影响：自我损耗理论的视角［J］．管理评论，2018（1）：78－88．

　　［52］周文辉，邓伟，陈凌子．基于滴滴出行的平台企业数据赋能促进价值共创过程研究［J］．管理学报，2018（8）：1110－1119．

　　［53］周禹，刘光建，唱小溪．管理学"矛盾视角"的概念内涵与主要范式［J］．管理学报，2019（9）：1280－1289．

　　［54］朱秀梅，林晓玥，王天东．数字创业生态系统动态演进机理——基于杭州云栖小镇的案例研究［J］．管理学报，2020（4）：487－497．

如何开始你的经济学研究[*]

伦敦政经学院　Steve Pischke

一、做研究是艰苦的

甚至对最优秀的研究者来说，做研究也是艰苦的。没有模版，你要做的就是反复试验，不断摸索。最要命的是根本没有什么规则可言（包括我下面所要讲的任意一项）。

大部分的想法是会失败的。这告诉我们，要不断产生新的想法是必要的：从不断失败的想法中总能挑选出好的点子，不要因为偶尔的失败而沮丧。把你的想法大胆地讲出来。讲给你的同学、你的同事甚至不是经济学家也没有关系。

二、一个好的话题和研究问题应该是怎么样的

好的研究问题必须是：有趣的、原创性的、可实现的。一个折中：你所做的东西越是新奇，你做成它的可能性就越低。

经济学研究的三大类：

- 纯理论（Real Theory）：为他人提供一种分析的机制（mechanism）。
- 应用型（Applied Theory）：用经济学理论阐释特定的问题。
- 实证研究（Empirical Work）：检验某个模型或估计某个参数。

---

* 本文转引自 http：//zhuanlan. zhihu. com/p/19678390？ columnSlug = chosenshih。

我该怎么找到话题，或是产生一个好的想法：

- 去参加一些研讨会（Seminars），但是不要去太多（每周至少参加一次正式的研讨会或进行中"Work – in – Progress Seminars"① 的 Ph. D 研讨会）。

- 读但不要读太多顶级期刊（JPE、QJE、AER 或者 NBER 工作论文）论文的摘要。

- 读一些你研究领域的综述类的文章（"Journal of Economic Literature"［JEL］, Handbooks of Economics）。

- 读一些过去的期刊。

- 读一些差劲的期刊。

- 读一些其他社会科学的期刊。

- 读一些报纸。

- 互相交谈。

- 和不是经济学家的人讨论那些吸引作为经济学家的你的事件。

- 做实证的话，你得有一套好的设备。

- 没有什么是理所当然的。

做以上的这些事情之前，你是不是要先学习一下经济学。

不要指望从你的导师那儿得到一个好的主题。如果真要是个好的主题，相信我，我会自己留着的。

筛选想法。

和别人讨论一下你的想法。你或许会犯以下两种错误：

- 高估自己的想法（毕竟，他们是你"亲生"的）。

- 过于悲观（如果它生来就是完美的，别人岂不是早就做了）。

一个主题是否有趣不仅取决于你，还取决于这一行的其他人。对你的主管说出你的想法时，他（或者其他同事）也许会否决你大部分的观点，但是你要记住：我们是你的朋友，我们也是在帮你省去无用功。你总不想等到一个就业市场的研讨会上或一次论文审核中你的论文才被毙吧？

筛选也许需要做以下的工作：

---

① 是指报告进行中研究的 Seminar，主要听取一些让研究进展得更远的意见。

- 这个方案最好的情况是怎样的？
- 这个方案最坏的情况是怎样的（即便这样它仍然是个可出版的论文吗）？
- 这个方案的成本是什么？寻找数据或者数据入口，编程工作，证明某个定理等。
- 两周的工作使你从这个计划中得到什么？简单地分析易得的数据，写下最简单的模型等。如果它浪费你太多时间才能有所发现，一定要确定，你的上级（最好也包括你的其他同事）认为这是一项值得的时间投入。

三、开始你的研究计划

谋定而后动。开始时不要拘泥于细节，要着眼于整体。一旦你接触到细节，每周花一些时间想想你的整体规划。问题因时而变，你的研究可能会显示，回答另一个和你刚开始时不同的问题。

准备好把一切没有用的、会分散你对整体规划注意的想法丢弃。你想要的最终产品应当包括你 Ph. D 期间最好的成果，而不是所有的东西。

研究的过程往往不是线性的：可能会经常遇到艰难，也会有貌似没有一点进展的时期，但是也会有取得巨大进步的时期。

在初期，最好同时考虑多个想法。有时你会为某件事停滞不前，这时你最好先把它放下去做一些其他的事。如果你有个非常好的计划，思路明确，可行性很好，那么就把所有其他的事情先放下只关注这一件事情吧。

四、安排你的学术生活

研究是需要时间的，确保你每周能留出充足的时间专注于你的研究。你得研究必须贯穿于你的生活——这的确是一个不能停的活动。

不要让其他的事情取代：因为研究是艰难的，所以你很容易会在能立即给你满足感的事情上花费更多的时间，像教书、研究助理、选另一门课程、读太多书、上网。

不要拖延：一旦你开始了一个好的课题，一个经济学中的典型写作计划应该在 6 个月内得出一个草稿（但是要量力而为）。

不要做一个完美主义者：制定一个现实的目标。

五、在 Work – in – Progress 研讨会上展示你的论文

记住你的目标：获得别人对你作品的反馈。这不同于你之后参加的也是展示你作品的学术研讨会。

- 告诉我们你的作品，而不是其他人的作品（文献综述）。
- 尽量让你的介绍简短些（一定控制在 5 分钟内）。
- 鼓励我们作评论。（我在这卡住了，我有什么还可以改善的？对于这个问题，我还能采取什么替代性方法？）在你做展示前想想几个你想要得到答案的问题。
- 你有一个小时。控制你的时间。确定我们有时间评论你想获得反馈作品的所有方面。
- 获得了反馈意味着你就要对你的作品进行修改了，往往这是困难的。有时这意味着你必须舍弃你已经努力几周的成果（这给你的打击可想而知，记住沉没成本！）所有这些的目的是最后将事情做得更好，尽管这意味着要付出更多。

管理本土研究的基准点与范式[*]

武汉工程大学　吕　力

在《管理世界》"3·25"倡议中，李志军、尚增健特别呼吁中国学者"立足中国实践，借鉴国外经验，面向未来，着力构建有中国特色、中国风格、中国气派的学科体系、学术体系、话语体系，反对照抄照搬外国模式。坚定学术自信，反对崇洋媚外"。作为回应，我们认为必须厘清"本土管理研究的基准点"，改进"本土管理研究的范式"，否则一切倡议都只是口号，所有一切将依然如故。本文试图对上述两方面的问题做一些梳理，供后续研究者在此基础上进一步深化探讨。

一、管理研究的基准点

管理学与经济学是相近学科，但据公认的看法，经济学的体系自洽性与严谨性要远优于管理学。美国管理学会前主席巴尼说："管理学中组织理论的研究，早期是从心理学和社会学借用理论，建立了人际关系学派；后来从社会学和政治科学中借用概念，建立了权变理论和资源依赖理论；最近，从生物学中借用概念，产生了种群生态理论。"McGuire 直接指出，由于管理学理论来源繁杂，导致管理学家"根本无法就实践中管理学者们究竟应该做什么、该如何去做达成一致意见"。

近来，关于管理理论研究与实践脱节问题的呼声在学术界越来越高

---

　* 原载《学者的初心与使命》（经济管理出版社 2020 年版）。原文由微信公众号"工商管理学者之家"2020 年 4 月 1 日发表（https：//mp. weixin. qq. com/s/Exdsg9UNnhCdl3kTXc4_ Pw）。

涨。学界翘楚如美国管理学会前主席徐淑英教授也一再强调"理论的严谨性与切题性"。然而一到具体的研究，强调"理论的切题"，则变为散乱的假设，难以形成完整的体系；强调严谨，则结论就近乎常识，几乎对实践没有启示意义。

反观经济学，之所以较好地达到"严谨与切题"的平衡，我们认为，是因为经济学研究有一个很好的基准点和参照系。众所周知，几何学就是在几条公理基础上建立起来的稳固的、不可推翻的、精确优美而适用的体系，而经济学仿照此种方法，也将其大厦建立在几条有限的基本假设之上。基于基本假设或参照系，就可以形成一套内部逻辑严密、自洽的理论体系。反观管理学理论，"相当多文献在研究假设、概念化方式和结论方面都是不一致的。管理领域的文章在对理论概念进行详细描述之前，常常需要花几页纸来澄清以往研究中那些相互冲突的理论观点、概念框架和研究结论"。

从此出发，管理学研究要摆脱目前的困境，既不是刮起"全部面向实践"的一阵风，也不是再次退回到"书斋式的、自娱自乐的"所谓"严谨"的研究，而是要认真思考管理学作为一门学科的内涵、外延、基准点、参照系与范式体系。

二、管理科学、管理技术与管理哲学

区分管理科学、管理技术和管理哲学是厘清管理学研究范围的极为重要的问题，如果将三者混为一谈，我们可能根本不知道研究什么以及如何去研究。换言之，以上三者具有不同的研究对象和研究范围；三者虽然都称"管理"，但有不同的内涵和外延。

德鲁克曾提出著名的"管理的本质不在于知，而在于行"的观点，明确指出作为管理科学的"管理之知"在管理实践中的局限性。他说："当管理科学首次出现时，管理人员曾为之欢呼。从那以后，出现了一种崭新的职业——管理科学家。他们有自己的专业协会，有自己的学术杂志，在大学、商学院中有管理科学这门学科，但是，管理科学却使人失望，迄今为止，它未能实现其诺言，并没有为实际的管理工作者带来革命性的变化，事实上，很少有管理人员重视它。"德鲁克以上论断佐证了对三者进行区分的重要意义。

（1）求真是科学的目的。按照传统的说法，科学是用仔细的观察和实验收集的"事实"和运用某种逻辑程序从这些事实中推导出的定律和理论。在伽利略看来，建立符合事实的理论——这就是科学，科学问题起源于人类在认识世界中产生的困难。具体到管理领域，管理科学的目的是在求真的过程中获得"管理之知"。

（2）致用是技术的目的，技术问题起源于人类在改造世界以符合人类需要的过程中实际遇到的困难。与科学问题不同，要解决人们在改造世界中产生的矛盾，就需要从现存的东西推理到现时还不存在的东西（如技术工具、解决方案等），而不仅仅是对现存的东西进行解释。具体到管理领域，管理技术的目的就是"致用"，通过制定一系列的工具、手段、规则等来实现管理的具体目标，这可称之为"管理之术"。

（3）当我们逐一清楚了计划、组织、领导与控制之后，也许我们仍然不能实施管理，再往下一层，当我们弄清楚了SWOT、环境、目标之后，也许我们仍然不能实施一个完整的计划。换言之，管理是一个整体，而管理哲学的对象便是作为"一个整体的管理"，如儒家的管理是在建立"修身、齐家"的基础上——它相信人们心中内在的力量；法家的管理基础则是"势术法"——它相信没有奖罚便不可能产生任何结果。就西方国家而言，科学管理学派认为，管理一定是可量化的，也必须量化；管理学经验学派认为，管理就是经验的总结和积累；管理过程学派认为制度重要；人际关系学派认为关系重要。至于从整体论上考虑，究竟何者更正确或更有用，这正是管理哲学研究的范畴。

基于以上考虑，我们需要反问自己：我们所说的改进范式，更加严谨或更与实践切题，究竟是哪个层面的问题？如果所站的角度不同，答案可能完全不同——如果你站在管理哲学的视角，那无论如何努力，都不可能达到量化的严谨；如果你站在管理科学的角度，可能无法要求每一篇论文都"那么切题"；如果你站在管理技术的角度，那么"不切题"则可能是致命的。

三、管理的"小学"与"大学"

如果我们以中国学问划分法来对管理学进行归类，可以将管理学研究划分为"小学"和"大学"。"小学"与"大学"的区分最早来自朱熹，但现在一般的理解是：小学，即"考据、训诂、音韵"等学问手段，而大学则是"义理之学"。以此视角，则：

（1）西方当代管理主流研究方法是"小学"的研究方法。实证主义方法是管理学当代主流研究方法，实证研究方法的一般过程是：提出假设、收集数据、验证假设，它不涉及一般的管理理念，即使涉及也通常需要将这些一般的理念变成可以操作的变量。这与乾嘉之学在一字一句上的考据、训诂有异曲同工之妙，反观"义理"之学，则不大纠缠在一事一物上的考辨，义理之学重视的是理念和价值观。

（2）西方当代主流管理学无法处理"复杂的管理辩证"问题。管理是一个综合性、系统性的社会问题，许多问题难以量化、许多边界条件并不清晰、很多未来情况无法预测、许多互有优劣的决策难以取舍。面对这种情形，西方当代主流管理学通常会束手无策。正如精深的小学研究也无法系统回答修齐治平的问题一样，西方当代主流管理学从其范式上就无法应对"复杂的管理辩证"问题。

综合以上考虑，西方主流实证的研究方法确实存在很多空白点（本文一再指出的是，西方当前主流管理学研究如此，而西方经验主义学派可能不是这样），尤其需要强调的是，这些空白点是这种方法论所固有的，正如"小学"不能用于研究"义理问题"，而"大学"则不适合于"考据"。因而，其解决方法不是将"小学"改造为"义理之学"，将"大学"改造为"考据之学"，而是视不同的情形采用不同的方法。我们注意到学术界近来不断强调减少"数学模型"的使用，但我们的观点是，"大学"可以不用数学模型，而管理的"小学"（实证）确实要使用数学模型，甚至在某些情况下，我们现在使用的数学模型不是多了，而是少了。

四、本土管理行为的若干基本假设

前已指出，理论丛林状态导致的大量视角不一、互相矛盾的理论，绝不会构成一个逻辑自洽的理论体系，而这一问题的解决方法就是"回到理论的基本假设"，学术界的探讨应该在"一个或有限的几个基本假设"的基础上进行。基于此，本文尝试提出中国本土管理研究的三个基本假设：

（1）集体主义假设与个体主义假设。集体主义应看作中国人管理行为的"基本假设"，这意味着，根据韦伯的观点，集体主义虽然并不恒定，而是混乱的、分散的、时有时无的，然而它在中国人的管理行为是不能忽略的因素（Kuale，1996）；集体主义是一种应然状态，即中国人的组织中，管理者认为组织成员"应当"是集体主义的，并以此出发对组织进行管理（Cochrane，1972）。

（2）责任假设与权利假设。中国人的组织生活首先强调的是对于组织的责任，而西方人的组织生活首先强调的是组织不能强迫成员，组织成员的奉献应限制在契约范围之内。正因如此，西方才会研究契约之外的"组织公民行为"，而组织公民行为对于中国人的组织而言是"应当的义务"，杨百寅教授称之为"主人翁意识"，它虽然在表现形式上与"组织公民行为"类似，但其出发点不同。

（3）人治假设、法治假设与关系思维。通常认为，东方民族传统上偏好人治的治理方式，而西方民族传统上偏好法治的治理方式。反映到组织的治理中，本文认为这一基本假设仍然基本正确。

法治假设在组织管理中的体现是西方组织更重视成文的规定，不随意修改已经确定的规则、规定，而中国组织中存在模糊的规定、规则随处可见，管理者应对的方式是"变通"。当然，本假设并不表明中国本土组织中完全没有成文的规定以及自始至终的执行，而是中国人传统的思维方式就是"人治"与"变通"，与"变通"类似的"灰度思维"甚至写进了华为的"基本法"。中国本土管理中的"关系"就来自人治假设，正因为人治的存在，因而"情感的"或"情感与利益相混合"的关系才能在组织生活中发生作用，这是"中国式关系"与西方社会关系的重大差异。

需要强调指出的是，基本假设类似于韦伯的"理想型研究"。韦伯指出："理想型式是通过着重强调一种或数种观点，通过综合许多混乱的、分散的或多或少出现而又不时消失的具体个别现象而构成的，它是根据那些着重强调的观点化成统一的分析结构而加以分类整理的。"因而，理想型式不可能处处贴合于实践，但是这些理想型给我们提供了很好的参照。例如，在主流经济学中，"人的自利性"就是一条根本假设，而这一假设绝非正确。

五、实证、行动与循证相结合的综合范式

实证范式、行动范式以及使用不多的循证范式是管理学研究的不同范式。根据本文前述，显然它们之间有很大的差异，不可相互混淆也不可能相互替代。但是，我们认为，对同一对象分别进行上述研究，研究结果之间互相借鉴、比较，甚至将某种方法得到的结论用另一种方法进行检验，则是有可能的。我们将以上这一套方法称为实证、行动与循证相结合的管理学研究范式。这一套"杂糅"的体系可以在其内部各种方法之间相互取长补短，达到目前学术界所呼吁的"既严谨又切题"的目标，事实上，我们认为，这是达到上述目标的唯一方法。具体的程序读者可以参看《实证、行动与循证相结合的管理研究综合范式》一文，我们在此只作简单部分的介绍：

（一）行动可以作为一种检验

管理行动亦可以作为检验实证结论的一个手段。事实上，Kvale 就提出过案例研究的实用效度概念：即关注研究者的理论、主张或行为使真实世界发生的变化。Argyris 在《行动科学》一书中指出：主流科学家专注于描述世界的存在而不是去改变它，但自相矛盾的是，这样的方式无法描述有关这个世界的重要特征：这些特征包括了通过保护既存现状来对抗改变的防御性行为。如果只是观察和等待，我们永远都不可能得到这个有关防御性行为的有效描述。因此，如果我们能在传统实证研究之后增加一部分内容，即以实际行动及其效果作为检验，则既无须全面否定或颠覆实证研究，又将大大提升传统实证研究的实践相关性。

（二）行动可以作为一种数据

新近的实证研究也采用时序数据，这些时序数据当然与某一种行动相关，但传统实证研究没有意识到行动本身就是数据。在具体的研究中，实证研究往往将行动的一部分抽离出来，而"维持其他变量恒定"。事实上，行动本身是一个复杂的过程，甚至包含多种情境化的、伦理的决策，要想将某一种变量毫无影响地抽离出来是不可能的。传统实证研究还是将行为作为一种辅助，它的重点不是研究行动本身。

因此本文强调的行动研究是对行动本身的研究，在行动的过程中，人们根据情形的变化主动选择甚至临时变更行动方式，而老旧的实证研究则生硬地强调行为效果的测量。借用经济学研究方法的术语，对时序现象的传统实证研究属于比较静态研究，而行动研究则应属于纯粹动态研究：其目的不是变量关系，而是探讨如何改变。因此，我们可以对传统的、主要基于统计归纳或者控制性实验的传统实证研究做一些调整，直接对行动进行研究，不仅将行动效果，而且将行动本身作为一种数据来源。

（三）行动可以作为一种证据

主流实证研究方式在证据使用方面的不足主要有两点：①对证据严谨性的强制性要求。要求所有证据必须经过实证检验，如此一来，证据只能来自已有实证研究论文或研究者亲自进行的调查研究。如此，大量最近的商业实践被排除在实证研究之外。②对证据类型的要求。因为上述第一条原因，实证研究必须采用实证结论，而实证结论绝大多数情况下又是关于变量之间静止关系的描述，因此大量包含前因后果的行动数据被排除在外。

在所有学科之中，首先是临床医学通过循证的手段大幅度扩展了证据来源的范围：之所以如此，是因为医学本身的极端复杂性——现代生物学并未完全揭示人类生理的奥秘，人类所能达到的认识甚至是极少的，对于相当多数量的疾病，人们并未认识其致病的机理，而临床医学要求医生要尽最大的可能治愈疾病，这就使实际的治病过程并非完全是根据现有规律的纯粹演绎推理，因此临床医学不得不采用大量未经严谨实证研究的经验证据。管理学与临床医学的情形相当类似，管理学中也存在大量未经实证的经验证据，而实际的管理过程又不容许管理者等到学术界总结出规律后再加以实施。

因此，本文建议，即使在实证研究中也可以使用有关行动的经验证据，当然在使用时应尽可能地对行动证据发生的环境、准确性进行分析性评价。事实上，即使在关乎人生命的临床医学中，医生也是这样做的——与其坐等相关生理学研究的结果，不如在一定程度上进行试探性尝试。

参考文献

［1］ Ansombe G. E. M. Intention ［M］. England：Basil Blackwell，1957.

［2］ Argyris C. ，Putnam R. ，Smith D M. 行动科学 ［M］. 夏林清，译. 北京：教育科学出版社，2012.

［3］ Cochrane A. L. Effectiveness and Efficiency：Random Reflections on Health Services ［M］. London：Nuffield Provincial Hospitals Trust，1972.

［4］ Dewey J. The Quest for Certainty ［M］. New York：Minton，Balch，1929.

［5］ Kvale S. Interviews：An Introduction to Qualitative Reseach Interviewing ［M］. Thousand Oaks，CA：Sage，1996.

［6］吕力. 案例研究：目的、过程、呈现与评价 ［J］. 科学学与科学技术管理，2012，33（6）：29 - 35.

深入中国治理现实的调查研究
构建中国特色的公共管理学科体系

管理世界杂志社　王群光

20世纪80年代以来，在新老学者的共同努力下，中国的公共管理学科取得了长足的进步，学科体系不断健全，研究队伍不断壮大，研究水平和创新能力不断提高，取得了丰硕的成果，同时也为党和国家的政策科学化建设做出了一定贡献。

当前，国际国内环境发生深刻变化。从国际环境看，当今世界正经历百年未有之大变局，国际格局发生剧变，从新冠肺炎疫情的暴发引发全球范围的公共卫生危机，逆全球化、世界各国民粹主义活动会日益高涨，我国面临的国际环境日趋复杂。从国内环境看，处在"两个一百年"奋斗目标的历史交会期，我国取得了脱贫攻坚战的全面胜利，历史性消除了绝对贫困，正昂首阔步迈在民族伟大复兴的光荣路上。同时，我国进入新发展阶段，改革进入攻坚期和深水区，进入关键之年，许多重要的改革决策箭在弦上，社会经历广泛而深刻的变革，各类风险和挑战不断增多，各种深层次的矛盾和问题频发。这些都给公共治理提出了新形势下的新要求。如何做好乡村振兴有效衔接，如何更好地实现共同富裕，如何实现双循环格局下的高质量发展，如何在新发展阶段更好地保障和改善民生、促进社会公平与正义、提高政府科学决策的水平，推进国家治理体系和治理能力的现代化，都是新征程上所面临的重大挑战，都是时代赋予我们公共管理学科的学术命题和历史使命。

当前的中国公共管理学科呼吁重大、原创、颠覆性、世界性的思想和理论贡献。过去大规模引进和学习西方理论越来越行不通了。社会科学研究涉及文化和文明的背景，有意识形态和话语体系的问题。西方理论不是普适的，而是带着西方的价值判断和理论取向。因此，难以解释中国复杂的治理现实，难以回应中国当前的治理需求，难以指引中国未来的治理变革，难以形成有特色的中国学派。

同时，公共管理学科研究中也存在一些共性的问题。许多的研究不能帮助我们理解真实世界的治理，不能为我们探索公共治理的规范价值提供启发，因而无法弥合理论与实践脱节的鸿沟。许多研究都还是停留在"空调房中使用罐装数据"，缺乏深入的调查研究和广泛的一手数据收集，致使这些研究缺失经验事实的支持，是脱离公共治理实际的。还有一些研究虽然有比较扎实的经验资料，但却缺乏科学适当的研究方法运用，研究浅尝辄止，没有形成一个具有理论意义的概念和分析框架，没有从经验事实中构建一个与事实相符的理论框架。

2016 年 5 月 17 日，习近平总书记在全国哲学社会科学工作座谈会上指出，着力构建中国特色哲学社会科学，在指导思想、学科体系、学术体系、话语体系等方面充分体现中国特色、中国风格、中国气派。

要建设有中国特色、中国风格、中国气派的公共管理学科，要开门搞研究，有批判性地继续借鉴和学习西方学科发展中的成果和经验。更要立足本国现实，体现继承性和民族性，更要体现原创性和时代性。理论的生命在于创新，而理论创新只能从问题开始。问题又存在于中国丰富的治理现实之中。探寻丰富治理现实的重要工具就是调查研究。

"没有调查，就没有发言权"，这是毛泽东同志在 1930 年 5 月《反对本本主义》一文中提出的著名论断。邓小平同志曾说"要把调查研究作为永远的、根本的工作方法"。习近平同志多次强调"调查研究是谋事之基、成事之道"。回顾中国共产党，面临着一系列新征程上的重大挑战，带领全国人民在革命、建设和改革各阶段积累了成功决策经验，这无一不是对这一工作方法的贯彻，事关成败的重要决策都是在全面深入调查研究的基础上做出的。

2021 年 9 月 1 日，习近平总书记在中央党校（国家行政学院）中青年干部培训班开班式上发表重要讲话，指出"坚持一切从实际出发，是我们想问题、作决策、办事情的出发点和落脚点。从实际出发，前提是深入实际、了解实际",而"要了解实际,就要掌握调查研究这个基本功"。要找准问题、有的放矢,科学地确定调查研究的重点和关键,开展系统的调查研究。

不通过调查研究,很难提出一个好的问题。学术研究不能仅建立在理论、意见、直觉、感情和空想的基础上,必须接地气,直面复杂的现实问题;学术研究人员不能在空调房中刻舟求剑、闭门造车,必须进行全面深入的调查研究。一个好的问题应当具有"经验质感",而"经验质感"无法通过理论阅读和课堂学习获得,是需要大量的实践才能习得的研究技艺。只有通过深入的调查研究,才能真正了解地方、基层和群众在改革方面做的有益探索,才能了解人民群众反映强烈的热点难点问题,才能保证学术研究问题的真实性,学术研究成果的科学化,才能真正提高学术研究的质量。

坚持调查研究是对马克思辩证唯物主义和历史唯物主义认识论基本观点的坚持。理论源于实践,又用来指导实践。只有通过深入实际的调查研究,获取大量一手资料才能客观全面地掌握真实情况,才能找到真正的学术问题,科学进行研究,保证研究的成功进行。

坚持调查研究也是贯彻群众路线的集中体现。学术研究也应当做到"从群众中来,到群众中去"。在调查研究中,深入接触群众,聆听人民的诉求,紧扣人民群众的生产生活,了解人民群众反映强烈的热点难点问题。在调查研究的基础上,全面地反映群众诉求,并体现到学术研究之中。"以众人之智思虑者,无不知也;以众人之力起事者,无不成也",凝聚群众智慧、集中群众力量,更好地做到亲近群众、联系群众、服务群众。

做好调查研究,要有政治站位。政治方向是开展调查研究之根。好的调查研究要求具备坚定的政治站位,强化责任担当,把牢政治方向,站位政治立场,坚持政治原则,坚定政治道路。

做好调查研究,要实事求是、敢于担当、坚持问题导向。在不断地学习和自我革命中,增强使命感、责任感和忧患意识,胸怀"国之大者",关心关注我国的现实问题,直面经济社会发展面临的重大理论和实际问题,重点围绕国家重大战略需求,开展前瞻性、针对性、储备性的学术调查研究，深入研究影响和制约经济社会持续健康发展的突出问题和事关改革发展稳定大局的重点问题。

做好调查研究，要找准问题、有的放矢。在开展调查研究之前，要科学地确定调查研究的重点和关键。在开展过程中要善于反思和总结，及时根据实际情况调整调查研究的方向，务求透过现象看本质，抓住真问题。

做好调查研究，必须要切实做到深入实际、深入基层、深入群众。一要发扬不怕苦、不怕累的奋斗精神，不驰于空想、不骛于虚声。习近平总书记多次号召"扑下身子、沉到一线，迈开步子、走出院子，到车间码头，到田间地头，到市场社区，亲自察看、亲身体验"。二要贯彻群众路线，坚守人民情怀，与人民群众"打成一片"，真正融入群众中去，把人民群众放在心上，让人民群众"掏心窝子"。三要花大力气、下真功夫，对实际情况做系统的调查研究，认真听取各方面的意见，做到点面结合，力求掌握全面、真实、丰富、生动的一手材料。

做好调查研究，还应与时俱进、不断创新。在传统的走访、蹲点等调查方法的基础上，运用现代化手段，通过新媒体、大数据等方式，创新探索适合我国国情的调查研究理论和方法，多层次、多方位、多渠道了解真实情况。

做好调查研究，要形成常态化的制度体系。在预算、组织和人力等方面对学术研究予以保障和倾斜。同时也要大力展开调查研究相关的培训，积极培养从事调查研究的专业人员，建立相关培训体系，重视新理论、新方法的应用，提高学术研究人员的调查研究水平，提升调查研究的科学性。

当前，我国经济社会发展进程波澜壮阔、成就举世瞩目，蕴藏着理论创造的巨大动力、活力、潜力，要深入研究世界和我国经济社会面临的新情况、新问题，为公共管理学的创新发展贡献中国智慧。要关注实际问题，研究总结中国经济社会发展的伟大实践，立足我国的国情和发展实践，揭示新特点、新规律，提炼和总结规律性成果，把实践经验上升为系统化的理论。

新时代的公共管理学者应当胸怀"国之大者"，践行历史担当，关注经济社会发展中的重大问题、关注人民群众强烈诉求的现实问题，在学术研究中"大兴调查研究之风"，走群众路线，为建设开放、竞争、可持续发展的公共管理学科体系做出自己的贡献，推动构建中国特色、中国风格、中国气派的公共管理学科体系、学术体系、话语体系。

现实·理论·证据[*]

——谈如何做研究和写论文

上海交通大学　陆　铭

　　我今天讲座的题目是《现实·理论·证据》，如果你们听完之后明白了我为什么这样摆放三个词的位置，我想你们就听明白我所讲的意思了。我这样安排今天要说的内容：首先简单讲一下关于如何做研究，然后具体讲在写论文的过程中应该注意的问题，其中会穿插一些例子。

一、如何做研究

（一）选题（Topic）

　　做研究碰到的第一个问题是选题。我们首先要区分选题和问题的差异。经常会有学生来问我怎样做一个研究，我就问他想要研究什么问题，同学就会列出一些关键词，比如教育、农业等。这些关键词严格说来不是你要研究的问题。关键词只是你研究的话题（Topic），距离你研究的具体问题（Question）还非常远。走完了 Topic 到 Question 的距离，你才迈出了研究的第一步，可以真正地开始一项研究了。选题要注意以下三个方面：

　　第一，你对什么感兴趣。如果对一个问题不感兴趣，你很难做出出色的研究。做一项研究的时候，一定要去论证自己的研究是重要的。怎么去论证研究问题的重要性？就是这个问题的研究能改进人类社会、能为人类

---

　　[*]　本文节选自 2006 年 11 月 13 日作者在复旦大学的演讲。原载 http：//wenku. baidu. com/view/0abf6ad5c1c708a1284a44de. html。

带来福利。接着问下去，这样的问题从何而来？那就要看我们能不能超越个人的喜乐、得失去关注整个社会的前途和命运，这就是兴趣的来源、一个好的经济学家应该有强烈的人文关怀和社会责任感。好的研究起点是好的问题，这是成功的一大半。从这个意义上讲，做人和做学问是一致的。如果你不去关注对社会大众重要的问题，你十有八九做不成出色的学问；如果每天都想着争名夺利，就做不成出色的研究，因为你关注的问题对大多数人不重要。

第二，你要对这个问题有所理解，去选取你觉得重要的方面。确定研究的方向后要根据自己的理解去关注更小的方面。如在涉及"三农"问题上，如果你觉得土地问题是最关键的，你已经往前走了一步。再接下来，你又认为关注"在工业化和城市化进程中，农村劳动力流向城市后，怎样使他们失去土地而获得社会保障"是重要的研究课题。如果你从"三农"问题出发，缩小到土地问题，再缩小到"如何用土地换保障"的时候，你已经从 Topic 过渡到 Question 了。

第三，你关心的问题为什么重要。主要体现在两个方面：理论上的重要和实践中的重要。最好的研究是两者兼有。我不能排除有些杰出的文章，是在理论上重要而实践中不重要，或者实践中重要但理论上不重要的研究，特别是经济学里那些在方法论上有开创性工作的研究，往往有学术和理论的价值，而没有直接的社会实践意义。

（二）问题（Question）

如何提出问题？一定要注重去观察现实生活中的 Variance。Variance 这个词对于经济学的理论和实证研究都非常重要。

对于实证研究，数据里的 Variance 构成了计量经济学的基础。因为如果没有 Variance，数据就没有变化，数据没有变化就没有办法看清两个变量之间的关系。

在理论上也非常重要，要想看出事物之间的联系，就要去比较两个观察对象，发现它们之间有差别，比如它们存在制度的差别。然后你又观察到它们另外还有差别，去思考这两个差别之间是否有关系。比如，印度是一个民主的社会，但是它这个民主的社会是一个混乱的民主社会。有的经济学家称印度的民主是"坏"民主，而中国有一个政治集权的结构。但是中国的增长率很快，印度的增长率比中国慢。这在实证上是什么？当你看到一个制度变成另一个制度的时候，作为经济增长的另一个变量是否跟着变了，这是实证的基础。从理论上讲，你要解释的就是增长绩效的差异与制度差异是否有关。

理论和实证只是研究现实规律的两种方式而已，本质上都是在找差异。理论和实证研究只不过是识别两种 Variance 之间关系的方法而已，本质思想都源于现实世界。提高经济学修养，就是要不断地从现实世界中找差异，不断地思考这个差异和那个差异之间有没有什么关系。如果你发现的关系是一个在理论上没有被提出来的关系，这就是你的理论发展创新机会。如果你发现的这个关系是在实证上没有用数据来说明的关系，这就是你实证研究的基础。

下面我们谈谈创新。理论和实证的创新没有太大的本质差别。

理论上的创新，第一要解释新的现象，第二要提出新的思想。在经济学的研究里，"解释新的现象"很像从实践到问题的思维方式。先去看现实，当现实出现一个新的现象不能被理论解释时，你就找到了一个问题。还有一种研究思路是从文献到问题，纯粹从文献角度来看它有什么问题没有解决，我们就去解决，跟实践关系不大。很少有人是从文献开始找到这个研究路径的。这是学生非常容易犯的错误，把自己关在家里读书，不去关注现实世界，这是不行的。

实证上的创新第一是要发现新现象。对于实证研究来讲，发现一个新的现象本身就是一个思想的创新。比如我和陈钊、万广华做收入差距和经济增长（Inequality and Growth）的实证研究。在亚洲发展模式和拉美发展模式的比较中，经济学家发现，亚洲和拉美有收入差距的差异。拉美收入差距比较大，而亚洲的收入差距比较小。另外一个差异是，拉美的经济增长慢而亚洲的经济增长快。经济学家就猜想：有没有可能不平等的加剧会导致经济增长放缓？文献没有讲过。在发展经济学里，文献只讨论在经济发展过程中经济发展对于收入差距有什么影响，而没有人去讨论收入差距如何影响经济发展。大家知道在 1993 年、1994 年以后的几年里，国际上顶尖的经济学杂志上连着出了几篇文章——现在被认为是这个领域研究的经典文献——就是用一些跨国家的数据，发现收入差距果然对经济增长有影响。这就是重大发现。前面我们提到过，理论创新来自解释新的现象，你会发现这些文章中有些有实证也有理论，有些只有实证。实证对于理论的发展也有帮助，其重要性在于可以为理论研究开拓新的空间。

（三）文献（Literature）

确定了问题之后接下来你要去阅读文献。首先要学会合理地利用网络，学会利用关键词。关键词太多出来的文献太少，关键词太少则出来的文献太多，所以一定要选取三到五个合适的关键词。另外，大家要从经典的相关文献或者同一问题的综述论文去找文献。

要看好相关的论文。我建议大家把文献根据它的相关程度分成三类。第一类的文章，在 100 篇里面至少占 50%。这类文章相关性不强，你只要看摘要就可以了。它们大概能够帮你知道你的研究在文献中所处的位置；有些文章里面有一个表格、有一个数据，能够在你的文章里有所引用，或者支持你的论点。这些文章你可以看得很快。

第二类文章就是跟你的文章相关，但从它的技术路线、它所关注的问题来讲，与你的文章又不是直接相关的。我们做 Inequality and Growth 这项研究的时候，是要做一篇实证文章。那这里面就涉及 Inequality and Growth 理论文章。我要知道的是这些理论是什么样的逻辑，它们怎么做，模型的起点是什么，它们得到了一个什么样的结论。在 100 篇里面，这些文章大概占了 20 篇。这类文章一定要看，但是没必要从第一个字看到最后一个字。

第三类文章，100 篇里面是 5～10 篇。这几篇文章就是对你的研究来讲是最相关的，因为它们几乎研究的是同一个问题。你的研究跟这些文章相比较，你的贡献是边际上的。对这几篇文章，你不仅要从第一个字看到最后一个字，而且你要看很多遍。

另外，如果你去做一个研究，你发现第三类文章没有，或者有 30 篇甚至 50 篇，这本身就是个非常坏的信号。相关的文献没有，就说明你很可能研究了一个大家都觉得不重要的问题，所以没有人研究。如果你发现篇篇文章都跟我的研究有关，你很可能研究了一个大家已经研究透了的问题。如果你发现，有 5～10 篇是值得你反复读并且读透的，读到这些文章里面用了什么样的模型，用了什么样的数据，相关的变量怎么度量，你都非常清楚的时候，你就找到好的起点了，你可以往下做了。而且，当你做完这个题目以后，你会发现你就是这个小领域的专家。

少看书，多看论文。经济学和别的社会科学最大的不同，就是经济学是一个不断在发展的学科。它跟政治学和哲学不一样。政治学和哲学是要读经典的。政治学和哲学的学者，很可能一辈子就写一本书。比如约翰·罗尔斯（John Rawls）的《正义论》，这一本书就奠定了他在学术界的地位。经济学是不行的。特别是当代，已经很少有人靠一本书在经济学界立足了。通常是论文发表以后，结集成书。国外，特别是在美国的经济学界，一篇论文从写出来到发表，前后经历五年时间是非常正常的。从论文结集到出版，又有两年时间。所以当你看到书的时候，你可能看到的是七八年前的研究了，还怎么站在学术前沿？所以，我们在做研究的时候就需特别注意这个问题。

二、如何写论文

在中国我们可以做的研究分成三类。

第一类，我认为要把真正属于中国经济的事实给搞清楚。特别是在我们的教科书上、在西方经济学已经成熟的理论里面，所描述的那些事实——每一个事实都足以拿到中国来重新反思一下，这个事实是不是在中国同样也成立。我们可以大量地去运用实证和案例的方法。我特别要强调的是，你把中国的事实搞清楚了，实际上就为经济学理论和知识的发展作出了贡献。

我举个例子，就是我跟张爽合作的研究社会资本和市场化之间关系的文章。大家知道，"社会资本"（Social Capital）这个概念，是由社会学引入经济学的，它是一种非市场的力量。那么，这种非市场的力量在市场经济里起着什么样的作用呢？它跟市场力量之间是互补的，还是互替的呢？在美国找不到这个问题的答案，中国就提供了一个很好的机会，因为中国处在转型的过程当中。比如，我们生活在沿海地区，内地的市场化程度要比沿海低多了。从这样大的空间差异里面去看，在具有不同的市场化程度的地方，社会资本是不是在发挥着不同的作用？这是对于中国非常重要的事实。在搞清楚事实的同时，实际上就可以帮助我们去发现社会资本这个非市场的力量与市场有什么样的关系，这本身在学术上就是一个大家不知道的问题。

第二类，要用一个理论来解释中国的现象，而且是到目前为止既有理论没办法提供解释的现象。比如地区性的市场分割和战略性分工，这是我们做的另一个研究。在现实生活中你会发现，中国各个省份之间，包括同一个省的不同市之间的市场是分割的。林毅夫老师认为，这是因为计划经济时代遗留下的资源配置低效率，在改革开放后又体现为企业低效率，于是地方政府就要通过分割市场来保护低效率的企业。这只解释了由计划经济时代所造成的市场分割，可是我们发现很多重复建设和市场分割是在改革开放以后产生的。这不仅是既有的理论里没有被解释的现象，而且是林毅夫老师提供的比较优势理论也无法解释的现象。

这就促使我跟陈钊老师从战略性的分工角度来解释这样的现象。对于一个弱的地区来讲，它通过构建一个完整的工业体系，至少可以达到两种目的，只要实现其中一个，对它来讲就是划算的，从而使分割市场和重复建设成为理性的。第一个目的是赶超。落后地区发展一些暂时没有比较优势的产业，如果学习的速度足够快就可以赶上那些比较发达的地区。赶不上也不要紧，还有第二个好处，我有了一个足够的经济独立性后，Bargaining Power 就增加了，在争取中央财政政府投资的时候，就可以跟沿海地区有相近的谈判能力。即便没有哪一个省长跟我们说过，他就是这么想的，但是从理论上解释它的时候，实际上也可以找到一个解释这种问题的方式。然而这个问题的解释，其理论上的贡献在于既有的分工理论没有很好地解释在一个国家内部可以观察到的分工的低效率现象，而我们想做的，就是基于中国的现实，提供一个理论上的创新。

第三类，我觉得现在我们关注得不够。我建议大家，特别是经济学教师们，有的时候要做一做第三类文章。就是文章本身从学术上来说没有多少贡献，但是你可以用既有的理论来表达对于中国现实和政策的认识。

在很多现实问题上，经济学是一个"庸俗的"学科，因为经济学研究的这些话题每个人都认为自己很懂。不仅我们的哲学家懂，我们的政治学家、社会学家都懂。我们的政府官员也懂，我们的老百姓也懂。我要说的是，经济学者不敢说我们比他们更懂，但我们至少可以基于他们不了解的理论来提供一些不同的看法。我想，在这个世界上对同一个问题有不同的声音总是好事。现在中国的经济学家真的应该静下心来做一些这样的研究、公益性的研究。这些研究不能让你去拿奖，也不能让你把这样的文章发在很好的英文杂志上。但是，它对于中国社会进步的贡献和推动作用非常巨大。这就是本土的学生和经济学家，在经济学研究里可以做的三类研究，非常重要的研究。

（一）起一个好题目

在一篇论文的写作过程当中，你首先要起一个好的题目。这个好的题目要小，要简洁，而且要突出你的创新之处。一个题目能否引起别人的阅读兴趣，是很重要的，你可以适当地考虑趣味性。我举几个例子。《经济研究》上的一篇文章，叫"中国的地区工业集聚：经济地理、新经济地理与经济政策"。这个题目要传达出来一个什么样的信息呢？首先，这是一个中国的研究。其次，它是一个实证研究。因为，如果不是一个实证研究，就无所谓中国的地区工业积聚。我们的副标题突出了三个关键词。如果你熟悉文献就知道，新经济地理学或者空间经济学的发展，现在正处在一个已经有足够多的理论但实践研究不足的阶段。所以，这样的一个题目，你一看就知道，这是一篇做空间经济学的实证文章。实证研究的基础在哪里？就是我们的副标题，三个词，经济地理、新经济地理和经济政策。你一看就知道，这篇文章是要给新经济地理学提供实证依据，而且是在同时考虑了经济地理和经济政策的作用的情况下。

下面一个题目"教育的公平与效率是鱼和熊掌吗？——基础教育财政的一般均衡分析"也是同样的道理。正标题基本上是突出思想的趣味性，我们用鱼和熊掌的这个关系来打比方，解释教育的公平和效率的关系，两者并不是不可兼得的。我们的副标题点明了我们文章的方法。

我举这些例子是想告诉大家，起一个好的题目来传达文章的思想和贡献是十分重要的。

（二）写一个好的摘要（最后写）

接下来，我要说的是，怎么样写一个好的摘要。而且我特别强调摘要最后写，尤其当你还是个初学者的时候。当然，当你有了一定经验以后，你可以先写摘要。因为当你写好摘要后，你会发现在你接下来的写作中，在你写文献综述，在你进行模型构造，在你选取变量时，谁多写点谁少写点，谁放前面谁放后面，你心里就有把握了。

摘要要有概括性，要有主题，有创新点，要简要地指出自己的结论和发现，要讲到政策含义，但政策含义对于一篇学术文章来讲，不是必要的。要简洁，100~200字。1000字的摘要是不可取的。一个好的摘要200字就能把问题讲清楚，如果你的文章非常复杂，那么400~500字也一定能把问题讲清楚了，讲不清楚那么你只能再思考。最后是关键词，一定要切中要害。接下来，我举个例子。这篇文章是我和我的学生合作的《反思教育产业化的反思——有效利用教育资源的理论与政策》。

首先给大家看一个我改过的摘要，然后再看一个学生写的。"稀缺的教育资源应得到有效利用，而教育财政的分权、学校间的竞争和合理的价格机制能够提高基础教育资源的配置效率和组织效率。在一定程度上，通过教育券、奖学金和财政转移等机制向低收入人群和地区提供补贴，不仅有利于公平，也有利于效率。但过度地、不科学地追求公平，却可能损害教育资源的有利利用，甚至与追求公平的初衷相违背。本文对如何有效利用教育资源进行了理论分析，并对中国基础教育产业化的反思进行了反思。"

有效利用资源是经济学的核心问题，这是文章的主要观点。我们把效率拆成了两个：配置效率和组织效率。这句话中我们讲了两个道理，三个方法，意思是效率和公平是可以兼顾的，这是我们很重要的一个观点。

"关键词：基础教育、教育产业化、同群效应、效率、公平。"

下面是学生写的：

"在本文中，我们构造了一个有效利用教育资源的理论模型。我们认为，通过地方政府提供基础教育、允许私立学校的竞争以及政府设计合理的教育补贴制度，是能够同时实现教育资源的利用效率和教育公平的。在模型基础上，我们分析了目前教育改革内的一些认识误区和操作失当，并提出我们的合理建议。"

第一句话写得不错，我要批评的是最后一句话，这句话没有让人知道你要说什么。比较我前面那篇摘要——把我们的文章要说什么，机制和目标是什么都说清楚了——而后面这个摘要没有。

（三）引言（最后反复改，要高度重视）

我特别强调要高度重视引言。一定要非常清楚地在引言中交代如下几个问题：

第一，开门见山。本文研究了什么问题，直接在文章开头写。当你提出问题以后，你要去告诉别人为什么重要，这里面你就需要说明创新，这时你就要把你的文章和既有的文献作比较，这就涉及了文献评论。如果文献评论不是非常长，你可以把它简单地放在引言部分。如果比较长，可以把最主要的、最经典的、最有意义的放在这里，突出你研究的重要性和创新，其余放在第二部分文献综述中再去说。

第二，概括你的工作。很清楚地告诉大家你解决了什么问题，运用了什么方法，你的贡献与创新。接下来要交代论文的结构，通常是八股文的写法，比如本文第二部分写了什么，第三部分写了什么。

接下来我们再举个例子，是我和张爽刚定稿的一篇文章。我们研究了公共信任与劳动力流动的关系：

"中国社会在传统上属于低信任度的社会（Fukuyama，1995），正是因此，公共信任作为在一种长期互动中形成的社会资本是弥足珍贵的。在中国农村由传统社会走向现代化的过程中……对以上问题的思考和实证研究，不仅能让我们观察到农村公共信任在转型过程中的变化趋势，还能够为公共信任的影响机制提供证据，并以此为理解当代中国农村社会的变迁提供一个新的视角。"

这是第一段，第一句话我就讲了我们的研究为什么重要，第二段本文讲了哪些问题、研究的新意、思想和方法贡献：

"一项针对波兰的社会学研究（Sztompka，1999）发现，在经济转型中，人们的公共信任经历了一个先下降再上升的过程。……市场化又是如何引起公共信任的变化的？以上问题非常重要，但还没有得到研究者的足够重视。"（问题的新意）

"从理论上来说，市场化是中国农村传统社会所受到的一切冲击的根源，市场化将通过三个层面的作用机制来引起信任的变化，分别是：家庭层面的劳动力流动、社区层面的收入差距，以及宏观层面的市场化政策等

机制。"（思想的贡献）

接下来我们讲的是研究方法。

"本文将重点研究市场化在家庭层面的作用机制——劳动力流动对于公共信任的影响；与此同时，我们还将研究公共信任对于劳动力流动的影响机制，由此来清楚地解释劳动力流动与公共信任之间的相互影响，而这种双向的相互影响可能导致的估计偏误恰恰是文献中没有被充分重视的问题。"（方法的贡献）

这便是我在方法上的贡献。然后再概括一下结论：

"我们发现，在中国农村的市场化转型过程中，社区层面的劳动力流动会增加对农村当地的公共信任，而社区层面的公共信任又会减少劳动力流动。而且，我们还发现，社区层面的收入差距会减少公共信任，省级层面的市场化对于公共信任的影响则显示出和波兰的经验一致的'U'形曲线。"（主要发现）

由于得到的这些结论十分有趣，很容易让人了解这项研究的价值和贡献。

（四）文献综述（评论）

接下来是文献综述，如果你在引言中没有很好地引述，那么你在文献综述中应该做到以下几点：一是简要回顾相关研究的发展；二是要对既有文献作适当的"批评"（不能简单罗列，一定要结合自己的问题和工作进行比较）。评论既不要太过火也不要不够，不够说明你没贡献，太过火则不中肯，更不要为了批评别人，把你在自己的文章中也没解决的问题提出来。最好只评论你解决了的问题。你没解决的问题可能谁都解决不了，不要以为只有你知道，实际上很多人都知道。

文献评论的写法千万要根据你自己的研究来。当你知道你做的工作是什么的时候，文献综述十分好写。同学们觉得文献评论难写，是因为你们没有思考，当你思考后，你便知道一个问题什么重要什么不重要，什么是老问题什么是新问题。不理解就写不出来，理解了就十分容易。

（五）理论与实证

1. 理论

数学模型也好，用文字表述的理论也好，你首先要界定问题是什么，你要揭示的现象是什么，界定哪些行为人对这个问题是重要的。

　　之后你是如何去理解行为人的目标函数的问题。你放什么变量，什么是内生的，什么是外生的。这对你理解一个问题是十分重要的，而这也是数学不能告诉你的。

　　接下来的问题是，约束条件是什么。在每一个决策行为中，约束无非就是预算约束、资源约束，但在中国你要特别考虑制度约束。

　　你还要考虑结构性问题，我们刚才讲了行为人，你要考虑不同人是通过什么发生联系的，它是一个市场机制吗？如果是，又是个什么样的市场呢，完全竞争还是垄断？这些会成为你模型的起点。因为在不同市场上内生和外生变量是不同的，比如在完全竞争中，价格是外生的，而在垄断结构中却是内生的，是可以被企业控制的。你如何设定这个市场是竞争还是垄断，这也是数学本身无法告诉你的。实际上当你在把价格设定为内生或是外生的时候，已经表明了你对市场结构的一个判断。

　　此外，在行为人之间是否有可能存在非市场互动，这已经成为经济学研究的一个前沿课题。

　　最后的问题是研究的背景是什么样的社会政治制度结构。比如，我们最近研究的城乡分割还是城乡融合的问题，在中国是由城市的政府最大化城市居民利益来决定劳动力市场分割的政策，这个结构在我们的模型中是一个非常重要的条件和制度背景。

　　随后，用经济学静态的、动态的、比较静态的方法得出你的结论。复杂的数学有利有弊。一个数学方法复杂时，求解的难度就会增加，经济学研究总是希望模型和数据是可以处理的，而有一个办法就是减小变量的数量或者变量间的作用机制。运用复杂的数学方法，在边际上舍去一个变量或变量间的作用机制时，很可能这恰恰是十分重要的变量和机制，但当它被放进来时，模型可能就解不出来了。在我们做城乡分割到融合的动态模型时，我们原先想放进城乡差距扩大对资本积累的直接负面影响，但是我们发现模型解不出来，于是只能忍痛割爱。虽然我们在这篇文章中放弃了这个变量，但在接下来的工作中，我们可能会用静态的方法研究这种影响。

　　这里我要说明的问题是，一个问题好不好，不是由数学决定的。我经常会在拿到学生论文时问他们，这地方为什么要这样假设，为什么要放非线性函数而不放线性函数。他们答不上来。我指出这里可以放线性函数，他们的反应会是"这样会不会太简单？"可是，如果用一个简单的方法可以得到一个与复杂数学方法同样的结论，为什么要舍易求难？现在越来越多的文章倾向于简单的数学方法，因为比复杂的数学方法更重要的是你想讲什么故事。现在经济学发展的情况是基础的理论构建已经逐渐完善，对我们来说，更重要的是解释现实问题。然而如同我刚才提到的：并不是说只有复杂的数学才能告诉你一个真实的世界是什么样的。

2. 实证

你首先要知道你想看什么，模型背后的理论基础是什么，这些决定了你放什么变量。因为在不同的理论机制下，可以有不同的解释变量，这完全取决于你想看什么。我特别强调，要注意阅读文献，了解文献中的变量是怎么设置的、怎么度量的，十分重要。千万不要不知所以地往模型里塞变量。其次是数据，数据可以是截面的、可以是面板的，数据来源可以是公开的、可以是调查的。

实证模型的设定要跟着理论走。在实证研究里，经常被大家提到的问题就是内生性问题，这主要就是说你观察到的一个变量对另一个变量的影响并不一定完全是它对另一个变量的影响。比如，受教育程度高的人收入水平也高，但收入水平高是不是因为受教育程度高？不一定。因为受教育程度高的人，能力也高，所以这里面就存在一个估计偏误问题，属于遗失变量的内生性问题。我前面讲到的劳动力流动和公共信任之间的双向关系，就是联立性的内生性问题。两个实际变量有共同时间趋势，放在一起来看是相关的，但是只是因为它们有共同时间趋势而已，这是伪回归问题。关于不显著变量的处理问题，很多人喜欢把不显著变量扔掉，但如果这个不显著的变量是应该控制的，那么把它扔到了残差项里，就可能导致遗漏变量偏误。

最后一个问题是：R^2 高不高是不是问题？很多同学在做实证文章的时候常常问，我的 R^2 只有 $0.08 \sim 0.09$，也就是说，我的模型只能解释数据的 $8\% \sim 9\%$。我说恭喜你，已经不错了，因为在实证文章里有时 R^2 只有 0.05。R^2 是什么意思？也就是说，我们的模型能解释数据的 Variance 的多少，可能对于绝大部分的 Variance 的解释，经济学家是不知道的。

（六）案例

我特别强调案例研究。有的时候去研究一个问题时，你会发现对某些特定问题而言，它的事实可能是不清楚的。它的机制是什么？也不清楚。计量结果里，到底是什么样的机制在起作用？也不知道。那么，为什么选择的案例能解决我们提出的问题呢？这也需要我们仔细考虑。

我再来讲讲在研究"结束"以后的事。注意，我在"结束"上打了引号，很多同学认为做完理论模型和实证模型就结束了。我要说的是，在所谓的研究"结束"以后，你要对研究和发现有特别充分的解释，特别是数学模型中的经济学机制。换句话说，除了在数学上证明一个变量与另一个变量的关系外，你还要告诉我这个变量的关系代表了什么样的经济学机制。对于实证研究而言，同样也要注意，一个好的实证研究蕴含着一个故事。比方说，农村劳动力流动和公共信任的问题，我们要说明的是，农村劳动力流动进城以后，他的人进城了，但他的精神上实际上还依赖着原来的农村社区。

经济学正在回归，因为经过了一个长时期的发展，特别是第二次世界大战以后，经济学理论的发展已日趋成熟，大家越来越不去做放之四海而皆准的理论了，因为放之四海而皆准的理论讲完了，然后就要研究现实中的细节问题了。如果大家去回顾关于最近几届克拉克奖得主的研究，基本上都是应用微观的研究，而应用微观的主要研究方法就是微观计量经济学。所以，注重事实本身越来越重要。

（七）结论与政策建议

在论文的结论部分，我建议大家的是要准确，不能夸大。你不能总结出一个你的模型没有说明的结论。政策含义最好有，但不一定必要。如果有，一定要是严格基于理论发现的结论。不基于理论发现的结论，哪怕是正确的也不要说。因为你是在做科学的论文，而不是政策建议的报告。如果是后者，没问题，你可以基于别人的理论。有一个误区就是我们很多作者写文章，写了一大堆的政策结论，每一句话都对，但真正跟它有关系的没多少。

最后也可以提出若干未解决的问题，这在写文章时起到的作用有两个：一是在自己写完以后告诉读者这篇文章什么问题没解决；二是如果你的文章里存在缺陷，自己讲出来要比审稿人讲好，与其让审稿人讲，不如主动交代。此外，不要因为别人提到这是个有待研究的方向你就去做，因为作者这样写，可能是解决不了审稿人认为应该解决的问题，就跟审稿人讲您说的是对的，但这个问题已超出了本文研究的范围，我已经在文章的结尾将这个问题作为未来研究的方向提出来了。在理解别人提出的未来研究方向时，听听在这个领域的专家的看法非常重要，那些专家可以告诉你这些问题是否真的可以做。

（八）参考文献

参考文献的通常写法如下，要注明作者、年份、题目、杂志（或出版社）、期号、页码。参考文献的列法一定要规范，一定要注意你的参考文献的格式要统一。按照姓名来排序，把姓放在前面；正文里有的文献全要列。

（九）其他

注意你的文章的注释、附录和图表的格式，其中特别要强调的是图表。图表不要用阴影和颜色，因为绝大多数学术杂志是黑白印刷的。有些杂志的约稿信会说明，希望你提供的图表直接可以用来印刷。数据处理和有些推导过程放在附录里，不要进正文，否则会影响读者的理解和阅读，分散读者的注意力。在适当的地方可以注明感谢谁，如果文章曾经给相关领域的著名学者审阅过，不妨注明。

在语言上，要科学而准确地表达你的意思。大家写文章时会经常用一些不够准确不够科学的表达。

其一，缺乏严密的逻辑。改文章时一定要注意语言是否具有逻辑。比如，"中国的比较优势是劳动密集型产业，所以，政府应推动劳动密集型产业的发展"，这两者之间没有任何逻辑联系。

其二，缺乏准确的用词。大家喜欢用一些词，比如"非理性"。经济学的基础就是理性假设，人们通常所理解的非理性行为是可以基于理性的假设来解释的。"信息不对称"也是被大家滥用的一个词，在经济学里它是有严格定义的。"必由之路"这个词如果你要用，你一定要告诉我，为什么别的路走不通。"因为……所以……导致了……"这种词都不要轻易使用，因为这种因果关系在经济学里是非常难确定的，比较保险的是"……与……有关"。

其三，缺乏明确的表述。"在收益递增的情况下，技术落后的地区会选择暂时不加入分工体系，力图提高在未来谈判中的'威胁点'，进而分享到更大的分工收益"，这是别人引的我们2004年的一篇文章，引的是我们的文章，我自己都看不明白。写文章一定要写大白话，我曾在我的博客上说，一个人如果真的热爱知识，一定要重视多少人获得他的知识超过多少人认为他很厉害。请记住这句话，文章写到每个人都看得懂，就是你的本事。

最后我要提醒各位，当你对一个问题的理解达到一定程度，觉得文章可以往下写的时候，停一下，问自己一个问题，你是否清楚地知道自己的贡献是什么？为什么去写这篇文章？我们应该为自己的兴趣去做研究，为人类的福利去做研究，为学术和知识的进步去做研究。

怎样才能提出一个好的学术问题[*]

北京大学　凌　斌

一、从"弥尔顿的节制"谈起：坏的开始是失败的一多半

博尔赫斯在一篇评论中提到"弥尔顿的创作是有节制的，因为他感到无节制的创作会消耗他写诗的才能。他在三十六岁时写道，诗人应该是一首诗……在一张偶得的纸上（现在是剑桥大学收藏的手稿）记录着一百多个可能写作的题目，最终他选择了天使和人的死亡作为题目"。《福楼拜和他典范的目标》只写最值得写的题目，也许是一切伟大作家的本能。而对一个初学者来说，审慎选题即便不是出于对自己天赋才华的格外珍惜，也应当是论文写作的起码态度。

都说"好的开始是成功的一半"，从论文选题来看，坏的开始是失败的一多半。这些年参加开题、预答辩、答辩和各类评审，最大的感受是，学生论文写作的一切痛苦，都源自一开始就选错了题目。很多论文仅仅从题目就可以判定，是本科论文乃至硕士、博士论文根本处理不了的。大错一旦铸成，接下来就纯粹是在浪费学生和老师的时间和生命。每年三四月，我的同事们就在不断抱怨，指导学生论文实在是一种折磨。还有一位同事精确地给出了折寿年限：少活 15 年。每当此时，我就禁不住想，这些学生和导师商量开题的时候，为什么不选择一个力所能及的题目呢？为

---

*　原载《中外法学》2015 年第 1 期。

什么要到最后提交论文时才发现根本完成不了？我们的学生，也包括老师，往往缺少弥尔顿那样的节制和自觉。

选题的不当，除了缺少清醒的学术自觉，还有另一个重要原因——不懂得如何提问。提问是选题的前提。提不出问题，也就无题可选。学生所提的问题，多是从课堂和老师那里得来的。不是受到老师讲课的启迪，就是阅读教科书的感悟，甚或干脆就是老师给出的题目。这样虽然也可以交差、毕业，却是老师的本事，并不是学生真的通过了大学的基本训练。

从2010年起，我开始在北大法学院教授法学论文写作课程。此外，我在自己开设的专业课程中也做了一些尝试，主要是取消期中考试和期末答疑，改为"开题报告"和"预答辩"，借此给选课同学在选题方面多一些指导。经过这些年的教学观察，也结合自己的科研经历，我更加体会到提问和选题的重要性。这里所写的是一些最初步也是最粗浅的心得与思考。希望对初学者有所裨益，可以帮助学生少走些弯路。

二、提问的根与本：个人经验与理论积累

学生之所以提不出问题，并不是真的没有问题，相反，可能是问题太多，不知道从何问起。其实，从何说起都不要紧，关键是要"敢于"从自己在生活和学习中遇到的困惑出发，提出问题。个人经验再孤陋粗浅，也是一个人思考和研究的起点。正像叶圣陶先生说的，"不从这儿出发就没有根"（《怎样写作》）。一位美国学者给我讲过一个故事，他说，有一次科斯在伯克利大学做讲座，有同学向他提了个问题"怎么才能提出一个好问题"，科斯是一名杰出的经济学家、新制度经济学和法律经济学的奠基人，以会提问题而著称于世。那么，科斯是怎么回答的呢？他就是手指向下，指了指地面，意思是说，遍地是黄金，只要你向下去看，不要总是把眼睛盯着黑板和书本，盯着别人已经告诉你的东西，要从经验出发，用自己的眼睛去发现问题。

这类问题，就是我们日常学习生活中遇到的问题，因而在提笔之前，不妨先扪心自问，曾经有哪些问题萦绕心间，尤其是那些长久以来挥之不去的困惑，这类问题，有些在学习中会找到答案，但是，如果经过了一段

时间的学习和研究，还是不能解决自己的困惑，那就很可能是一个值得研究的问题。我们读书、上课，不要记那些书上可以找到的内容，要记的是学习过程中产生的思考，不论是阅读中想到的问题，还是听课中悟出的问题，点点滴滴，都值得积累下来。这些问题越积越多，不怕将来提不出有意义的学术问题。

不要觉得自己是初学者，就觉得老师教的、自己读的或者书上写的都是真理，人文科学、社会科学甚至自然科学，都是一样的，都没有绝对的真理。所谓真理都是阶段性的，都可以进一步探讨。如果我们对自己的困惑全都不敢提出来，那就找不到真正有意义的值得研究的问题了。就如同一个人从来不敢迈出第一步，也终究学不会走路。这些问题、困惑植根于我们每个人心中，再好的老师也没法代替，只能自己找到，也因为是自己的困惑，不是别人的问题，才会有持久研究的动力，做研究、写论文才不会只有痛苦、只为交差，才会津津有味、欲罢不能。

其实，不必非要是"长久以来"的困惑，平日里灵光一闪的问题，有时候也值得珍惜。我讲一个自己亲身经历的例子，有一次，母亲和我一起看电视，是一个关于长城的纪录片，随口就提出了一个极好的学术问题。母亲问我："城为什么要修得那么宽?"中国自古以来都把长城叫作"城"，而西方认为是"大墙"。我母亲的问题却隐含着另一种理解，长城是一条"大道"，因为从母亲的日常经验看，长城不是闭合的，和一般的古城很不一样，长城蜿蜒曲折而且城墙宽阔，也和一般人家的院墙大不相同。仔细琢磨，母亲的问题不无道理。长城并不仅仅用于防御外敌，还可以作为重要通道，将中国北方区域贯穿起来，达到重要的战略目的。为了便利交通，修得越宽就越方便人马过往。这样看来，长城就不只是"长城"，也不只是"大墙"，而且是"长道""大道"，这意味着重新理解长城的性质和功能。苏力老师有专门文章，虽然在分析的精细上，我母亲肯定无法望其项背，但是就提问的精彩而言，同样是一流的。

我母亲只是初中学历，之后只是从事幼儿教育工作，并不是什么"高知"，比起我母亲，大家都是大学生、研究生，天之骄子，又是求知欲最强、创造力鼎盛的年龄，只要我们敢于提出自己的问题，直面自己的困惑，都应该能够从自己的日常生活和平时学习中提出很好的问题。当然，从自己的困惑出发，从自己的经验出发，只是一个起点，只有困惑还不够，还要能够把握自己的困惑在理论脉络中所处的位置。如果说个人经验是提问的"根"，那么理论积累就是提问的"本"。

钱钟书先生有篇文章，叫《诗可以怨》，其中讲了个笑话。意大利有一句嘲笑人的惯语说"他发明了雨伞"。据说，有那么一个穷乡僻壤的土包子，一天他走在路上，忽然下起小雨来了，凑巧他手里拿着一根棒和一方布，人急生智，用棒撑了布，遮住头顶，居然到家没有被淋得像落汤鸡。他自我欣赏之余，也觉得对人类做出了贡献，应该公之于世。他风闻城里有一个"发明品专利局"，就兴冲冲地拿棍连布，赶进城去，到局里报告和表演他的新发明。局里的职员听他说明来意，哈哈大笑，拿出一把雨伞来，让他看个仔细。这也是我们时常会感到的不安，是不是自己也是这样的，土包子因为不了解这个世界，不了解前人的创造，不了解人类几千年文明所积累下来的知识成果，常常自鸣得意，妄自尊大，到头来不过是又一次"发明了雨伞"。

广义的研究，应当包含学习在内，包括对古往今来一切有助于我们思考和解答问题的前人经验和现有理论的学习。一个大体的研究过程，是因疑而问，因问而学，学而不得，则有研究。因此要确定研究的主题，当然也要总结前人的观点，在学习前人成果的基础上提出自己的问题。毕竟我们都不是"生而知之"，只有通过学习、分析和批判才能够增进我们对于某一问题的认识，甚至可以说，一个研究的成果如何，很大程度上取决于你之前学习的透彻程度。总之，一个好的学术问题，应当"知己知彼"，既源于经验又入于理论，提出了这样的问题，进一步的选题也就有了基础。

三、边缘即中心：如何切入重大热点问题

提出了好问题，还要想想，有什么非写不可的理由。正如弥尔顿的故事，从提问到选题还有一段很长的距离。我再讲一个自己亲身经历的例子。那是 2007 年 4 月 24 日，我因为运动会受伤，卧床在家，碰巧看到中央电视台经济频道"经济与法"栏目播出的《"小肥羊"争夺战》，那时

我本来在为即将举办的"北京大学—康奈尔大学财产法研讨会"构思另一篇论文，看到这个节目，我立刻改变了主意，原来的提纲被放到一边，我也顾不得伤痛，立刻爬起来打开笔记本电脑，开始了关于"小肥羊"案的写作。要写的内容几乎看完节目就在头脑中形成了，写起来飞快，框架一两天就写好了，剩下的时间更多是在查阅和补充资料，请教相关领域的专家学者。文章后来以《肥羊之争》为题发表在《中国法学》上。

这个案子有两点深深吸引了我。一是"肥羊"这个有关财产权利的绝好意象，正如我在文中写道："'肥羊'一词在中国尤其是北方有着一个特殊的含义：财富，正如美语中的'Big Bucks'并非实指体型巨大的雄鹿，而是意指'一大笔钱'，意指一笔响当当的'财产'。当初众多企业选择'小肥羊'作为品牌名称，而且历尽艰辛，不改初衷，都是看中了这一名称语义双关的吉利和亮丽。本文也借助这一语义双关，表明《商标法》修订引发的这场'肥羊之争'，丝毫不逊于'物权法'制定引发的激烈争议，不仅是法律实践和经济理论的一面镜子，也是中国产权制度改革和现代社会发展的一个缩影。"好的学术意象不容易碰到，碰到而错过了，会是不小的遗憾。"小肥羊"学术象征与时代象征的复合，极具阐发意味。"肥羊之争"不仅构成了争夺财产权利的绝好意象，而且是新中国成立60年中国财产制度变迁和经济法律体制改革的绝好象征。一组案子，能够记录60年的制度历史，不是在所有案件中都能碰到的。

当代中国，正处在社会转型的历史时期，每年都有很多热点案件爆发出来，引起学界特别是社会的广泛讨论。有些案件只有短暂的即时效应，有些却可以成为持续的时代和学术象征。如今案例评析越来越成为法学写作的重要题材。很多期刊都特别欢迎热案时评。但是从选题的角度看，骤热得快冷得也快。除了热点本身，还应该有足够的学术理由。这就引出了第二点，更为重要的是，本案提供了一个从边缘切入中心的极好途径。这个案子背后真正的问题，是前30年的国有化和后30年的私有化。国有化和私有化都是敏感问题，也是热点问题。谈的人很多，但问题重大，纠缠不清，很难处理。选择一个看似毫不相干的地带，从技术角度切入，就轻易避免了意识形态纷争，也扩展了这个问题的实践外延。如果一个纯技术的知识产权法修改，实际上也在悄然进行着私有化进程，如果一个普普通通的商标权界定，也充满了剥夺、不平等和无效率，那么，也就易于让读者理解，那些更为重大的问题，比如国企改革、农村土地等问题，何尝不会如此。许多重大的、热点的、敏感的问题都值得研究，但是并非只有一种写作方式。从选题来看，可以借助好的学术意向，迂回地从相对边缘的问题切入，将其中的权利义务关系、经济政治博弈、历史现实交锋呈现出来，同样可以给那些宏大议题以理论启迪。在这个意义上，这个案子也进一步启迪我们，学术和战争一样，边缘即中心。

四、选题的"小清新"原则

以上只是一个例子。这里再提供三个原则，供初学者参考。三个原则合在一起，叫作"小清新"。

（一）"小"

选题要足够小。程子有云"君子教人有序，先传以小者近者，而后教以大者远者。非先传以近小，而后不教以远大也"。教学是这样，写作也是这样。以小见大，循序渐进，可谓学术通义。现在学生论文写作的通病，就是选题太大，这反映的其实是学识不足。初学法律的人，都爱谈公平、正义、人权、宪政等抽象而宏大的话题，因为就只听说过这些大词儿。无知者无畏，多大的问题都敢写，写起来才知道驾驭不了，悔不当初。学习一段时间后，脑子里有了更细的概念，就能谈论些具体问题。知道的越多，不懂的越多，选题也就更为谨慎。

那么多小算小？打个比方，合适的题目就像一个核桃，一只手可以牢牢握住。过大过小，当然都不好。太小了，芝麻一样，抓不住；太大了，西瓜一样，抱不动。不过学生选题，主要是防止题目过大。选题的大小，一方面要看研究者现在的驾驭能力，驾驭不了就是选题大了。只要觉得问题暂时还驾驭不了，就要马上缩小，增加限定。事实上，当一个问题限缩得足够小以后，你怎么谈，怎么引申都会很轻松。如果一开始就是大题目，没有能力驾驭，怎么写都难受。另一方面，也要看学界现有的研究状况。早些年，易于写大题目，因为学界还没有太多研究，相应的研究资料也少。现在再写那样的大题目就不好把握了。

其实选题是不怕小的，总能够"小题大做"，所谓"小"，是指切入点要小，尽量地将问题缩小到你可以把握的范围，所谓"大"，是指视野要大，从小问题讲出大道理，例如我写"小肥羊"的文章，研究的是一个热点案例，探讨的是《商标法》第9、第11、第31条的法律解释问题，但是通过这些技术化的问题，仍然得出了关于财产权问题的法学和经济学的一般结论。再如送达制度，它在法律研究中的地位特别低，也特别偏，然而如果把握得好，可以对整个司法程序、程序正义以及法理学问题都有所贡献，这都是"以小见大"。你眼界有多宽，你的问题就有多大，同样是一颗芝麻，在你手里是芝麻，在他人手里就是西瓜，所谓"贤者识其大，不贤者识其小"（钱穆《学籥》）就是从再小的问题出发，都可以看到自己从事研究的这个学科领域的发展趋势，洞察到社会的发展方向，把握住国家、时代乃至整个人类的核心问题。

（二）"清"

对于所写的题目，自己要确实想清楚了，或者至少知道，自己确实能够研究清楚，这就是叶圣陶先生讲的"某个题目值得写是一回事，那个题目我能不能写又是一回事"（《谈谈写作》）。

是的，想写和能写是两码事，研究和写作是两码事，要写作一个问题，总要对这个问题有相对清楚的了解，说白了，就是不要写自己完全不懂或者很难弄懂的东西，最好是写之前一直感兴趣或者深有体会的问题，如果你对这个问题长期抱有兴趣，一直有所追踪，有所积累和思考，来龙去脉都有了解，那么做起研究来就可以驾轻就熟，得心应手，反过来说，如果刚接触，一时兴起，就要小心，想想自己到底对这个问题了解多少，很多同学，在选择研究题目时，根本没有基本的了解，甚至完全不清楚，一上手才知道问题做不下去，到时候悔之晚矣，进也不是，退也不是。我在参加学生论文的开题、答辩过程中经常感到，很多学生实际上在开题时甚至答辩时还根本不清楚自己研究的问题，满篇都是大词空话，不知所云，很多学生一上来就讲自己对什么什么问题很感兴趣，很有意义，然而从来没有机会触及问题的实质，只是看了几本书，听别人说得热闹，真要自己上手，就会知道，研究深入不下去，因为自己能知道的还是那么几本书，这样的研究做出来，也没有任何意义，因为根本没有增进我们对这个问题的理解。

要"想清楚再写"，就要在选题阶段多投入一点时间，选题阶段花的时间越多，思考得越充分，后面就越少走弯路，越快做出成果，反过来，如果对一个题目还没有概念，就先不要下笔，每篇论文都会将研究者在这个主题的所有积累、思考和知识"榨光"。选题的过程中，首先要能够静下心来，多查资料，多看些书，选题之前，要先做做文献检索，尽量收集和查阅已有的研究，学好文献检索，特别是电子资源检索，这些应该是选题之前的必备功课。一个学生，只有对自己的研究和以往成果的关系有了初步把握之后，才应该去找指导老师，征求他们的选题意见，不要在自己什么都没有了解的时候，就指望老师给一个题目。实际上，由于老师也不可能在所有问题上都有过深入研究，没有学生自己在选题前的资源检索和研究准备，也很难给出有针对性的意见，这就是很多学生论文在开题乃至答辩时才发现选错了题目的重要原因。

甚至，只看书也还不够，法律是一门实践学科，研究某类问题，不能只是靠读论文、读书本，那都是前人已经积累的成就，可以作为学习的对象，但是不能作为写作的全部。有的同学对"云计算""大数据"感兴趣，想研究新技术提出的法律问题，但是对相应的内容只是看了一本畅销书，其他完全没有概念，那就没法做。还有学生，写家具市场的法律管制。我们也许都买过家具，但是买过的也不知道这个市场到底是怎么一回事儿。除非你熟悉家具厂商，有人脉资源，或者自己干过这个行业，有所体会，否则只靠谈原理，梳理有关的法律条文，不可能做出有价值的研究。所以，如果你在这方面很不熟悉，就不要贸然去做，应当尽可能选自己相对较熟的、有资源可供研究的题目。

何况，如果能够借助的都是前人成果，没有自己的心得体会，也就不可能超越前人，做出自己的贡献。即便引入了一些新的视角，经济学的、社会学的、心理学的、生物学的，如果不了解研究对象，也只能是谈些皮毛。别做从书本到书本的学问，这是初学者极易犯的毛病，因此要格外警惕。要写作一个题目，与其死读书，不如先下些功夫，对自己的研究对象做一些初步的调查研究。有了实践经验，再边思考边读书，对问题有了比较清楚的认识，题目也就可以定下来了。

总之，研究一个法律问题，要知道，哪块云彩有雨。引经据典，却说不到点子上，是法学论文的又一个通病。正像叶圣陶先生所说，"不想就写，那是没有的事。没想清楚就写，却是常有的事"（同上）。

（三）"新"

选题要多少有一点新意。对于一个新手来说，千万别碰前人已经研究过好几十年的题目。记得以前读书，一位老先生讲，《汉书》是块"熟地"，不易有所发明，让我很受启发。不耕熟地，应该是一个初学者论文选题的基本原则。

不耕熟地，也就是要找寻"处女地"。学习要学习旧的，研究要研究新的。现代社会，日新月异，还是有许多新的问题可供研究的，也还是有些问题现在研究不够，有的问题已经发生变化，在其中我们可以选择多多少少还能驾驭的问题来研究。例如非法集资罪，"吴英案"后这方面的研究多如牛毛，要想有研究的新意，可以从当下热议的"众筹"入手。再如，针对某个诉由，借助"北大法宝"这类数据库，能够将多年来的案例都检索出来，如果给予细致的分析，能够发现很多有意思的问题。

"新"，既可以是新材料、新问题，也可以是新方法、新视角。其中，提出新问题最难，运用新方法和新视角次之，而新材料是我们绝大多数同学都能够也应该做到的。最好是有新问题。比如一个学生发现，将民事行为能力制度与学前教育的普及相联系的研究并不多见，以此为主题检索，中国知网也没有相关的论述。说来这位同学的问题意识也很简单，就是随着学龄前儿童的认知能力的提高和教育的普及，我国《民法通则》中关于未满10周岁的未成年人属于"无民事行为能力"的规定，已经不大符合实际。她希望通过研究表明调整划分民事行为能力等级的必要性。有了这个好问题，接下来的论证事实上就只是个技术问题，可以检索法规，综述文献，查找国外立法例，通过运用社会统计数据库调取学龄前儿童数量及学前教育的相关数据，引入认知心理学的研究成果，等等。

退而求其次，是提出新观点，也就是给老问题以新的回答。或者是引入新方法，给老问题乃至旧结论以新的论证。有新材料，也很不错。比如以往对美国联邦上诉法院既定性原则的研究，都是基于二手文献。我的一个学生直接从一手文献出发，通过纽约州政府统计数据库以及美国联邦统计局数据库，做出了很好的研究。为了获取第二联邦巡回上诉法院和纽约州法院的受案审判情况统计数据，这位同学还检索了美国司法部以及纽约州各级法院的统计数据库。这些新材料无疑为她的论文增色不少。

总之，现在论文写作常见的问题就是"过大，过生，过旧"，根源都在于没有做好前期的选题工作，涵盖的范围太大，不了解已有的研究成果，缺乏新颖的材料和视角。依照"小清新"这三个选题原则，可以先是"题中选新"，从众多题目中最"新"的问题开始。继而"新中选清"，研究新颖领域中更为熟悉清楚的问题。最后是"清中选小"，选择足以驾驭的问题，做到以小见大，见微知著。

五、学术本末

最后我想说的是，提问和选题，并不只是一些写作技巧，归根结底，是学术的本末问题。提什么问题，选什么题目，最终体现的是一个研究者对学术、对实践的理解和关切。这就是明代学者唐顺之所谓的学者"本色"："秦汉以前，儒家者有儒家本色，至如老庄家有老庄本色，纵横家有纵横本色，名家、墨家、阴阳家皆有本色。虽其为术也驳，而莫不皆有一段千古不可磨灭之见。"（《答茅鹿门知县二》）这种"学者本色"，真知灼见，并非自作多情，无病呻吟。用李贽在《杂说》中的话说，应当是触景生情，不吐不快才好："其胸中有如许无状可怪之事，其喉间有如许欲吐而不敢吐之物，其口头又时时有许多欲语而莫可所以告语之处，蓄极积久，势不能遏。"（《李贽文集》）技法只是次要的，真知才是根本。学者的第一要务，不是寻章摘句，而是学识见地。

学者本色，真知灼见，不是一时可得，要靠平日积累。好的作品，不是一时强求能做出来的。俗话说"功夫在诗外"，亦如黄宗羲所讲："读经史百家，则虽不见一诗，而诗在其中……若无王、孟、李、杜之学，徒借枕籍咀嚼之力以求其似，盖未有不伪者也。"（《南雷诗历·题辞》）像笑话里说的，肚子里没孩子，怎么能生得出来呢？这个道理大家平日里都懂，但是一到自己做研究，写文章，很容易就忘记了。做好一个研究，旁人都帮不上忙，除了自己真有学问，没有别的办法。论文写作离不开技法，但归根结底，是怎么做学问的问题。我们从前述那些选题的正面例子中，能够看到研究者的独立思考和辛勤努力。这正是我们希望同学们能够拥有的学术态度。《大学》有云："物有本末，事有终始。知所先后，则近道矣。"此之谓也。

如何做学问[*]

中共中央党校　　韩庆祥

一、要有学术献身精神，将学术当作事业来做

德莫克力特曾经有言："我宁愿找到事物产生的原因，而不愿去当一个国家的国王。"

做学问是很崇高而且能够给人带来极大快乐的事情，并且我们这个年代是一个迫切需要学者和思想者的时代。为什么这样说呢？因为我们社会发展提出了许多亟待解决的问题。从1978年到现在我国所走的路来看，基本上可以用这样十六个字来概括：动员参与—表达诉求—整合凝聚—共生共进。1978年以后的几年，主要是动员社会各个阶层、各种资源来参加建设，各尽所能，发挥活力。在农村施行承包责任制，调动了农民的参与；在城市推行股份制，初衷是调动工人的积极性。这些群体被调动起来以后逐渐就出现了矛盾，开始有了自己的利益诉求，进入一个"我要"的时代，主要是对民主、利益、权力和公正的诉求。这些诉求表达出来以后表现出社会矛盾的日益突出。我们的社会风险性增加，这就需要整合凝聚。因此，这个时期就逐渐提出了"三个代表"重要思想，以人为本的科学发展观，构建和谐社会，加强党的执政能力建设。当社会比较和谐时，就会进入共生共进的阶段。我们正处在一个问题丛生的时代，是一个可以产生思想家、迫切需要思想家的时代。

---

　　* 本文转引自 http://hyangfeng.bokee.com/894114.html。原文标题：做学问与做人。

现在人文社会科学之所以没有受到重视，是因为研究方法落后，研究成果达不到人民和党的要求，无法给现实中的困境提供解决思路。有做学问的人，但是分为两种，一种事后出场的，中央领导理论水平走在他们前面，提出了新的理念和理论以后，他们作注释和宣传。另一种一鸣雄鸡，事前引导，预先为国家提出解决问题的建议。目前，前一种多而后一种少，当然并不是说前一种不重要，关键是后者对于学者更重要。有为才有位，人文科学工作者到底为社会、为国家贡献了什么？作为人文科学工作者要真正有一种做学问的精神，将学问当作事业来做，而不是简单的注释。

过去权大于法，现在走向法治社会。社会将逐渐构建一个平等、公正的舞台，在平等的舞台上，能力和业绩决定一切。我们正处于一个走向能力和业绩主导的社会。情大于理正转向情理交融。在私人交往中情占首位。在公众场合，能力占主导，有能力的人注重琢磨事，而不注重琢磨人，而关系是排斥能力的。2003年全国人才大会上提出了以能力和业绩为导向的人才观，中华人民共和国成立以来，先后经历了从"身份＋出身"导向转向"学历＋职称"导向，再转到能力导向。这就实现了能力生成地位的转化。作为执政党也提出了加强党的执政能力的任务，并将它提到党执政后的根本任务的高度来看待。

要有理论头脑。理论指导非常重要。1843年马克思提到，理论一旦被人们掌握也可以转化为物质财富。哲学为人们提供理念和思路。很多看似简单的问题都包含着哲理。浙江有句话说：先生孩子后起名，白天当老板，晚上睡地板。这与邓小平的猫论一样都包含着以实正名的道理。蒙牛董事长说他做的是哲学层面的问题，具体执行是他的下属的职责。为了告诫其领导层正确对待金钱，他说了一句简单通俗易懂的话：人是不能将金钱带入坟墓的，金钱却可以将人带进坟墓。很多贪官因为金钱而进监狱，资产上亿元的企业家因为劳累英年早逝。

二、要对自己有清醒的学术定位

一定要有勇气、有胆量、有责任做得很好，站在风口浪尖，引领时尚，做成一流的。只要有能力，肯下功夫，愿意板凳坐得十年冷，就一定会达到一定的地位的。但是在这个过程中，需要个人的努力。爱因斯坦曾指出钢铁般的意志比博学更重要。黄侃说为学须天资、人力与师承三者并备。个人的努力是任何时候都很重要的。

三、研究定位

（一）研究方向定位，也就是学术形象定位

如果什么时髦就研究什么，什么都写，那样就很难做到成为某一领域的专家，常常是走马观花、蜻蜓点水，这样常识丰富，却未沉潜下去，别人就不知道你的门牌号码。很多做学术的人在这方面是败笔，博士毕业了也不知道自己到底研究什么。

（二）如何确定研究方向

首先，对本学科的研究现状要有科学的判断。对古今中外的前人在这方面的研究成果要有个清理和总结。对这些大家的学术思想的核心内容要把握，并要分析出他们的得失之处、方法论上的不足。也就是要有岗位和哨位意识，自己的岗要站好，但是对于别人的东西也要清楚把握。了解研究队伍和力量分布的情况，这样在学术积累时对它会多加关注。对研究方向的发展态势进行准确判断。

其次，个性与形象的树立和定位。这里关系到学术研究方向和学术风格。就学术风格而言，是思想型的还是学问型的，是学院派的还是现实派的，是学理型的还是应用型的。他们之间有联系但是也有区别。思想家以学问为基础，学问家是"我注六经"型的，而思想家是"六经注我"型的。学院型与现实型的又不能截然分开，不关心现实的学术的生命力会存在问题。

最后，发展目标定位。要有非我莫属做领军任务的气概和勇气。因为资源是有限的，资源的流向在第一次分配过程中总是向权力、资本和能力方面集中，也就是呈现出马太效应，优势向更优积累，弱势也向更弱积累。做领军人物，在学术资源、信息流通等方面就占有资源优势。推进个人的学术发展和事业的前进。如果能力实在不行，不能做领军人物，也要担当起学术道义，学术也要为人民服务。

四、学会读书

学术的使命在于学术创新，但是积累是基础性的工作。学术积累主要是通过读书来实现。书读得不够就别下笔做博士论文。那么读什么书呢？围绕自己的研究方向选择书，要读经典，最经典的十本书要读透。对于国内知名专家的书要读。这个非常重要，因为前人做了梳理工作，读他们的书就会节约时间和精力。

关于读书方法。需要抓住书的写作背景、要解决的问题和研究方法。抓住文章的核心观点，带着问题去读书。例如，学习中国特色社会主义时对于核心的价值观就要进行分析，西方资本主义社会历经几百年的发展和政权的改革，但是最核心的自由、平等和博爱的价值观仍然在倡导，一以贯之。中国特色社会主义要构建的价值观可不可以说是各尽其能、各得其所、和谐相处呢？总之，看问题要看到其核心、本质。

关于研究方法：方法取决于问题的本性。不同的问题需要用到不同的研究方法。要把握文章背后的文章。

五、如何做博士论文

第一步，对相关领域的清理。

第二步，进行论文选题。要全力以赴地做好结合文章。

——要善于从现实中抓问题。走入现实抓问题，走出现实立问题。在改革开放过程中，可以说成就有多大，问题就有多大，这样就有发展与代价的问题。

——现实问题带动基础问题研究。

——热点问题与冷问题的结合。社会最需要的理论往往是研究得最不够的地方。

——前沿问题与基本问题的结合。

第三步，研究思路。

——理论和实践相结合。学理性是基础，学术是需要含量的，离开了学理性探索就很难在学术界立足。也就是要注意形而上与形而下的结合。注意学术层面和操作层面的结合。

——史论结合。论以史为基础，史以论来引导。

——计划与市场相结合。要有计划意识，不要临时披挂上阵，同时也要把握市场行情。

——专和博的结合。要有一以贯之的研究方向。鲁迅曾有言：只专不博就会片面，只博不专就会流于肤浅。不深刻，作为学者就会被人看不起。什么都想要，就会什么都得不到。

——思想和学问相结合。

——小题大做与旧题新作相结合。

——学术积累与学术创新相结合。无学术积累就不符合学术规范。

第四步，关于布局。

——选题要有重大意义：学术价值（相对于前人）、理论价值（相对于自己）、实践价值（相对于社会）。

——题目要有品牌意识。产品有广告宣传，学术文章影响面本来就窄，要实现学术成果影响力的最大化就需要树立品牌意识。

——研究要有学术积累。站在塔尖说话，清理大厦建新基。

——观点要有创新。

——论证要全面深入。论证包括历史论证、实践论证和理论论证。

——材料要求翔实科学。选用权威的、代表性的、精确的、典型的、最新的材料。

——方法要合理科学。

——语言优美活泼。文章语言有生死之别。有活跃之气者为生，无活跃之气者为死。"善用笔者，工于摹写情状，故笔资活跃；不善用笔者，文章板滞，毫无生动之气，与抄书无异。"（刘师培）

——引证要有详细出处。

——论证要有核心观点。

六、关于报刊投稿

——了解刊物特点。不同的刊物登载内容是有自己的特点的。有的注重正规性，有的注重宣传，有的注重动态，有的注重现实，有的注重规范。

——了解刊物栏目设置和编辑意图。一个刊物有自己的特色和招牌栏目，如果和刊物的栏目设置不合，文章再好，也会被割爱。

——注重刊物的影响力，实现研究成果的最大化。

——建立自己的报刊阵地，这也是自己的学术阵地。名家大多是由几个质量高的刊物捧出来的。

七、关于成果形式

主要有论文、著作和报告这几种形式。学术论文含金量最大。

八、关于学术交流

吸引学术界的注意力。也就是所谓的眼球经济吧。当你在学术会议上做了很有分量的发言时，人们以后就会关注你，注意力就会逐渐转移到你身上。当然，要做到你的发言是别人所没听到过的，是他们愿意听到的，这就需要自己下功夫。不仅文章要做好，而且发言也要做好。

九、关于学术规范

不注重学术规范有可能葬送学术生命。

学术规范包括三个层次，一是道德规范：做事先做人，反对代理，学术成果独立完成；抵制权钱交易，维护学术纯洁；反对署名不实，注释翔实。二是技术规范：采用他人之说要注解；参考别人的文章要列出参考书目；引用数据要客观准确；尽量少用生僻术语。三是思想层面：要有学术创新，反对制造文字垃圾。

写好学术论文的方法[*]

上海社会科学院　　胡　键

　　从攻读硕士学位、博士学位到作为研究人员，几乎很少有人真正研究过如何写好一篇学术论文的问题。在读书期间，导师一般是交给学生专业知识和获得专业知识的方法，而不会教给学生写好论文的方法，从事研究之后，大多数人又忙于写论文、发表论文，而不会去考虑撰写论文的方法。因此，国内学术界存在着一个非常普遍的现象，为拿学位、评职称、获奖而撰写论文，基本上不会去考虑如何使自己的论文有学术创新。结果，这样的论文很难发表出来，而为了发表出来就走关系、找熟人。一旦达到自己的目的之后，学术就永远"拜拜"了，学术研究、学术创新，都不过是实现人生目的的手段而已，根本就不是目的。因此，有学术责任感的学者越来越少，而为学术之外的目的来捞取学术功名的学者比比皆是。

　　所谓磨刀不误砍柴工。要撰写好一篇学术论文，必须要掌握好撰写学术论文的方法。本人从事研究 20 余年，从事学术刊物的主编已有近十年的经历。从事学术研究使我有专业的眼光来看待学术问题，而作为主编则使我有机会抛弃学术研究的浮躁而冷静地从刊物的角度来思考学术创新的可能性。因而，我可以有机会把两种不同的眼光和视角交织在一起来谈谈如何撰写好一篇学术论文的问题。

　＊　本文转引自作者的新浪博客。

一、选题

选题是否成功是研究成功的前提。有一种说法，哲学社会科学不像自然科学，没有成功与不成功之说，只要愿意去做，最后必然成功。此话谬矣。没有好的选题，即便是洋洋洒洒数万言乃至数十万、数百万言，结果都是无用的废话。这就不能视为成功的研究。成功的研究一定是建立在成功的选题之上的。那么，什么是成功的选题呢？简言之，就是选题要有问题意识。问题意识是什么呢？

一是指研究的目标取向。成功的选题应该是揭示研究的目标取向，也就是要使研究达到什么样的目标。研究的目标取向所反映的是研究是否有价值，是否值得研究。因此，从选题来看就可以知道该问题研究的状况和可能发展的趋势。如果选题没有揭示研究的目标取向，而只是陈述了一个事实，那么就意味着该研究不值得研究，或者说前人已经做了比较详尽的研究，在目前的状况下已经没有深入的可能了。这种选题就不应该去选。

二是指研究的具体范围。成功的选题应该是范围具体，不是大而全的。也就是选题不能过大，过大的选题会使研究无法深入下去，只是如蜻蜓点水。另外是题目太小，研究就会过于沉迷于琐碎的细节，从而使研究失去了价值和品位。特别是有的细节并不具有代表性，也不能真正反映事物发展的趋势，但由于研究者的视野太小，无法从细节中发现事物发展的基本规律，特别是做历史史料研究的往往都有这样的问题。

三是要对一个学术问题产生质疑，或者说要有争鸣性。学术研究是无止境的，真理更是无止境的。很多学术观点在当时是正确的，或者说是真理，但随着时间和条件的变化，其真理性也会发生变化。因此，选题一定要敢于质疑，但质疑必须要有理有据，而不是随便怀疑。在有理有据的基础上怀疑，这样的选题一定是有价值的。

总之，选题是很讲究技巧的。选题实际上是积累后的第一次思想井喷，没有积累就无法进行选题。好的选题可以使研究事半功倍，好的选题是论文成功的前提。在选题之后，还有一个重要的问题就是题目的表达，即怎样把这个内容表达出来。这里也有几个讲究：

一是题目不宜太长，太长表明作者缺乏概括能力和抽象能力，题目要求精练、简洁，要力求达到多一个字太长、少一个字太短的水平。

二是核心概念不宜多，最多两个，最好一个。核心概念超过两个，论文到底研究什么就非常难把握了，而且概念太多，通篇很可能就是在解释概念，实质性的内容就被冲淡了。

三是表达要精准，题目如果引起歧义，或者模糊不清，那么论文在写作时很可能出现跑题现象。

二、文献梳理和文献的使用

文献是写好论文的材料，也是研究的基础。它反映的是研究者的专业基础和专业能力。没有文献，就相当于造房子没有砖块一样；同时，没有文献也像在空中造房子一样没有基础。文献是学术传承和学术伦理的载体。尊重文献就是尊重前人的研究，尊重文献，也体现了学术发展的脉络。因此，文献在撰写论文中至关重要。在撰写论文之前，一是要对文献进行必要的梳理，二是要善于使用文献。

（一）文献梳理

1. 梳理文献的目的是什么

选题的问题意识来源于对文献的阅读和分析，问题意识不是凭空产生的，而是基于既有的研究而发现问题。梳理文献的目的在于：

其一，梳理所选问题的历史发展脉络。任何问题都有一个发展脉络，不了解学术发展的脉络就不能对学术问题进行深入研究。也就是说，弄清楚这个问题是从哪里来的，才能预判这个问题的未来发展方向可能是什么。不仅要梳理这一问题国内研究的现状，而且还要梳理国际学术界对这一问题的研究现状，从而全面把握这一问题研究的基本状况。如果打开电脑就直奔主题，对某一具体问题洋洋洒洒地写下去，也不去查阅相关文献，结果可能是低水平重复的东西。这样的论文是没有任何价值的，即便发出来，也仅仅是作为工作量或评职称的成果而已，并不代表它对学术有什么贡献。在学术论文中，开头就直奔主题的论文，一般都不是好的论文。人贵在直，文贵在曲。论文的贵也在曲。这种曲是通过对前人既有研究的追述和分析表现出来的。

其二，梳理文献是充分肯定前人所做的学术贡献。任何人的研究都是在前人的研究基础上进行新的探索。这就是牛顿所说的，站在巨人的肩膀上。在研究中，这个巨人不是具体的一个人，而是所有对该学术问题做出贡献的前人。学术的传承就是要尊重历史，不尊重前人的学术贡献，就难以开拓新的研究领域，也难以对学术研究进行深入研究。不尊重历史，我们同样会陷入盲目自大的学风，以为别人都没有达到自己的水平，从而最终也会陷入重复别人已经说过的故事，浪费学术资源。

其三，梳理文献最根本的目的是发现前人研究中的问题，从而为自己的研究找到突破口。学术问题大多不是一代学人就能解决的，一代学人只能解决那一代学人的认知水平下所能解决的问题，但即便如此，也存在着研究的疏忽和漏洞，也会因主观能力的不足而存在着研究的缺陷。因此，后辈学人就是要反复不断地阅读、比较和分析前人的既有研究成果，从中发现研究中存在的问题和漏洞。这样，自己的选题就有可能或者延续前人的研究使之深化，或者发现前人研究的漏洞和不足以进行弥补，或者在原有的问题领域发现新的研究处女地。这才真正体现了所做选题的研究价值。

2. 如何梳理文献

不少作者喜欢在引言中一口气把所有相关的文献都罗列出来，认为这就叫文献梳理。但是，把所有相关文献罗列出来肯定会占据了论文的篇幅，会导致喧宾夺主的论文结构。文献罗列太多，正文就要腾出篇幅来，结果正文想写下去，却发现篇幅越拉越长而不敢深入下去了。这种文献梳理方法是最不可取的。正确的文献梳理方法为：

其一，选择有代表性的文献，即在权威刊物上发表的论文和权威论著，这些论文论著代表了学术发展的基本状况。不能把刊物上的文章不加选择地都罗列出来。

其二，选择有代表性的作者的论文，也就是权威学者，或者是活跃在学术界的作者的论文、论著。这些论文、论著同样也代表了学术发展的基本态势。

其三，选择研究的视角来梳理文献。结合你要研究的视角特别是具体的问题来梳理文献，这样范围就大大缩小，也有利于作者把握文献。

其四，不一定千篇一律地要在引言中进行文献梳理，引言可以对问题的来龙去脉进行适当阐述，在正文撰写的过程中，可以对具体的观点进行文献追述。这种方法要求作者对学术史特别是前人的学术观点十分清楚，对论文的写作已经有娴熟的技术。这就不是一般的新手能够把握得了的。

（二）如何使用文献

在文献的使用上，相当多的作者以为文章有注就是使用了文献。但是，论文究竟使用了什么文献？还有就是所用文献是否与所引用观点具有一致性。在使用文献上有以下几种错误倾向：

第一，为文献而文献，即在文献上凑数。罗列一大堆文献来显示作者是阅读了大量文献的，但仔细看后，会发现文献与论文的观点关联度不高。实际上就是"假"文献。一般的审读者可能不会认真看文献，但作为编者，特别是主编第一眼就是要把握好文献关，绝不能让作者在文献上鱼目混珠。

第二，文献与所引用的观点属于张冠李戴，引用的观点本来是张三的，但作者因有惰性不愿意去查对，只是在二手文献中看到了李四用了该观点，于是就认为这个观点就是李四的。这种情况非常严重。

第三，绝大多数是自引文献，完全回避其他学者的研究。这种情形体现了作者的自傲，以为这个问题没有人超过自己，因此不愿意引用他人的观点。甚至为了突出自己，把自己在非常不起眼的刊物、报纸上发表的文章都自引出来。这种情形表明作者有沽名钓誉之心。

因此，使用文献是不能有任何投机取巧的方法的，必须老老实实。使用文献体现了一个学者治学是否严谨，研究是否下功夫。因此，使用文献时应注意以下几点：

第一，切忌文献堆砌，使用文献的价值在于体现论文的研究深度和严谨性，而不是通过堆砌文献来炫耀自己的专业知识多么广博。如果是这样，结果可能适得其反。

第二，切勿张冠李戴，一定要去查找文献的源头，如果是经典著作的文献，就更加需要去阅读和查对。比如，马克思、恩格斯的著作是合在一起的，但有的作者没有去读他们的著作，而是从别人的引用中直接引过来。同时，由于没有弄清楚究竟是马克思的观点还是恩格斯的观点，可能就会弄错。这样就成为学术笑话了。切记要查阅文献，不可"人云亦云"。尤其是外国文献，有的作者不愿意阅读，而别人引用之后，自己在没有阅读的情形下引用了，甚至还想用外文形式来冒充。张冠李戴还有一种情形就是引用观点时是一位学者，但注释文献时却是另一位学者。这表明，作者根本没有读过被引观点的学者的文献，而是从注释文献归属作者的论文中看到了这句话，同时又不愿意花时间去查对，所以也是一种张冠李戴的情形。

第三，切勿只用网络文献、报纸文献。学术的浮躁与否、学术的严谨与否，从文献的使用上能看得清清楚楚。如果通篇文章的文献都是网络文献或报纸文献，这样的论文无论如何都是不深入的。有的作者会说，网络文献、报纸文献表明论文是最新的观点。但是，网络文献和报纸文献往往是未经过严格论证的学术观点。或者说，这样的观点缺乏学术底蕴。因而，这些文献不能支撑一篇学术论文。那么，网络文献、报纸文献是否就不能用了呢？那也未必。有的数据必须通过网络来发布，如一些统计机构的统计数据、调查数据等都是从网络上发布的。简言之，权威机构的网站、权威学术机构的学术网站、国际知名的研究机构网站等的文献完全可以用。

第四，切勿想当然地使用文献，包括出版时间错误、引用内容错误、页码错误、作者和译者错误等。这些会使论文出现严重的硬伤。

三、论证的逻辑

研究是一个论证的过程，论证是一个严密的逻辑思维过程，然而当前众多的论文缺乏这种思维，大多数是用发散性思维来写论文的，因而论文就缺乏深度。论证的逻辑体现在以下几个方面：

（一）层次感，而不是平面感

好的论证逻辑一定是立体的、有层次感的，而不是平面的。世界是平的，这只是一种臆想，论文的论证逻辑是立体感的，这是一个刚性的现实要求，而不是臆想。好的论证逻辑就像剥洋葱，一层一层剥到中心，最后才知道洋葱中心究竟是什么。平面性的论证逻辑缺乏新奇感，就像"摊大饼"，一开始就知道大饼中是什么内容了，所以这样的论证不会给人遐想，也不会带来新奇。好的论文，同样要给读者带来出人意料的结果。

（二）缜密性，而不是一盘散沙

论证缜密性体现的是作者的思维能力，也体现作者对专业知识掌握的程度。专业基础扎实的，其逻辑思维能力肯定要强。相反，没有扎实的专业根基，那么其论证肯定是碎片化的。因为，他掌握的专业知识本身就是碎片化的。碎片化的专业知识，只能导致碎片化的论证逻辑。有不少学者，虽然在学术界也有一定的知名度，但专业基础并不扎实，所以在撰写论文时，基本上就是用1、2、3、4……进行罗列，而缺乏缜密的逻辑推理和逻辑证明。

（三）科学性，而不是宣传性

学术研究无疑是一个求真的过程，这一过程需要通过大量的事实或史料经过逻辑论证之后才能得出结论。正是这样，学术才具有真理性和科学性。然而，当今的学术研究越来越缺乏这样的精神，做历史研究的不愿泡图书馆、档案馆，做现实研究的不愿做田野调查，用的是二手材料和二手数据，并且先预设一个价值立场，用这些材料和数据来证明这个预设的立场或观点。殊不知，同样的材料和数据可以证实完全相反的两种观点。这样，学术研究因没有按照学术规范而导致学术失去了科学性和真理性。反过来，预设一个观点，可以毫不费力地找到相应的材料和数据来证明这个观点，这同样也会导致难以找到学术的真理。这两种情况都会造成对学术的伤害，即任何人都可以从事学术研究，学术也就从根本上丧失了其尊严，也无学术权威可言。正确的方法是在阅读了大量文献之后而形成新的观点，然后再通过更多的材料来证明你的观点的科学性。

预设观点然后来找材料这是宣传的基本方法。当前学术的科学性逐渐被宣传性取代，原因在于：一是当今行政干预学术的现象非常严重，学术质量（评奖）、学术水平（各种学术称号）、学术考核等都是行政领导来评价的，在这种情况下，甚至行政级别与学术水平成正比。在行政干预之下，学术就越来越多地为行政服务，从而使学术成为政治的附属品，为政治宣传服务。二是一些学者为了尽快地提升自己的行政级别而不断做政治宣传的"学问"，学理性的研究被束之高阁，应景性的宣传文章则一挥而就，但往往是正确的空话、无用的废话。三是宣传性的"研究"比真正意义上的学术研究容易出成果，而且也轻松。看几份报纸，浏览几个主流网站的文章，就马上形成了自己的一篇文章。而且，只要政治正确，这类文章不愁没有地方发表。学术界的浮躁也就可想而知了。

（四）学理性，而不是口语化

学术论文肯定是学术性很强的，它必须要超越日常生活的口语化表达。口语强调能让大众听得懂，所以具有随意性；而学术论文并不是要大众听得懂，而是要有专业背景的人才能听得懂。如果都能听得懂，那就不是学术论文了，而是日常的讲话。有一种观点在嘲笑论文：学者的论文是在自娱自乐，别人都看不懂，这种论文对社会根本就没有用。我觉得这种观点实在是肤浅可笑。学术论文都听得懂、看得懂，那就不叫专业学术论文了，学术论文肯定只有专业人士才能看得懂；而且学术论文传承的不是一般的文化，而是一个民族的核心文化，这种文化是民族发展最大的精神动力和智力支持。它的影响是战略性的，而不是当前的普通大众能不能看得懂和听得明。当然，学术的思想肯定要进行大众传播，这时候就需要用通俗的口语化方式来跟大众交流。

（五）严谨性，而不是随意性

学术研究是一个求真的过程，因而需要研究者必须在论文写作中有严谨的态度。当前学术的浮躁特别是科研管理部门要求快出成果，从而助长了学术上的各种不端行为。例如，随意使用数据。学术论文在使用数据时一定要使用权威性的数据，也就是权威机构发布的数据。然而，由于当前数据发布的机构比较多，一些作者在选取数据时太随意，不去研究机构本身的权威性，结果所用的数据被学界质疑。有的甚至因找不到数据的来源而随意改动数据，导致数据失去了真实性。包括所用材料和文献也是一样，近年来，外国著作引进较多，翻译太随意，甚至译著中曲解了原著的意思，但作者在使用这些翻译著作时没有认真挑选，手中有什么就用什么，结果把错误的文献内容引入自己的论文中，导致论文出现一些硬伤。此外，研究的严谨性还可以从使用文献中体现出来。有的丛书文献出版时间是不一样的，而引者可能会想当然地认为整套丛书都是同一出版时间，这也是论文的严重硬伤。调查的可靠与否在于，调查手段、抽样方法、统计方法等是否可行。

（六）围绕核心问题展开论证，而不是学术散文天马行空

学术论文肯定有一个核心观点，因而在论证过程中就必须是围绕这个核心观点展开，所有材料的目标都是指向这个核心观点的，而不是从核心观点延伸出去。一旦延伸出去就有可能偏离主题。然而，现在不少作者完全是为了凑字数，为了这个目的，论文的关键词非常多，几乎每一小节讲述一个关键词，整篇论文很有可能是一个"拼盘"，而不是在一个关键词或一个核心观点统领之下的论文。结果，篇幅很长，但不知所云，完全犹如脱缰的野马，怎么也拉不回来。这样的文章只能说是学术散文，而不是学术论文。

四、论文的修改与查证

"文章不厌百回改"，这是研究的一种态度。如今大多数人不愿意修改，也不愿意查证文献和材料。这显然缺乏对学术研究的认真和严谨。

作者对自己修改文章的要求如下：

其一，对文章的总体结构再进行斟酌。主要看是否在结构上存在不合理的现象，如虎头蛇尾；或者是否结构上存在不相称性（把没有直接关系的两个问题放在一起来讨论）。

其二，对文章的逻辑进行梳理，看是否存在逻辑上的不连贯性。

其三，对语句进行斟酌，看表达是否存在问题。

其四，对文献进行查证，看是否存在文献的错误。

其五，对数据进行核对，看是否存在数据的错误。

其六，对注释进行核对，看是否存在差错。

如何对待编辑部的修改意见：在正常情况下，编辑部提出修改意见就意味着此文有可能经过修改后达到发表的水平。编辑部看问题一般视野要宽一些，看问题的视角要大一些，提出修改意见，作者应尽可能满足编辑部的要求。如果编辑部的修改意见确实不妥，作者可以回信阐述自己的观点，编辑部如认为说得有道理，一般也会尊重作者。不要认为编辑部是有意习难，多次的来往只能使论文更加完善，而不是在修改多次后否定作者的文章。即便有的修改是多余的，编辑部也会反复推敲的。

五、论文的结尾

论文的结尾既是整篇论文的点睛之处，也是揭示学术在未来研究的发展趋势。因而，结尾一定要有气势，气势磅礴的结尾往往能够凸显论文的整体品质。

从当前的学术论文来看，结尾主要有以下几种问题：

其一，论文根本就没有结尾，当论证完毕后，论文就戛然而止。这是典型的虎头蛇尾。

其二，没有对前面的研究进行总结，而是离开前面的研究谈体会，因而没有体现结束语的作用。

其三，对前面的研究泛泛而谈，没有集中到观点上来，从而显得太平淡。

其四，太简单，有结尾与没有结尾没什么区别，这样的结尾就没有意义。

那么，什么样的结尾才是好的结尾呢？我认为，至少要体现以下几个方面：一是要能够从宏观上对论文进行观点性的总结。前面主要是论证、证实或者证伪，但尚未突出自己的观点，所以必须要有一个结尾来提炼作者的观点，使读者更清楚作者的观点。二是要有大气磅礴之势，有行云流水之气。前面的论证是一个小心求证的过程，不能展示作者的文笔，但在结尾部分，可以放开手脚，解放思想；可以充分展示作者的文采来归纳和抽象论文的要义。三是结尾除了归纳观点外，也可以对该问题研究的发展趋势进行科学的预测，以及对该问题的进一步思考。

六、遵守学术规范，信守学术道德

学术规范是学术的生命线。学者必须要按照学术规范从事学术研究，而不可随心所欲地提"想法"。如果仅是提"想法"，没有被证明的"想法"，仅是一个假设而已。一个假设性的观点绝不能代表一种学术水平。只有用理论方法进行了符合逻辑的证明之后，如果这个"想法"具有创新性同时又符合学术逻辑，那么这个"想法"才转变为学术观点，这个观点就代表了学者的学术水平。当前，社会的浮躁也同样渗透到学术领域，使学者不再沉寂于象牙塔，而是通过学术论文的"大跃进"而成就自己的虚名，从而获得各种各样的学术荣誉和学术奖项，最终获取相应的学术地位。结果，有的就不择手段，通过各种学术不端行为和学术腐败进行学术制假造假。当前，学术不端、学术制假造假行为在论文上表现在以下几个方面：

（1）抄袭剽窃。或抄袭观点，或抄袭材料，或抄袭段落，或抄袭文献，或将别人的文章略作改动整体性剽窃，或仅是把题目改动署上自己的名字。

（2）强行在他人成果上署名。这主要有以下几种情形：一是导师与学生的关系，导师规定学生发表文章必须把导师的名字署上，甚至要求署名第一作者，但导师并没有审阅文章，一旦文章被人举报，导师就千方百计地回避；或公然宣称自己不知道，是学生自作主张署名的。二是上下级同事关系，尤其是领导与被领导的关系。或者是下级刻意为领导捉刀代笔；或者是上级借用行政权力强行要求。

（3）篡改文献和数据，故意断章取义。这主要是不愿意去核对数据和文献，而自己的论文可能又特别需要这样一组数据来证明自己的观点，结果只好对数据进行为我所用的篡改，或对文献的观点进行刻意的曲解，或进行断章取义的引用，以迎合自己研究的需要。

（4）注释有误或做"伪注"，如前面所说的"张冠李戴"。

（5）低水平重复。不愿意去阅读文献，因而不知道学术发展动态，导致自己的研究在重复着前人的研究，甚至重复着同辈学人的研究。

（6）转引二手文献并且未核对文献导致以讹传讹。

（7）只引证自己的论文，自我吹嘘。

（8）阅读中文文献却引用外文表达文献，结果弄巧成拙。

（9）源于外文书刊却译成中文，结果"牛头不对马嘴"。

（10）转引外文注释却不注明原出处，让人难以查找原文献，难以辨认其真伪。

（11）一稿多投，有的甚至是略作一点"乔装"后就投给不同的多家刊物。

关于学术论文选题的探讨[*]

吉林师范大学 孙 明

通过对学术论文选题的论述，使人们能够了解论文选题的价值和原则，掌握论文选题的途径和方法，从而培养人们对学术研究和学术论文写作的兴趣，在此基础上，引导人们做好论文的选题工作。

有人说"题好一半文""问题的完善提法意味着问题已经解决了一半"。也就是说，选择一个好的题目，论文就成功了一半。选题实际上是确定"写什么"的问题，即选择和确定研究课题的范围和方向，只有确定了研究方向，才能进行标题的确定、论证角度的选择、材料的取舍、篇章内容的组织安排。题目选择合适、准确，论文会写得又快又好，否则会适得其反，所以，选题在整个论文写作中具有战略地位。本文主要研究学术论文选题的重要性、原则、途径、方法与类型。

一、学术论文选题的价值

爱因斯坦曾说："提出一个问题往往比解决一个问题更重要，因为解决问题也许仅是一个数学上或实验上的技能而已。而提出新的问题、新的可能性，从新的角度去看旧的问题，却需要有创造性的想象力，而且标志着科学的真正进步。"他的这段话是说，只有提出问题，才能最后解决问题，学科的进步与发展，往往取决于能否提出大量的问题，如果能够提出大量的问题，学科就充满生命力，就能进步和发展。对于论文的撰写者，

---

* 原载《沈阳教育学院学报》2009 年第 2 期。

只有遵循这样的要求，才能写出高质量的论文，这正是选题的总体价值所在。具体地讲，学术论文的选题具有如下重要性。

（一）恰当的选题可以保证学术论文写作的顺利进行，促进作者科研能力的提高

撰写学术论文并不是一件容易的事情，而要选择一个合适的论文题目，更不是轻而易举的，因为"选题的前提条件之一需要作者对本学科有较深程度的了解和研究，才能提出值得研究的问题"。另外，选题是撰写论文的起点，只有选定了题目，确定了"写什么"，才能按照科学研究的规律去确定"怎么写"，从而顺利地、有计划地开展写作。

同时，选题的过程也有利于作者自身能力的提高。"通过选题，能对所研究的问题进行深入的思考和分析，使其条理化和系统化；通过对所研究问题的历史和现状进行探讨，不仅可以对问题的认识更加清楚，而且也增加了自己对问题进行研究的信息。"一般来讲，论文写作要以深厚的专业知识作为基础，但专业知识丰富并不意味着研究者的研究能力很强，有些人书读得很多，但忽视了论文写作能力的培养，结果，仍然写不出令人满意的文章来。可见，知识并不与能力画等号，必须深入实践中，才能锻炼、培养自己的能力。

（二）选题能够对学术论文的价值和效果起到决定性作用

学术论文的价值，最终要取决于文章完成后的客观效果。选题对这种效果的产生具有不可轻视的作用，"选题不仅仅确定了文章的题目和论述的范围，而且更重要的是选题的过程也是一个创造性思维的过程，同时也是对它的学术价值、社会价值和经济价值进行估计、预测的过程"。论文的选题有意义，写出来的论文才有价值，选择一个好的题目，确实要经过一番思索、比较、推敲，如果选定的题目毫无意义或过于偏狭，即使花大气力写出来，结构再好，语言再优美、生动，也毫无价值可言，也不会产生积极的学术效果。

总之，加深对选题意义的认识，揭示其规律和实质，确定论文的方向和目标，对于学术论文的写作具有重要作用。

二、学术论文的选题原则

（一）大小适度原则

论文的选题应与自己的知识结构、能力水平、业务专长相吻合，要大小适度。一般来说，学术论文的题目可大可小。应该允许大的选题，如历史学科中研究中国封建社会的内部分期、农民战争等问题的文章，都属于大题；研究某个事件、战争、史料真伪等问题的文章就是小的选题。我们在写文章时可以直接选小题目或者在大题目中选定小的论证角度，如"论中国封建社会的农民战争"（大），"论秦末农民战争"（小）。对于初次进行学术论文写作的大学生来说，论文的选题宜小不宜大，题目过大，把握不住，考虑难以深入细致，容易泛泛而论。而小的题目，范围较小，材料容易收集且能够翔实论证，易于操作，有可能写出质量高的论文。

（二）新旧适宜原则

选题中如果遇到老题和新题，应该选择新题，因为新题目没有人探索过，能够从新的角度进行研究，从而表现自己的新看法、新见解、新观点，容易出成果。

提倡新题，并不是要求"赶时髦"，写自己没有弄懂或没有条件研究的问题。并且我们也不主张一概排斥老题，老题目不是不能选，关键是选老题目不能"炒冷饭"，选择旧的、过时的论点要"老题新作，即虽是老题目，但论证的角度新，形成一家之言"。如关于曹操的评价问题，过去很多人都有过研究，发表过很多论文，如果要选择这个题目，就必须有一些新的东西。如果你的评价比较新，并且逻辑性很强，你的选题就是有价值的，否则，就只能是吃别人嚼过的饭，毫无价值。

（三）难易适中原则

所谓难题，就是对某一问题的了解、研究超出了自己所能承担的范围。对于这样的问题，一旦盲目动笔，就很可能由于收集的资料太少、不集中，或者不具备研究这个问题的知识结构、能力水平，在短的时间内又无法增强，而导致中途写不下去而陷入被动境地，迫使自己更换题目，造成时间、精力的浪费，所以这样的题目不能选。

所谓易题，就是在自己能力和条件范围内，比较容易完成的题目，它不需要花费太多的时间、精力。但这样的课题即使完成了，也不能反映自己的真实水平，而且也达不到通过写论文锻炼、提高自己的目的，其学术价值也不会太高，因此也不宜选。选题就难易程度而言，应选难易适中、深浅适中及经过自己的努力可能完成的。

总之，要根据自己的能力、条件，扬长避短地选择所要研究的问题。

三、学术论文选题的途径

（一）从好学深思之中发现题目

这是最根本的发现题目的途径。"文献是保存、传播学术成果的载体，通过对文献的阅读，能够了解本课题研究的历史和现状，所以，我们要多读本专业的资料或与自己研究课题有关的边缘学科的资料，既包括原始资料，又包括前人的成果。"如果对秦汉史比较感兴趣，确定了自己的研究范围，这时就应该读有关秦汉史的基本史料，如《史记》《汉书》等，还要掌握大量考古发现的史料。笔者在读《清史》的过程中，遇到"议政王大臣""南书房行走"等名词，觉得值得研究，就想一想以前自己对这一问题的掌握程度，应从哪方面开始研究，然后把自己的心得体会记下来，进行文献检索，了解这一问题的研究历史和现状，最后确定这一问题具有研究价值，就开始进行研究了。

（二）从社会实践中引出题目

"历史研究的课题源于社会实践，又要服务于社会实践，史学工作者决不能只在历史的尘埃中找题，要从现实中引发题目，反过来，其成果要为社会实践提供历史经验。"在社会生产和生活中不断形成、出现的新问题，是形成科学研究的最重要的源泉，具有重大的科学价值和现实意义。例如，目前影响我国发展的一些重大问题——环境问题、法制建设问题、农民工问题、人口问题等，如果我们能对这些问题进行深入研究，也可以形成有价值的课题，从中获得有关问题的新观点。

总之，选题的途径是多种多样的，要广泛阅读，勤于思考，触发灵感，发现课题。

四、学术论文选题的方法

笛卡尔说过："最有价值的知识是关于方法的知识。"在学术论文写作中，选题的方法可能有许多，每个人都会有自己认为合理、恰当的选题方法，笔者结合自己的实践介绍几种选题方法。

（一）浏览捕捉法

这种方法就是通过对所占有的文献资料快速、简略地阅读，在比较中确定选题。浏览，既可在收集资料的过程中进行，也可在资料占有达到一定数量时集中一段时间进行。

（二）追溯验证法

这是一种先有"拟想"，然后再通过阅读资料加以验证来确定选题的方法。这种选题的方法必须先有一定的想法，即根据自己平时的积累，初步确定准备研究的方向、题目和选题范围。但这种想法毕竟没有实践的校验，它是否真正可行，作者心中可能还没有太大的把握，故还需按照"拟想"的研究方向，跟踪追溯。

（三）社会调查法

写作论文的最终目的是为现实社会服务，而作为论文的第一步，选题也应以社会需要为基础，注重社会调查，收集最原始的资料。调查法需要作者在具备某一方面基础知识的前提下，对所调查的对象进行调查、咨询、访问，通过对调查结果的分析、论证、比较，来确定比较合适的课题。

此外，在选题时，应选择有价值的、有争议的题目，并且对方法的运用要灵活，对所研究的问题要有全面的了解，从而选择最佳课题。

综上所述，选题对论文的写作是十分重要的，要想写出质量好的论文，除了要在选题方面进行知识的积累外，还需有一种认真、勤奋的精神，在学术上要有心计，及时掌握学术信息并努力探求历史文献资料。

参考文献

［1］高小和. 学术论文写作［M］. 南京：南京大学出版社，2002：

100.

　　［2］王力，朱光潜．怎样写学术论文［M］．北京：北京大学出版社，1981：92.

　　［3］王连山．怎样写毕业论文［M］．沈阳：辽宁大学出版社，1981：92.

　　［4］王乾都．学术研究与论文写作［M］．北京：军事科学出版社，2002：96.

　　［5］叶振东．毕业论文的撰写与答辩［M］．杭州：浙江大学出版社，1995：12.

　　［6］张胜彬．文科论文写作［M］．北京：北京大学出版社，1989：16.

文科类博士研究生学术论文写作[*]

厦门大学 刘宗劲

本科教育主要注重对基础知识的学习，研究生教育更提倡对创新精神的培养。学术论文作为科学研究成果的重要载体，其质量高低是衡量研究生创新水平的一个重要标识。由于多种因素的影响，当前我国硕士研究生的学术论文质量普遍不高。事实上，在我国研究生教育实践中，只有到了博士研究生阶段，才会开始进行严格意义上的学术训练，所以，有学者将博士生教育定位为"对未来研究者的训练"。在这里，首先有必要对本文标题中"学术"的含义进行界定。厦门大学教育研究院院长、我国科举学创始人刘海峰教授认为，"通常我们说的学术是指人文社会科学方面的学问"。和自然科学相比，人文社会科学的论文受很多因素影响，没有那么标准、严格和精确，因此，写作范式也大相径庭。由于学术论文关乎专业知识的积累和写作锤炼的感悟，很多文科类博士研究生视学术论文写作为一个痛苦的过程：对选题的困惑、对创新的茫然、对文献资料梳理的不知所措，等等。本文拟从选题、研究和表达三个方面探讨文科类博士研究生理解学术论文时需要把握的认知逻辑及写作要义。

一、选题：在学术期刊、专业书籍和兴趣之间

选题关乎学术论文的创新程度及水平高低。很多时候，尤其是在初学论文写作阶段，不少文科类博士研究生在钻研了部分庞杂的专业知识以

---

* 原载《学位与研究生教育》2016 年第 6 期。

后，面临着无题可论、不知从何入手的困境。大体上讲，摆脱这种困境有以下两种方式：

（一）从学术期刊中挖掘和寻找选题

学术研究的基本话题在较长的时期内变动不大，很多问题争论未决，历久弥新，比如管理学和经济学中的土地流转问题，教育学中的考试问题，从学术期刊网上可以查找到上万篇文献，但是，不同的视角、不同的解读、不同的逻辑，能够源源不断地写出新意。而且，在学术期刊网上通过关键词检索某个选题，其研究进展一目了然，文献追溯也很系统。而专业书籍属于个人专论，时效性又滞后，显然不具备这个优势。因此，博士研究生应长期不定期地到图书馆翻阅本专业学术期刊，这既有助于获取相关学术信息，也有助于捕捉学术论文选题。当然，由于知识爆炸，现在的学术研究朝专、精、深方向发展，所以翻阅学术期刊时没有必要细读全文——感兴趣的论文除外，我们只需要翻阅每期的学术期刊标题即可，通过他人的研究选题，挖掘潜在信息，从中获得选题灵感。如果出于各种原因图书馆的本专业期刊有限，可以在学术期刊网上通过"刊名"的方式检索与本专业相关的所有核心期刊（如北京大学版中文核心期刊、南京大学CSSCI源刊），从而获得选题信息。

（二）从专业书籍中拓展自己的思路和选题

如果本硕博或者硕博是同一个专业，或者即使是跨专业攻读博士学位者，在比较牢固地掌握了专业知识以后，除了从学术期刊中挖掘和寻找选题外，还可以通过对专业书籍尤其是经典书籍的阅读，在灵光一现中获得选题。其实，任何一门学问，钻研到了极致都是美学。因此，在阅读专业书籍时，我们将会在独到的阅读中获得审美的体验，从而获得一个个学术兴奋点，以此找到阐释问题的出发点。在选题过程中，兴趣至关重要。正如著名的香港经济学家张五常教授所言，学业之旅是长程赛跑，那么，支撑我们走下去的动力就是兴趣。因为有兴趣才有激情，有激情才有灵感。当然，刚刚进入学术研究领域的时候，我们往往很难发现自己的研究兴趣，多翻阅专业学术期刊，多阅读专业书籍，我们将会逐步发现自己的研究兴趣所在。

二、研究：文献阅读的意义新生和资料收集

选题确定之后，文献的阅读以及资料的收集便构成了文科类博士研究生从事学术研究的主要内容。文献包括期刊论文、专业书籍、报纸、网络文章等。科学学的研究发现，文献阅读及资料的收集至少要占学术论文写作1/3的时间。

（一）学术研究是在前人研究成果基础上的创新和发展

学术研究规律和文学创作不同，它不能完全依靠内心体验，自说自话。学术研究的一个显著特点是它的继承性，以前人的研究成果为基础，并在继承前人研究的基础上进一步拓展和创新。因为学术论文的写作是在特定的学科领域内进行的，而人类文明发展到今天，任何学术研究都不可能从零开始，因此，在论文写作前，必须了解前人对本选题的研究进展及成果，否则，费尽心力得出的研究结论有可能早已有之，那么，研究也就没有任何学术价值可言了。人文社会科学和理工类的科学研究差异甚大，正如我国美学家李泽厚所说："文科和理工科不同，不搞实验，主要靠大量看书。"由于学术论文是对某个问题进行专门研究，所以，对选题相关文献的阅读有利于我们深入了解对象本身。记得一位文科类博士生导师曾经对新入门的博士生这样表达文献阅读对研究的意义："如果你能通读本专业100本中外专著，你的学术水平就脱胎换骨了，你做学问就有了根底，说出的话，写出的文章，就不一样了。"这是对文献阅读相当有见地的理解。

（二）文献阅读既是学术研究的基础，也是获得学术灵感的源泉

文献阅读的意义在于：第一，掌握本选题研究进展。通过文献阅读，我们可以了解本选题哪些问题早已解决，哪些问题尚存争议，哪些问题有待挖掘，哪些问题尚属空白。第二，在一个宽广的背景下拓展我们的思维。由于每个人的知识结构和思维方式都有自身的局限，通过阅读与本选题相关的、众多学者的各种研究文献，可以大大拓展我们的思维视野，深化我们对选题的思考，从而提升我们的知识结构和观念层次。第三，在研读中孕育学术见解。学术文献似乎有一种特异的"激活酶"，它能在我们

身上激活出高于我们常态的精神能，萌生出超常的联想、推理，或者获得对自己记忆库储存信息的新的编码，于是往往会出现禅宗六祖所描绘过的那种玄妙的"顿悟"。因此，文献阅读的过程其实也是孕育观点、培养学术语感的过程，从而促进我们在文献阅读中对本选题不断思考，不断创新。

（三）在研读文献过程中注重以问题为导向收集资料

"巧妇难为无米之炊"，学术论文写作必须占有详尽的文献资料。文献研读得越多，论文的思路也就变得越清晰。有价值的学术论文，无不得益于深厚的文献资料的积淀。一般而言，写作一篇真正意义上的学术论文，收集的文献资料至少应有上万字，甚至十万字、几十万字。俗话说得好，"好记性不如烂笔头"，因此，在研读文献时要学会做笔记，要带着问题阅读，并对写作学术论文可能有启发意义的相关字句和段落进行摘抄。做笔记要注意两点：第一，标明出处，如论文标题、作者、期刊名称、发表时间、页码；书名、作者（译者）、出版社、出版时间、页码等，以方便写作学术论文时标注参考文献。第二，摘抄时，可在每一段落后面标注阅读时对此论述的心得、见解等，以方便正式行文时导引思路。有时候，我们想研读与选题相关的经典著作，但又不知有哪些经典著作，那么，可以从已经发表的、与选题相关的、学术论文后面的"参考文献"中得到启发，通过按图索骥的方式顺藤摸瓜，从而寻找与选题相关的经典著作。

三、表达：在"修行"语境下对学术论文的五维解构

选题、研究之后，学术论文就进入写作表达阶段了。这个阶段至关重要，同时也是不少文科类博士研究生写作学术论文最困惑和茫然的阶段。下面针对文科类博士研究生的各种表达困惑力求释疑并找到解决之道。

（一）对学术论文作为一种"文体"本身的认识

一般的学术论文要求 5000 ~ 8000 字，可是一些初学论文写作的文科类博士生认为自己的论文一两千字就可以说清楚，实在没有那么多"废话"可写。我们上中学时知道，"作文"的体裁有记叙文、议论文、说明

文、诗歌、小说等。学术论文是议论文这个文体的高级形态。议论文由论点、论据和论证三要素组成。议论文中的论点对应于学术论文的创新点（议论文的论点不要求创新，写作的目的仅在于锻炼逻辑思维能力和表达能力）；议论文中的论据可以引用典故或生活事例，学术论文则要求科学的事实（调查）或论述（文献）做支撑。如果论证严密、说服力强，对议论文而言，突出"优秀"；对于学术论文而言，则彰显"功力"。比如，议论文《坚持就是胜利》，论点大家都懂，在成年人的世界里根本无须论证，几句话即可说清楚。但是，表达能力强的学生能把这个普通的道理写成一篇1000字甚至3000字、很有说服力的美文。学术论文同理，如果文献或数据材料丰富，论证严密，逻辑清晰，无疑将凸显论文的学术水准和学术创新。一两千字可以成就一篇优秀的议论文，但学术论文显然不够，因为一两千字刚够厘清选题的概念、背景、现状等，很难进一步论证学术见解。

（二）语言的凝练和表达体现学术论文的深度和智慧

我国中学阶段的语文教育问题不少，现在的高考作文中文通字顺的已然不多。作为高中文法水平的延续，很多文科类博士研究生对学术论文的语言凝练和表达，要么没有意识，要么不得要领。但是，语言表达从形式和内容两方面影响着学术论文的深度。对于学术论文而言，如果不能用清楚的语言表达出来，再优秀的思想也无法得到传播。更何况，语言本身就包含了知识和能力、过程和方法、态度和观念。美国学者雅罗斯拉夫·帕利坎指出，对于思想深刻的人士尤其是学者来说，把修辞的观念恢复到语言技巧中应有的可尊敬的地位——包括给高度的学术穿上敏锐而有品位的语言外衣的修辞技巧——的时刻已经到来。用纽曼的话来说："思想和言语彼此不可分离。主题和表达是一体的两面：风格是呈现为语言的一种思考。"语言不仅是交流的媒介，也是思考的工具，恰到好处的语言能精确、完美地传达作者的见解、境界和智慧。因为和自然科学研究不同，人文社会科学论文不是标准化的生产，而是充满个性化的表达。如果一篇学术论文不但论证严密，而且文采斐然，当是"鲜花着锦、烈火烹油"之盛。当然，语言凝练和表达能力是一种需要长期培养的素质，对于从事人文社会科学研究的博士研究生而言，应该有意识地加强这方面能力的训练和培养。

（三）逻辑思辨决定学术论文的经络和创新程度

一些文科类博士研究生对于如何组织语言没有头绪，不知道怎样将已经收集的资料进行组织归类，并在此基础上通过同化和分化的方法产生自己的观点。其实，在学术论文写作前，我们的思想往往是混乱模糊的，我们的见解也呈片断化、零星化状态。但在梳理文献和分析事实的过程中，我们会逐渐形成我们的观点，我们的思路也由此越来越清晰，越来越成熟。事实上，理论知识唯有凭借反思与沉思方能融会贯通并举一反三。在这个过程中，我们的逻辑思辨能力起着决定性的作用。运用我们的逻辑思辨能力，我们一边研读、构思，一边取舍，在再创造的过程中推陈出新，从不完整的信息中寻找事实，从而使我们的观点和见解条理化、清晰化、明朗化、系统化。因此，一篇学术论文的质量取决于一个人的逻辑思辨能力。有学者将此过程比作上山采药，把看上去是"药"的植物采集回来以后，"将混在其中的'草'拣出去扔掉，把剩下的药，按药的种类分开备用。这就是写作过程中材料的选择和材料的分析"。不管我们收集的文献资料有多少，在逻辑思辨过程中，我们会发现有些资料需要细细品味，有些资料仅需要一目十行地浏览。需要说明的是，强大的逻辑思辨能力非一朝一夕所能形成的，它一方面源于我们大量的阅读体验，另一方面源于我们在不断的学术论文写作中逐步形成的、严谨的、缜密的学术思维习惯。

（四）创新是学术论文的主要特征

没有创新就没有学术论文，创新是学术论文的主要特征。但让不少文科类博士研究生困惑的是，阅读了与选题相关的文献达几十万字，感觉所有问题好像都被人家论述了，自己怎么可能有"创新"呢？在这里，我们有必要对学术论文的"创新"加以阐释。学术论文的创新是对专业而系统的理论进行智力再加工，要想做一篇语言、思维、见解真正全"新"的论文是不可能的，国外的研究显示，一篇富有创见的文献，其提供的新信息仅占全部信息量的10%，其余的90%为前人所提供。而且，随着人类文明进程的不断发展以及研究的不断深化，创新难度越来越大。以人文学科为例，18世纪末以来关于莎士比亚的《哈姆雷特》，已经出版了25000本（篇）以上的书籍、散文、论文和其他评论。每年，欧洲和美国的大学都会完成超过3万篇关于现代文学的博士论文。完全意义上的学术创新，实属不易。但是，正如不同艺术家刻画同一对象的不同之处在于其观看对象的方式而非其关注的主题，每幅画都是独一无二的。同样，对于人文社会科学选题的已有研究，我们从不同的角度，用不同的研究方法，以不同的语言表达，凭自己独有的逻辑思辨，我们总能添砖加瓦，另辟蹊径，独树一帜。马克思所创立的政治经济学宏大理论体系，就是在批判地继承了英国古典政治经济学的基础上建立起来的，在其经济学巨著《资本论》三卷中，引用资料的索引和注释就多达300页。因此，只要我们打破对学术论文写作的神秘感和畏惧感，建立科学的认识论，勤于钻研，认真思考，善于借鉴，持之以恒，就一定能对学术选题进行创新和发展。

（五）标题是学术论文的名片，系画龙点睛之笔

一些文科类博士研究生，要么对学术论文标题采取无所谓的态度，要么感到难以找到吸引人的切入点，并通过标题的方式表达自己的学术见解，常见的标题问题主要有文不对题、小题大做、大题小做三种。首先我们要认识到，选好一个标题是学术论文成功的一半。因为标题不但反映了论文的学术主题，而且能吸引期刊编辑和读者。有的博士研究生认为，一些论文标题纯粹在玩文字游戏，实则不然。一个好的论文标题，既能反映学术论文的创新之处，同时还能昭示作者的文法功底和学术涵养，更是作者逻辑思辨能力的体现。因此，文科类博士研究生平时应多学习借鉴一些优秀期刊的论文标题表达方式，通过揣摩和积累，有意识地对学术论文标题多加锤炼，慢慢地，我们会发现，构思一个具有审美意义的学术标题，并非难事。除了论文标题，文中的二级标题同样不容忽视，因为二级标题相当于一篇文章的"简明导游图"。众所周知，一个人的逻辑思维是一致的，如果一篇学术论文的大标题和小标题之间，或者小标题和小标题之间，逻辑关联不大甚至四分五裂，那么，我们有充分的理由相信，整篇文章肯定是一盘散沙。因此，大标题与小标题之间、二级标题与二级标题之间要层层递进，逻辑清晰。如果二级标题在提炼段落中心思想的同时兼具学术美感，那就堪称完美了。当然，如同游泳是游出来的而不是教出来的一样，学术论文水平提升的关键在于实践，即要在博览群书、广泛阅读的基础上多动笔、多练习。一些文科类博士研究生之所以一想到学术论文就头痛，是因为他们误以为学术论文和文学创作的体验式表达一样，是一种需要灵感的艺术。其实不然，只要勤学苦练，无论是成功的经验，还是失败的教训，都能在体悟中感知学术论文写作的不断进步，并逐渐铸就作为一个学者的学术涵养。学术研究其实是一种修行，"学术人不是普通人，要成为学术人并不容易，需要一次涅槃"。要实现"涅槃"，须有坐冷板凳的心境，这对一个学者而言，既是一个基本要求，也是一个起码常识。

参考文献

［1］蔡宗模．学术与学术人［J］．大学（学术版），2011（1）：86－94．

［2］葛美瑛．怎样写好学术论文［J］．科学学与科学技术管理，1997（10）：39．

［3］拉塞尔·L.阿克夫，丹尼尔·格林伯格．21世纪学习的革命［M］．杨彩霞，译．北京：中国人民大学出版社，2010：61－62．

［4］李泽厚．走我自己的路［M］．合肥：安徽文艺出版社，1994：19．

［5］临风．倡议全民学语文［N］．南方周末，2009－06－25．

［6］刘海峰．学术之美，一头雾水？［N］．中国教育报，2009－03－16．

［7］沈文钦．博士培养质量评价：概念、方法与视角［J］．北京大学教育评论，2009（2）：47－59．

［8］宋全成．论文科学报编辑的信息能力和信息域［J］．石油大学学报（社会科学版），1993（4）：92－94．

［9］尉天骄．学术论文的特点与选题——学术论文写作研究之一［J］．山西青年管理干部学院学报，2007（3）：87－89．

［10］辛逸．文科研究生学术精神的培养——以研究生毕业论文为例［J］．中国高教研究，2008（7）：25－27．

［11］雅罗斯拉夫·帕利坎．大学理念重审——与纽曼对话［M］．杨德友，译．北京：北京大学出版社，2008：135．

［12］尹玉洁．社会科学学术论文写作探讨［J］．河南师范大学学报

（哲学社会科学版），1996（4）：67 – 69.

　　［13］周博，冯涛，许海涛. 国务院学位办主任杨玉良称本科教育应试化值得警惕［N］. 中国青年报，2006 – 11 – 27.

　　［14］祖慰. 把汤本叠影在库克中的崭新阅读［N］. 南方周末，2007 – 03 – 29.

如何做好博士论文[*]

重庆大学　　蒲勇健

博士论文的写作是博士研究生主要完成的工作。由于存在着较高的难度，较长的写作周期，以及在创新、写作规范、实际及理论意义等方面有着比较高的要求，博士论文的完成一般来说是有相当的难度的。一篇好的博士论文不仅是一本好的学术专著，而且还是具有理论创新价值的学术探索成果。一个博士生从入学到毕业，就应该达到从一个学生到一个学者的转变，就应该成为所研究领域的一位专家。

尽管对于博士生有着如此高的要求，博士论文的写作还是有一些规律可循的。下面，根据我自己的经验（包括自己读博士的经验和带博士生的经验），我简单谈一谈关于如何准备博士论文的一些想法，供大家参考。

一、研读文献

一般来说，一个博士生在入学后就已经确定了其博士论文所属的领域或者方向，因为这是在报考和录取时就确定好了的，除非入学后还要进行修改，而那是另当别论的。

在第一年完成博士课程的学习并且取得应有的学分之后，就自然进入了文献的收集和研读的过程中了。文献的收集及研读对于博士论文来说既是一个开始，又是非常关键的。你过去没有进行过研究，现在也没有仔细

---

　　* 本文转引自 http：//wenku. baidu. com/link？ url = dgIFcOvzeEsCqL2qvpraToaPiHLeVe KbWL-BzDbMkX1SE6StsqvHYgrA－0KcAK4DfXiSHVWY8h8cpsD6116D－RElI_ 5_ WCPAAY_ 6mYrdlxu。

研读该领域中别人的研究成果，是怎么也不可能搞出什么像样的东西的。所以，在这个工作之前，你只可能是一张白纸，什么也没有，什么也不知道，更不知道什么是该领域的前沿研究课题，也不会使用该领域中的常用技术，不可能只是这样白板一块就可以做出什么像样的东西的。

（一）收集文献

文献可以从网络、图书馆、书店和朋友同学那里取得。主要是要收集到一些（哪怕是只有一篇）该领域出现的"近期"的综述性文献，一般是不超过三年以前发表的论文。什么是综述性文献呢？一般来说，英文的综述性文献在题目上有"...review..."（一般为较为通俗的综述评论）或"survey"（一般为比较专业化的文献综述）这样的字样。综述性文章的内容不是在研究一个具体的问题，而是在回顾、评论某个领域在最近或者过去的一段时间里的研究情况，并对于不同的研究者和不同时期的研究特点进行评论，最后还要为未来的研究方向以及创新的可能性做出预测。

在综述性文献中，作者会罗列出大量的参考文献，并且还要对这些参考文献的相对重要性进行评说。你就可以根据这样的评说和所罗列出来的文献去进一步搜索更多的文献，然后又从那里的参考文献去找出更多的参考文献，如此等等。这样，沿着一条路线，你就可以在一段时间里，譬如，在一年以内，做到基本掌握该领域的研究情况了，也知道这个领域的前沿是什么了。

另外一种文献收集方法是根据作者和关键词去检索。当然，即使在同样一个领域里研究的问题还是很多的，可以事先带着问题去搜索，如公司治理问题、可持续发展问题、经济增长问题等。这就需要使用关键词搜索法了。

如何利用互联网搜索文献？现代网络技术的发展，使人们可以更为便捷地获取信息资源。在文献收集过程中，充分利用网络资源，常常可以事半功倍。

利用网络收集资源大致有两种：一是处于选题阶段，还没有论文方向，想找一个合适的方向来做，此时可以在网上搜索"review""survey"等，阅读一些文献综述，在其中寻找自己感兴趣的方向；二是已经确定了大致方向，希望了解本研究领域的进展，此时应当请教这一领域的专家，搞清楚哪些人是这一领域的牛人，搜索他们的文章——国外的传统，很多杂志要介绍某个领域的成就和进展，都会邀请牛人来写综述——只有知道哪些人是这一领域的杰出代表，才可能从这些人的著作中体验这一领域激动人心的发展。

网络搜索技巧我也谈一下：首先，Google 肯定是一个很好的图书馆，它是全世界最大的搜索引擎，并且可以支持中文、英文搜索。如果你已经知道一篇文章的名字，不妨把名字输进去看看——这里多说一句，因为国外的论文全文通常都是 pdf 格式，所以不妨在输入的论文名字前加个"［pdf］"，比如可以这样"［pdf］ + A Survey of Corporate Governance"作为关键词搜索，这样有助于限制你搜索的是 pdf 格式的论文全文，你可以很方便地搜索到公司治理研究四人帮 LLSV（1997）的《公司治理的一个综述》全文。

但是，Google 搜索到的全文常常只是 Working Paper，没有杂志的编号页码，因此在论文中引用有一定的不方便。我们要搜索已发表的论文也很容易，如 EBSCO 等外文数据库提供了大量的论文全文，20 世纪 90 年代以后尤其是 1995 年以后的文献，基本上可以方便查询。

如果通过这些全文数据库还不能查阅到所需要的论文，不妨把论文发表期刊页码记下来（方便引用），然后到 Google 上搜索其 Working Paper。如果 Google 上还不能收集到，那么还可以尝试搜寻作者的主页，也许上面会有，如果仍然没有，还可以尝试通过作者的邮件地址直接写信索取。我的经验，外国人是比较热情的。如果这些方法都尝试了还不行，最后还可以在 EBSCO 查阅国内馆藏，请求帮助。一般地，比较经典的论文大多会有好事者放到网上，所以，尝试以上各种办法都无法得到某篇文献，要么忍痛放弃，要么求助国外的朋友，或者从其他文献中间接引用。

收集文献还有一个值得提出的方面。国外论文发表周期较长，我们现在看到的论文，实际上可能是两三年前的作品，因此要把握研究动态，最好还是看 Working Paper，这样可了解别人现在正在研究什么。而且，你在博士论文开题时读到的好的 Working Paper，等你博士论文写成时，这个 Working Paper 大概也已经发表了，此时不妨再上网查一下其发表的期刊，将发表信息正式列入你的参考文献，你的论文文献注释就会更规范，而且兼顾了注释最新文献的要求。

最后，给大家列几个我经常使用的几个比较好的免费提供 Working Paper 下载的网站：IDEAS（http：//ideas. repec. org/），NBER（www. nber. org），此外还有很多大学、研究所也提供了其工作论文免费下载地址，比如，Laffont 教授创立的 IDEI（http：//idei. fr/presentation. php）。网站众多，大家慢慢去学会使用。这里不再多讲。Jestor、EconBase、ScienceDirect 等也是很好的数据库，不过需要付费使用。

（二）研读文献与读书笔记

其实，研读文献应该是与文献的检索过程同时或者是交错进行的。在检索到文献的同时就应该开始进行文献的研读了，在研读文献的同时就应该根据在阅读过程中出现的新的检索要求去检索新的文献，收集文献是一个不断反复进行的过程。

所以是"研读"而不是"阅读"文献，是要求在读文献的同时捕捉住产生的火花进行研究，而不仅仅是一种简单的阅读过程，如进行新的模型的推导及用新的数据进行计算等。在看人家的文章的时候，要养成用"批判"和"怀疑"的眼光去思考的习惯，在读到人家的判断时，应该在自己的心中不断地问着"是吗？为什么？可能不是这样的吧？"同时试着去找相反的例子，还有在逻辑上进行深入的思考，这就是"研究"。

根据我自己的经验，在读文献的时候，特别是沿着一条固定的思路下去读了许多文献之后，很容易就出现新的火花和思如泉涌的情形。但是，过了一段时间之后，就容易把它们忘记了。因此，为了在后面写作论文时可以充分利用前面在读文献时出现的新的想法和线索，为了不忘记它们，一般要采用做读书笔记的办法。读书笔记的写法是：

（1）什么杂志，第几期，什么地方有关于什么问题的什么论述，它对于我即将做的博士论文有什么参考作用，或者我对于这个问题有什么自己的见解，可能会有什么贡献等。

（2）读书笔记要进行分类，如分为数学模型方面的、实证研究方面的、中文文献方面的、外文文献方面的、数据方面的、纯理论方面的、政策分析方面的、学术争论方面的、案例材料方面的等。

（3）重点分析或者精读几篇代表性的文献。

（4）重要的是要写心得体会。

（5）重要的数据要及时记下来。

（6）前面的过程可能有反复，自己的见解也会有变化。

在国内收集文献，特别是收集外文文献一般是有困难的，但是在国家图书馆就可以收集到与国外差不多同样的文献，所以，尽量争取去国家图书馆收集资料。目前重庆大学图书馆也可以收集到相当多的外文文献。泡图书馆是读博士的必需过程，全世界都是如此，这个环节不可缺少。

二、开题报告

在文献收集和研读的基础上，就要开始进入开题的过程了。开题报告的实质是向老师汇报自己的博士论文准备情况，同时老师就自己的研究思路给予评论和提出建议，从而达到进一步明确研究目标、理清研究思路，以及在文献和研究方法方面从老师那里获得更多帮助的目的。开题报告在这个任务目标的引导下，应该就选题，文献综述（除了开题报告之外，博士生还要写专门的文献综述报告，可以结合起来做），研究的目标、内容、方法、创新、技术路线、可行性等方面进行全面、深入的介绍说明，并且接受老师的批评和建议。

这里，有一些要注意的问题：

（1）开题报告的性质任务是汇报自己的研究工作准备情况，包括文献资料的收集、研读情况、研究的初步思路、可行性等，同时接受老师的建议。所以，开题报告与毕业答辩是不同的，学生面对老师的态度不是辩论，而是"咨询"，应该借助这个机会尽可能多地向老师请教，获得更多的帮助和信息。根据以往的经验，这个过程对于以后的研究和论文写作有着极大的帮助，同学们应该加倍注意。

（2）在研究的内容中应该写出要研究的各个方面，要把研究这些方面的问题、方法、初步的思路、可能出现的难点以及如何去应对和解决这些难点的准备性思路都写出来，但文字要简练，因为只是初步的构思，不必长篇累牍。许多同学在这部分内容的写作上把研究内容写成像一本书或是毕业论文的目录，这是不符合要求的。

　　一般地，研究内容从大的方面看应该按照如下的顺序和范围写：

　　第一，选题的意义，包括理论上和实践中的意义。首先，要说明选题在理论上可能会有什么样的贡献，要说清楚这一点实际上对同学的要求是很高的，因为只有充分掌握了相关的文献以及对于这个领域中的理论发展有充分的了解情况下，才可能把这个问题说清楚。然后，要说明研究这个问题在实践中的价值，这需要对所研究问题的实际用处有所了解。一般地，选题要具有"重要性""前沿性""可操作性"，还要有方法论上的意义；"重要性"指研究的问题关系到理论上和实践中的重要突破口，对于国家社会经济发展和人民福祉具有关键性的推进作用；"可操作性"指预期可以在规定的论文期限内完成，即可以做出来，所以要对难度进行评估，既不要选择太容易的题目，也不要选择过于难的题目；"方法论上的意义"是指研究这个问题预期会使用到一些新的研究方法；在科学研究中，新方法的使用是十分重要的，事实上，有些研究得到的结果可能是平凡的（人们早已经知道的，或者凭直观就知道的），但是，运用新方法研究这些问题也是有价值的。譬如，老农民可能有许多完全凭经验的方法去预测天气，但是，这一点也不妨碍科学家运用包括 Stocks 方程在内的空气动力学的新方法去预测天气，尽管在开始时还很难说这种新方法就一定比老方法来得准确一些；方法运用在博士论文中占有一席之地；所以，在开题报告中要求对于使用什么样的方法予以专门的说明。

　　第二，研究的理论和实践的背景、理论基础研究及回顾等。

　　第三，国内外文献综述。

　　第四，问题的现状、根源以及成因分析。

　　第五，模型或者指标体系研究（构造），这部分是论文的核心，是创新出现的地方，是衡量论文学术水平的关键部分，通常要有数量模型或者是数量指标，也是单独发表高水平论文的内容抽取部分。

　　第六，案例分析或实证分析部分，通常是运用计量经济模型对前面得出来的理论创新结果进行检验或者是用案例进行验证。

　　第七，政策建议，如果说前面的理论研究是对于经济管理问题进行的诊断的话，那么这里就是在诊断结果的基础上开出药方，对于解决所研究的问题提出基于自己的理论研究的政策建议。在这里，许多同学爱犯的毛病是提出的政策建议的思路与自己在前面进行的理论研究之间没有什么关系。

当然，不是说所有的博士论文都应该按照上面的内容顺序来写，这里只是提供一个参照。但是，大多数论文的内容组织基本上是按照这个框架来做的，或者说是在这个框架上做一些变动后进行的。

（3）创新部分是论文的亮点，要"具体""恰当"地写出创新的要点。不要太抽象，要把自己的思路与现有的研究有什么不同的地方说出来，还要说出自己的思路在什么地方比起现有的研究要高明一些，否则就不能说是"创新"。

（4）技术路线一般是指研究的准备、启动、进行、再重复、取得成果的过程，不是指毕业论文的写作过程，更不是指答辩的准备和进行过程，许多同学会出现这些偏误。

（5）开题报告一定是在文献收集和研读过程之后进行的，因为根据上面说明的逻辑，在之前就作开题报告是不可能按照开题报告应有的内容进行的。所以，为了开题，文献收集和研读是要尽快进行的，要抓紧时间做。

（6）方法运用应该写得具体一些，许多同学把这一项写成"运用辩证唯物主义和历史唯物主义的方法""运用定量与定性相结合的方法""宏观分析与微观分析相结合""理论分析与实际运用相结合"等诸如此类的大框框，一点也不具体，实际上不知道他到底要用什么样的方法；这里要写出具体的方法，如运用博弈论的方法、计量经济学的方法、案例分析的方法，甚至更加具体到如"通过在索洛模型中植入不可再生资源投入变量，然后研究人均收入可持续增长是否可以实现或者在什么样的条件下可以实现，从而获得有关可持续发展新模型的方法"等。

（7）案例——一个优秀的博士生的开题报告。2002级的田盈同学的开题报告做得比较好，一些资深教授的评论是"很难见到的十分好的博士生开题报告"。它符合上面提出的有关开题报告的要求。

三、研究与重点突破

博士论文中的理论创新是核心，代表论文水平的高低，也是最困难的。可以这样说，只要把这个问题解决了，论文也就解决了一大半了。所以，应该先重点突破这一点。同时，因为整个论文基本上是围绕这个问题的突破或创新而展开的，所以，这个核心问题没有解决，也就无从谈起论文的写作了。因此，先不要忙着写论文，一定要先进行研究，有了成果，才会有东西可以写。因此，学校对于博士生都要求发表论文，特别是要求在一级学报和核心杂志上发表论文。因为，如果没有创新性的研究成果，发表论文是不容易的。

这一个过程是整个论文写作阶段中最困难的。不要急，慢慢来。要有一个酝酿的阶段，要多尝试。这个阶段也是最让人感到沮丧的，自己会发觉自己"很笨"，许多地方都不如人，因为会遭遇许多次的失败，所以会感到博士论文是做不出来的，甚至会想要放弃。注意，这种感觉是所有人在做博士论文时都会有的，不只是你一个人才会有，所以一定要坚持。根据我和许多其他人的经验，当这个过程持续一段时间后，火花就会产生了，坚持到最后的就是胜利者。歌德说："冬天已经来临，春天还会远吗？这一个关键时刻，不要轻言放弃。"

创新要来自新的火花的产生，而新火花是如何产生的呢？根据经验，主要是来自多读模型的过程。一般地，看了许多模型后，会产生有关构造新模型的思路；当然，这种新模型的构造一般也是建立在通过修改别人的模型的基础上的，而如果没有读过许多别人搞的模型，没有站在前人的肩膀上，一般来说是不可能做出有创新意义的研究的。这个过程的进行一般具有如下的特点：

（1）通过寻找现有模型所不能解释的现象，或者不能解决或不能处理的问题，提出修改发展现有模型的必要性。

（2）寻找现有模型存在这种不足的原因，这是一个诊断的过程。

（3）发现现有模型的可以进行修改的地方之后，就要着手进行修改工作，这个过程有较大的难度，主要是技术性的难度，即进行模型研究的技术难度。

（4）这时应该多与导师联系，多请教别的高手，但更主要的是要多思考多研究，同时还要补充学习自己过去没有掌握的一些技术性研究方法。

四、写作和发表论文

如果成功地解决了上一个阶段的问题，这一个问题就是水到渠成的了。投递文章要投一级杂志，因为这是要实现解决的问题。博士生被要求在一级杂志上发表论文，否则不能答辩。其他还要在 CISSCI 目录上的杂志上发表论文若干篇，这些杂志的面要比一级杂志宽一些，难度也要小一些，但也是不太容易的。有人说，"现在在杂志上发表论文很难，特别是在一级杂志上，没有熟人是不可能的"，其实情况没有想象的那么糟，只要文章写得好，即使是一级杂志，发表文章甚至是发表多篇文章也不是没有可能。例如，有的博士生在入学一到两年中就在一级杂志上发表了多篇论文。当然，他们参加了一些基金类课题也是一个原因。在许多一级杂志上，是鼓励基金类课题的研究论文发表的。所以，同学们应该尽量参与一些基金类纵向课题的研究。另外，有模型的文章也更加容易发表一些。学校要求至少要在一级杂志上发表一篇论文，但是，仅仅是一篇文章还只是刚刚及格，一般要发表两篇以上才会有比较好的效果。

五、写作毕业论文

在完成了论文发表的数量和质量要求之后，就自然进入了毕业论文的写作阶段。实际上，在杂志上发表的论文本来也是毕业论文的重要组成部分。但是，发表的论文是专题式的，还不是成体系的，需要把不同的专题研究联系起来，链接不同的部分，从而构成一个统一的论证系统。这就是毕业论文的写作。同时，毕业论文还是学校检验学生整体的知识掌握情况的一个方式，所以还不是一个简单的研究问题。因此，除了学术创新之外，毕业论文的写作还对于文字语言的表达、知识面、论文结构组织和逻辑运用等有一定的要求。

在写毕业论文的时候，要大力借助于读书笔记。根据前面已经完成的读书笔记，可以做到事半功倍的效果。特别是论文中的文献综述部分，基本上就是从读书笔记中来的。或者说，是读书笔记的更加系统的整理，深化和扩充而已。

六、关于"创新"的一些补充看法

博士论文对于"理论创新"有着特别的要求，关于这一点，许多同学不太清楚。首先，博士论文对于创新的要求是"理论"上的"创新"，不是在编写程序软件和某一个具体的算法上的改进性"创新"，更不是一个案例的编写或者具体的政策分析，是否有"理论"上的创新应该说是博士论文与 MBA 毕业论文的根本不同之一。其次，创新的过程有一定的方法可寻，并不是完全靠天上掉馅饼。那么，如何才能做到理论创新呢？方法是什么呢？这里有一些经验之谈：

（1）类比法。将在某个领域曾经取得过成功的方法运用于另外的一个新的领域。譬如，将在经济学中成功运用过的博弈论方法运用于管理领域中的人力资源管理。这就是 E. P. Lazear 领导的一个基于博弈论方法的人力资源管理理论领域的创新。

（2）假设条件修改法。将现有的理论模型的假设条件根据所要研究的新的环境进行理由十分充分的修改，取得新的成果。譬如，在通常只含有资本和劳动两种生产要素的生产函数中加入资源投入要素，可以研究在资源约束下的经济增长问题，从而研究可持续发展或者可持续增长问题。这就是可持续发展或者可持续增长问题的研究创新；再如，卡尼曼（D. Kahneman）与特伏尔茨基（A. Tversky）将经济学中的边际收益分为失去的和将获得的边际收益，并且根据心理学的发现即人们总是给予失去的已比即将获得的收益更高的评价，用它作为一个新的一般性假设去取代经济学中原有的假设，从而获得行为经济学的"前景理论"创新。

（3）组合法。将不同的领域加以组合，看能不能产生有意义的结果。譬如，将制度经济学中的交易成本概念与市场规模结合起来考虑，再将市场规模与分工深化程度结合起来考虑，再将分工深化程度与经济增长结合起来考虑，就得到了杨晓凯的分工演进经济增长的内生理论创新。

（4）从特殊到一般。从一般到特殊是大家都会的，但是，逆向思维往往是创造性思维的成功方法。注意个例观察的一般性推广。从个例中看出一般性的规律就是"启发"。譬如，早在 1962 年 K. Arrow 就发现了存在于一些制造业（如飞机制造业）中的"干中学"（learning by doing）现象；但是，在 20 世纪 80 年代，经 Paul. Romer 教授的一般化，将这种机制假设为长期生产过程中的一般性规律，从而得到他的内生经济增长模型，并拉开了所谓"新"经济增长理论研究的帷幕。

（5）关于科学创新的规律有许多著作讨论。有兴趣的可以看看数学家王梓坤教授的著作《科学发现纵横谈》。

经济学博士生论文写作[*]

美国芝加哥大学　约翰·H. 科克伦

一、论文结构

首先要找出论文的一个核心的、有创意的贡献。用一段话表述这个贡献。这一段和整个文章一样，都必须具体。不要写出这样的抽象句子"我分析了企业经理薪酬数据，发现了许多有趣的结果"。你要详细解释这些主要结论具体是什么。例如，Fama 和 French（1992）的摘要是这样开头的："股票平均收益率往往与市场 β、公司规模、杠杆率、账面市值比和收益价格比等多个因素相关，但公司规模和账面市值比这两个容易度量的变量一起就可以解释股票平均收益率的截面差异。"

提炼出一个核心贡献需要深思熟虑。有时你会觉得很痛心，因为必须忍痛割爱舍弃很多内容。但一旦提炼出了核心贡献，你就能更好地把握论文，使论文专注于这一贡献，从而有助于读者迅速抓住文章的精髓。你的读者一般都很忙且缺乏耐心。没有谁会从头到尾读完整篇论文。你应该方便读者快速浏览你的论文。大多数读者希望了解你的基本结论。只有少部分读者会关心你的结论如何与他人的结论不同。只有少数读者会关心，在变量的定义不同、使用的工具变量不同等情况下，你的结论是否仍然成立。

---

[*] 原载《经济资料译丛》，中文版由袁诚翻译、傅十和校对（英文原文下载网址为：http：//gsbwww. uchicago. edu/fac/john. cochrane/research/Papers/）。

文章应该采用"三角形"结构或者"新闻报道"式的风格，不要采用"笑话"或"小说"的风格。你可能注意到，新闻报道总是以最重要的信息开头，然后再补充相关背景，供关心细节的读者阅读。好的笑话或推理小说总是在漫长的铺垫之后，才把包袱抖出来。但学术论文不能这样写——应该把"包袱"放在开头，然后再慢慢解释这个"笑话"。读者没有耐心坚持读到"表12"去寻找笑点。绝大多数博士生（不仅仅是学生）的论文和讨论会发言却正好犯了这个错误。往往直到最后一页、最后一个表格、讲座的最后五分钟，我们才知道这篇论文的贡献。

一篇好的论文并不是研究过程的日志。读者并不在乎你是如何得到正确答案的，也不在乎你的上百次的、以失败而告终的尝试。把这些内容放到你的个人回忆录中吧。

（一）摘要

大多数期刊将摘要限制在 100～150 字。务必遵守这一字数限制。摘要的主要功能是传达论文的那个如前所述的核心的新贡献。摘要中不要提及其他文献。如同论文的其他部分，摘要也必须具体。说明你已经发现了什么，而不是你计划得到什么。同样，不要写"本文分析了数据，证明了定理，讨论了结果……"这样的抽象句子。

（二）引言

引言部分应该开门见山，直接介绍你的论文的研究内容及主要贡献。你必须明确解释你的贡献，以便读者能理解你的贡献。不要只是陈述结论，例如："我的结果表明，融资顺位理论不成立。"要说明这些结果背后的事实。比如，"在控制了 z 以后，用 y 对 x 进行回归，x 的系数是 q"。

论文开头第一句最难写。不要以哲学式的句子开头："很久以来，金融学家都无法确定金融市场是否有效。"也不要这样开头："金融学文献长久以来一直关注 X。"论文自身必须引人入胜，而不是因为有很多人已经在这个问题上大费笔墨。同样，不要一开头就用大量篇幅描述写作动机，论述这个问题对公共政策有多么重要。对作者而言，这些都只是在"清嗓子"，徒费笔墨罢了。务必一开始就说明论文的核心贡献。引言的篇幅宜以三页为限。我不写这样的"路标"段为读者导航："第二节设定模型，第三节讨论模型的识别，第四节报告主要结果，第五节进行稳健性检验，

第六节总结结论。"这是在徒占篇幅；读者翻到某页自然会明白读到哪里了；去掉这段，就在编辑的页数限制内节省了一段的篇幅。你可就此自行斟酌；但要意识到"路标"段绝非硬性要求。

（三）文献综述

在引言开头，不要花一页半的篇幅介绍其他文献。首先，读者最关心的是你做了什么。除非读者了解了你做了什么，否则他们无法判断你所做的是否优于他人。其次，大多数读者并不熟悉相关文献。深入浅出地解释你自己的论文已经颇为困难，若还要解释他人的论文，那我只能祝你好运了。

解释完你自己的贡献之后，便可撰写简要的文献综述了。文献综述应独立成段，较长的文献综述应单独成节，这样对文献不感兴趣的读者可以跳过。请注意，此时读者尚未理解你的论文，并且大多数读者可能没有读过其他文献，因此读者会很难看出你的论文如何与其他论文不同。要慷慨引用文献。你不必为突出你自己的方法和贡献而把别人的研究批得一无是处。很多论文的文献综述洋洋洒洒，一发而不可收。没有必要引用相关领域里的每一篇文献，也没有必要按照 *Journal of Economic Literature*（《经济学文献综述》期刊）的行文风格来撰写综述。文献综述的要点在于将你的论文和最为相关的、最新的两三篇文献区别开来，同时恰当地肯定这些作者所做的贡献以避免某些内容被误认为是你的创新。有些人对"策略性引用"颇为顾虑；他们大量引用某人的文章，向主编暗示此人是审稿人的合适人选，也想确保审稿人能在参考文献中看到他们自己的论文被大量引用。这些做法是否得体姑且不论，在论文终稿里，这些带水分的东西应该删掉。

（四）正文

在正文部分，你的任务是尽快阐述核心结论。多数论文恰好背道而驰：它们花大量篇幅铺陈动机，综述文献洋洋洒洒，描述庞大、复杂的模型，但在后文中不再涉及，罗列描述性统计量、初步结果、一两个不太相关的讨论，而"重要估计结果"直到"表12"才列出。至此，读者早已昏昏欲睡了。应该遵循的原则是：只有那些有助于读者理解主要结论的内容，才能放在主要结论的前面。

（五）理论模型

多数文章中的"主要结果"是实证研究的结果。文中可能会有一些理论或一个模型。如你（或主编）问"这篇论文是否拓展了经济学理论？"答案肯定是"没有"。这些论文的理论是为了有助于理解实证研究。根据这个原则，只有读者理解实证结果所必需的理论才应保留；在读者能够理解实证结果的前提下，理论部分能简则简。

不要建立"一般化的"模型，然后说"在实证部分中，我们将冲击简化为 AR（1）过程；假设有两个企业而不是一个连续集；假设行为人具有二次型效用函数"等等。只需建立、求解与数据相匹配的特定的理论模型。

（六）实证研究

应该从报告主要结果开始。不要做"热身"练习，不要详细地描述数据（特别是众所周知的数据）、初步的估计结果和对他人结果的复制。也不要介绍失败的模型设定来突出你的有效的模型。如果确有必要，可以将它们放到后文或者附录中。

你或许会强烈排斥我的建议。如果你实在不愿意采纳我的建议，至少，在介绍你的主要结论之前，不要写无助于读者理解主要结果的内容。主要结果之后应该放置一些具有经济学直觉的图表，说明主要结果能够稳健地反映数据中的程式化的、有说服力的事实。紧接着，应对潜在的批评作出简短回应，并进行必要的稳健检验；这些讨论和稳健性检验的大部分内容最终其实可以作为附录放在网上。

（七）结论

委实说，结论部分是多余的。如果引言部分已经深入浅出地阐明了贡献，并且论文主体部分又论述了主要结论和贡献（按照"三角形"式结构），那么结论部分再次申明贡献真是毫无意义。我曾有几次尝试在文章中省略掉结论部分，但在主编和审稿人看来，这种做法太过激进。

诚然，有些读者会直接跳到结论部分去查看主要结果，但这只是因为很多作者在引言里找不着要点从而使这些读者习惯于跳过引言。因此，结论部分要简短、有趣。不要重述你的所有发现。摘要里提一次，引言里提一次，正文里又提一次，这已经够了！可以用一两段话承认研究的局限性，引申正文中未提到的推论，但要简短——不要像写经费申请报告似的勾勒未来的所有研究计划。也不要猜测；读者想知道你所发现的事实，而不是你的想法。

（八）附录

附录是个极好的收纳箱。把你对文献的深刻见解、一般化的模型、57个稳健性检验统统扔到附录里吧。这是把它们从正文中剔除的好办法。最终，你也会把它们从附录中倒掉。严格来讲，认真负责的作者、审稿人和评论者总是想展示主要结果在多种不同情况下都是稳健的。你也必须进行稳健性检验，但一旦你能够证明那些稳健性检验对主要结果并无显著影响，并且发现了一个得到主要结果的最优方法，那么，在正文中就不值得浪费篇幅罗列所有稳健性检验了。附录很好地解决了这个问题。你可以在正文中只是简要总结所做的一切稳健性检验。你可以把附录放到你的个人网站或期刊的网站上。（Monika Piazzesi 的《债券风险溢价》便是期刊网上附录的一个极端范例。）

二、论文写作

（一）尽量简短

文章应尽可能简短。每个单词必须言之有物。当你修改文章时，可以不时自问："能否用更少的篇幅表达同样的意思？"和"这句话真的必要吗？"文章的终稿不能超过 40 页。草稿应更短。文章越短越好。

切忌重复。换言之，如果意思已经表达过一次，就没必要再说第二次。重复带来的严重后果是，冗词赘语占用了篇幅，耗费了读者的耐心，他们不得不一而再、再而三地读到相同的意思。重申一遍，重复非常非常的糟糕。"换言之"意味着麻烦来了。回头查找重复之处，只说一遍，说明白。

（二）基本要点

不论是论文整体的组织架构，还是微观段落的行文，应遵循如下原则："先说明你做了什么，而后解释它，再把它与其他备选对象或方法步骤进行比较。"例如，在描述数据处理时，应该先说"我将收入除以了家庭总人口数的平方根"；然后解释这样调整收入的重要性，最后讨论它可能的调整方式。然而大多数作者的行文顺序恰恰相反。预览下文和回顾前文往往标志着行文结构混乱。"正如我们将在表格 6 会看到的"，"回顾文章 *Bond Risk Premia*，系作者和 *Monika Piazzesi* 合作，发表在 *American Economic Review* 2005 年第 1 期，其网上附录共 31 页。——译者注"，"这一结果概述了第四节的更多分析"，这样的句子都表明，文章内容的顺序并未组织清楚。

（1）力求准确。仔细研读每个句子。每个句子都言之有物吗？每句话都言必有中吗？

（2）详细记录研究步骤。根据论文正文、论文附录或网上附录的研究步骤描述，研究生应能独立复制出论文中的每一个数字。学生论文往往做不到这一点。他们的文章堆砌了冗词和废话，但我弄不清楚关键表格中的结果是如何算出来的，标准差是怎么算出来的，也不理解文中的数值模拟是怎么操作的，等等。

（3）越简单越好。大多数学生认为，文章要吸引眼球就必须进行包装。事实恰好相反：数学越少越好，估计方法越简单越好。

（三）脚注

不要用脚注来处理次要的、辅助性的评论。如果评论很重要，就把它放到正文中；如果不重要，就删掉它。脚注里的辅助性评论通常表明你没有理清思路，不清楚应将注释里的内容放到文中哪个序列位置。你真的希望读者停下来阅读这个脚注吗？如果是这样的话，那就把它放到正文中。你希望一般的读者不要停下吗？那就把脚注删掉。显然，如果正文中有很多括号（内含注释），这就同有很多脚注一样糟糕。那些一般读者确实可以跳过，但少数读者为了理解某处而可能愿意了解更多的内容，才需要脚注。长串的参考文献、简单的数学推导或其他研究步骤的描述，都可以采用脚注。

（四）表格

每个表格都应有它相对独立的说明文字，这样可使读者在快速浏览时，无须到正文中寻找诸如希腊字母的定义之类的信息就能够读懂表格里的内容。但切勿矫枉过正，把表格的说明文字写得比文章还长。在我看来，变量构造之类的细节描述就可省掉。"账面市值比"就很好了；你不必赘言 6 月的账面市值比源于 Compustat 数据库。表格的说明文字的目的是让习惯浏览的读者能够理解表格，而不是替代正文中其他地方的细节描述。

回归结果表格的说明文字应包含回归方程和方程中所有变量的名称，特别是左边变量（因变量）的名称。正文中不曾提及的数字不必出现在表格中。表格中的数字不必逐一单独提及；"表 3 第一行的数字呈 U 形"这样的表述便可。"表 5 给出了描述性统计量"就欠妥。如果数字不值得在正文中提及，那么它们也不值得放在表格中。

正确保留有效数字的位数，不要照搬计量软件的结果。如果某一估计系数是 4.56783，标准误是 0.6789，那么估计系数应写成 4.6，标准误应写成 0.7。对几乎所有经济学和金融学的应用而言，小数点后两到三位有效数字足矣。

合理使用量纲。用百分比就不错。报告 2.3，而非 0.0000023，这样读者会更容易理解。

（五）图形

优美的图形能让文章富有生气。与冗长的数字表格相比，图形能更好地表达数据的模式和规律。丑陋或不当的图形只会浪费篇幅。同样，图形也需要自成一体的说明文字，其中应该包括图形中每个标识的定义。应对坐标轴进行标注。合理运用量纲。不要用点线绘图，因为复印以后会模糊不清。不要使用虚线绘制波动较大的序列。

（六）写作要点

写作最重要的事情是要一直留意读者已经知道什么、尚不知道什么。大多数博士生高估了读者掌握的信息。我们头脑中并没有储存每篇论文的细节。要经常留意哪些是你已经解释过的内容，哪些是尚未解释的内容。

读者最关心的是理解论文的基本要点。在他们理解论文的要点之前，不会对你的论文做任何评论。我的建议不言自明——先陈述并解释你所做的，而后再佐证你所做的，最后将它同其他方法作比较。

使用主动语态。不要写："τ 值被设为 3""数据集被这样构造"。究竟谁做了假设和构造呢？请在文中搜索"被"，将所有被动语态统统换掉。

使用"我"没什么问题。在独立作者的文章中，不要过于严肃地使用"我们"。"我假设τ等于3""我构造数据集的方法如下"。如果有"我"用得太多之嫌，常有办法可以避免。虽然语言纯化论者认为表格是不能用作主语的，但我认为"表5列出了估计结果"这样写就可以，不要写成"我在表5中列出了估计结果"。我自己常使用"我们"指代"你们（读者）和我"，用"你（们）"指代读者。"我们可以看到，表5中的系数呈'U'形"或者"你可以看到，系数呈'U'形"，这样的表述就比较好。"'U'形的系数能被看到"（被动语态）或者"人们可以看到'U'形的系数"（究竟是谁呢？），这样的表述就比较糟糕。

写作拙劣的病根是作者不愿意为自己说出去的话负责任。这些作者滥用被动语态，"这一点应该被注意到"，组织混乱，首先铺陈文献最后才阐明作者思想，这些都是症状。深呼吸一下，然后勇敢地对你自己写的文字负起责任来。最好采用一般现在时。即便1993年已经过去许久，你也可以说"Fama and French（1993）find…"，谈到你自己的论文时也是这样，阐述你在"表5"中的发现，而不是在"表5"中将要发现的。

至关重要的是要保持时态一致。不要在一段的开头用过去时态，而在结尾却用将来时态。使用正常的句子结构：先主语，后谓语，最后是宾语。不要写"行为主体在面临暂时性收入波动时用来平滑消费的保险机制是五花八门的"，而应该写："人们采用多种保险机制平滑消费。"将"行为主体"这一刻板的词汇换成了更为具体的"人们"，用简单的"多种"一词替换了花哨的"五花八门"。实际上，整句都应删掉，因为这句话只是为了引出介绍保险机制的段落。这是"清嗓子"般的句子，违反了言之有物的原则。人们运用各种保险机制这一事实并不新鲜，新鲜的是这些机制的内容。尽可能避免使用专业术语。写作要具体，不可抽象。这里应该插入具体的实例。

（七）写作小窍门

不要用形容词描述你的工作，如"惊人的结果"、"非常显著的"系数，等等。如果你的研究配得上这些形容词，世人会如此赞誉你的。若必须使用形容词，不要使用双重形容词。文章的结果肯定不是"非常新颖的"。使用简短的词汇，勿用繁复花哨的词汇。"用"（use）比"利用"

(utilize) 好，"若干"（several）比"多种多样的"（diverse）好。

这是个惯例：优秀的作家通常认为从句引导词"这样"（that）之前的所有内容都应删掉。重读上一句中"从句"之前的内容，你就会有所体会了。例如，"应该注意到这样的情况"就非常冗赘。开门见山，说你所想说的即可。"表明这样的情况是很容易的"其实意味着并不容易。在文中搜索"这样"（that）并删掉它们吧。同样，请删掉"此处有必要特别说明一下"这样的话。直接说明就是了。这些词句都违反了言必有中的原则。句中的要点真的"应该被注意到"吗？抑或这只是干巴巴地引出了话题？

给孤立的"这"（this）一词加个对象。"这表明，市场的确是非理性的……""这"指的是什么呢？"这"的后面永远应该有一些内容。"这个回归表明……"就很好。更一般地说，这（不对，这里应该写成"这个规则"）可帮助你避免"这"指代前文不明确的东西。通常读者的短期记忆中，会有两三项事物可以用代词"这"来指代。

连字符常被误用。下面是 JFE（Journal of Financial Economics）的体例："连字符可用来连接名词前面的复合修饰语（例如，after – tax income，risk – free rate，two – day return，three – digit SICcode，value – weighted index）；若名词前面的修饰词是以 – ly 结尾的副词（例如，previously acquired subsidiary，equally weighted index，publicly traded stock），不使用连字符。只要不产生歧义，连字符都可省略，但全文应保持一致。"请注意，使用连字符并不是强制性的，大可不必生造出这样的怪物词汇"continually – rebalanced – equally – weighted portfolio"。其他情况下则不必使用连字符，比如，"The paper focuses on small – stocks."（这里的连字符应该去掉。）

人们常会遗忘希腊字母在文中的含义。在文中易被忽略的地方定义希腊字母，随后又不加解释地直接使用（"时拟合得最好"），就会使大家不知所云。应在显眼的地方定义希腊字母。最好给希腊字母加个名称，然后同时提醒人们字母的名称和数值（"我发现，当替代弹性 θ 等于 3 时，拟合得最佳"）。在这里，些许的重复并无坏处。如果之前的一两段话里已经提到了字母的名称，这里就可以直接使用字母了。

删掉"××是我的后续研究"。没人关心你的研究回忆录，更不用说你的未来计划和理由。不要使用"举例式的检验"（illustrative test）或者"举例式的实证研究"这样的词汇。不要做举例式的实证研究。要么做真正的实证研究，要么不做。用你自己都不信服的方法来举例做实证研究，只是浪费篇幅罢了。如你非要做这样的举例式实证研究，这就等同于告诉读者这些研究无关紧要，这只会使读者很快昏昏欲睡。不必对模型作"假设"。不要说"假设消费者具有幂函数型的效用函数"（当然，更加不能写"效用函数被假设为幂函数型"，对吧？），你描述的是模型，而不是现实，所以你大可直接陈述模型的结构。"消费者具有幂函数型的效用函数"（"在这一模型中"是不言自明的）。需要改变现实世界的条件时，才需要"假设"。比如，"我假设需求曲线没有移动，所以价格对销量的回归就可以识别需求曲线，而不是供给曲线"。句子中要尽量减少从句的数量；尽量减少用标点分隔的、非独立句子成分的数量。"Where"指代地点，"In which"指代模型。不要写"models where consumers have uninsured shocks"，要写"models in which consumers have uninsured shocks"。不要缩写作者的姓名，例如，"FF认为，公司规模的确很重要"；要写全人名并不会占多少篇幅，谁也不希望别人缩写自己的名字，对吗？

在作者脚注里，宜对帮助过你的人表示感谢。我不会加上文责自负之类的话语，因为这是不言自明的。我也不会在致谢中逐一提及我应邀参加过的所有研讨会。并不是我不懂感恩，而是篇幅有限无法容纳长长的名单。

不要以风雅的名言警句开头。

不要滥用斜体。如果句子中不用斜体，需要强调的地方就会被混淆，这时就可用斜体——但在这种情况下，你或许应该改写句子，明确需要强调的内容。（是谁在这儿嚷嚷引起注意？）

说明因果关系的方向时，从单一方向讨论即可。对于"当简在跷跷板的一端向上（下）运动时，比利则在跷跷板的另一端向下（上）运动"，括号中的内容分散了读者的注意力。如果必须强调双向因果，可加上"反之亦然"。每个句子必须有主语、谓语和宾语。句子不能像"No sentence like this"这样。

三、实证研究的诀窍

这些诀窍讲的是"如何进行实证研究",而不仅仅是"如何写实证论文";但总的来看,"做"和"写"的差别并不大。实证研究中最重要的是什么?是因果识别(identification)!务必阐明因果识别的策略(当然,首先要理解因果识别的策略是什么)。许多实证研究可归结为"A导致了B",通常用某种回归估计进行佐证。你要解释你所看到的数据中的因果关系是如何被识别的。

(1)要描述哪些经济机制导致了自变量(右边变量)的差异。不过,上天赐给我们的真正的自然实验是少之又少的。

(2)要描述清楚残差中包含了哪些经济机制。除右边变量(自变量)外,导致左边变量(因变量)变动的因素还有哪些?

(3)因此,需要从经济学的角度说明扰动项为何与右边变量不相关。除非你做好了前面两项,要不然你无法解释清楚这一关键假设。

(4)从经济学的角度说明为何工具变量与右边变量相关,但与扰动项不相关。

(5)工具变量和控制变量之间的差异是什么?将 y 对 x 回归,何时 z 应作为自变量加到右边?何时 z 应作为 x 的工具变量?

(6)对你所报告的每一个估计数字,要说明数据中哪些变量的差异导致了估计结果。例如,加入固定效应之后,相应的解释会截然不同。在回归方程中加入公司固定效应后,每个公司内部的时变因素会影响回归系数。若回归方程中没有加入公司固定效应,回归系数往往取决于在某一时刻上各个公司之间的差异。

(7)你确信你看到的是需求曲线,而不是供给曲线吗?要想澄清这一问题,请自问"你在对谁的行为建模?"例如,你感兴趣的是利率如何影响住房需求,并用新增贷款量对利率作回归。但如果其他因素导致住房需求变得很大时,住房抵押贷款需求(以及与住房抵押贷款需求相关的其他贷款需求)也会抬高利率。你的暗含假设需求曲线是不变的,价格的提高会降低需求量。但数据可能是因为供给曲线不变而产生的,从而增加的需求会抬高价格，或者需求与价格交互攀升。你是在对房屋购买者的行为建模，还是在对储蓄者的行为建模呢（储蓄会如何对利率变动做出反应）？

（8）你能肯定不会是 y 导致了 x？或者 z 同时导致了 y 和 x？看看下面反向因果关系的例子吧。例如，前一个例子也是一种因果关系：究竟是利率变动导致了住房需求的变动，还是住房需求的变动导致了利率的变动呢（或者是整体宏观经济状况同时导致了利率和住房需求的变动）？

（9）仔细斟酌自变量中应包括哪些变量，不应包括哪些变量。大多数论文中引入的自变量过多。大可不必把决定 y 的所有因素都作为自变量。

a. R_2 较高通常是坏事——这意味着回归方程是左脚的鞋子数量 = α + β × 右脚的鞋子数量 + γ × 价格 + 扰动项。右脚的鞋子数量不应该作为控制变量。

b. 不要做这样的回归：工资 = a + b × 受教育程度 + c × 行业 + 扰动项。固然，加入行业变量是会提高 R_2，并且行业变量也是影响工资的重要因素（如果你做好了前述的第 2 项，它应该在扰动项里），但教育的主要目的是帮助人们进入更好的行业，而不是从助理汉堡师傅擢升为首席汉堡师傅。

只报告估计值和 p 值是不够的，要说明数据中导致估计结果的事实或规律。Fama 和 French 1996 年的论文《多因子解释》（Multifactor explanations）便是一个很好的例子。按照过去的文献惯例，只需要报告一个数字：GRS 检验。Fama 和 French 展示了每个投资组合的期望收益和 β 值，并说服读者相信期望收益的规律与 β 值的规律相吻合。虽然 GRS 检验糟糕透顶，但该文提出了近 15 年来最成功的因子模型！他们之所以成功了，是因为他们揭示了数据背后的固有规律。务必阐明结果的经济上的重要性。除了说明核心数字统计上的显著性外，还应阐明它们在经济上的重要性。特别是对大型面板数据集，即便是极小的经济效应，在统计上也会显著。（对于大型面板数据集，若 t 统计量为 2.10，估计出来的效应确实非常微小！）当然，每个重要的估计值都要报告其标准误。

四、讲座报告

讲座的时间快得让你难以相信。既然时间有限，开门见山直奔要点就显得格外重要。在听讲座的时候，我们无法跳到最重要的部分！做讲座时，无须陈述文献综述和研究动机。直接切入重点。Gene Fama 的学术报告常常这样开头："请看表 1。"这种做法值得仿效。

不要"预览"结果，这是浪费时间。说一遍就够了，为何要说两遍？制作幻灯片时，不要把要说的每个词都用项目编号标注出来。若如此，你只能按照预先设定的顺序向前推进。当你意识到时间不够时，无法临时改变顺序。幻灯片只需包含方程、表格和图形——这才是我们想看到的。用文字解释的地方，应限于一两个你认为大家确有必要知晓的词。例如，"因果识别：在李嘉图模型中，财政冲击对利率没有影响"。又如，你希望大家记住模型的结构、变量的定义，等等。如果幻灯片上的废话太多，当你谈到生产函数的时候，听众还未找到效用函数，那么他们听得一头雾水也就不足为奇了。跨越两张幻灯片的方程式，听众是记不住的。应在每张幻灯片上停留足够长的时间，让听众消化其中的内容。这意味着，你不能每分钟换一张幻灯片。正如写论文一样，做学术报告时，你的主要目标是尽快讲到你的最主要贡献。大多数讲座糟糕透顶。讲座以漫无目的的动机和政策含义开头，但此时听众尚不清楚论文的结论，所以无法理解。然后是大段的文献综述，这些更加无聊，因为听众还没有弄清本文的要点，遑论其他文章了。随后是结果的预览。通常而言，讲座者会说，"我们先预览一遍结果，以免时间不够，无法讲到结果"，这预言还怪灵的。既然来作讲座的主要目的是展示主要结果，为何不从现在开始！更糟糕的是，时间不够主要是因为乏味的预览结果花掉了半个多小时！随后，讲座开始停步不前，大家开始对预览的结果提问，而大多数问题都很幼稚（"需求弹性的测量值是 0.3""你如何确定供给发生了变化"），因为组织合理的讲座会清楚地在结果部分解释这些内容。但是，这样的提问无可厚非，因为未被证明的命题毫无意义。接下来是一些"理论"（在实证文章中），但这些理论离题甚远，并再次引起了不必要的争论（不，这儿没法区分出"行为"解释和"理性"解释。聪明的听众总能找出理由和例子，认为系数的符号应该相反）。接下来，又是一堆节外生枝的初步结果和无关痛痒的图表。没有意义的讨论再次爆发；听众不清楚演讲者究竟想表达什么观点，讨论也已离题万里。终于，演讲只剩下 10 分钟了，演讲者让听众安静，走马观花似地讲完了主要结果。所有人都极度疲倦和困惑，没有理解任何要点。在去年冬季学期的金融学的讨论会上，我记录了时间，发现没有一次报告能在一个小时内谈到主要结果！

仔细聆听观众的提问，要逐字逐句地听完，然后数到三后才回答。虽然你需要赶时间，或者你猜到了问题的内容，知道问题的答案，但还是要数到三再开始回答。讲座不是知识竞答表演，而且大多数情况下，你并不能预知听众会提什么问题。在手边放一张纸。你可能无法很快回答每个问题，请把问题记录下来。有的问题对修改文章大有裨益。解释越简单越好。大多数演讲者，尤其是博士生，常常高估了听众对理论部分的理解程度，高估了听众对模型与结果记忆和消化的速度。声音要洪亮，语速要放慢，发音要清楚。

五、结论

许多经济学家误认为自己是科学家，只需将研究过程全盘写出即可。事实不然，经济学家更像作家。经济学和金融学的文章就是散文。优秀的经济学家常将一个研究项目时间的 50% 以上花在写作上。对我而言，要花 80% 的时间在写作上。

当你阅读其他论文时，注意它们的写法，要留心你所尊崇的作者的行文风格。威廉·金瑟的《优美地写作》以及 D·科洛斯基的《经济学的修辞艺术》让我受益良多。格莱恩·艾里森发表在 JPE 上的文章《经济学论文出版过程变慢》有助于理解论文结构应该如何组织（以及论文审稿与编辑，但那是另外一个话题了）。

附

录

怎样写文章[*]

怎样写文章*

毛泽东

今天会场上散发了一个题名《宣传指南》的小册子，里面包含四篇文章，我劝同志们多看几遍。

第一篇，是从《苏联共产党（布）历史简要读本》上摘下来的，讲的是列宁怎样做宣传。其中讲到列宁写传单的情形："在列宁领导下，彼得堡'工人阶级解放斗争协会'第一次在俄国开始把社会主义与工人运动结合起来。当某一个工厂里爆发罢工时，'斗争协会'因为经过自己小组中的参加者而很熟悉各企业中的情形，立刻就印发传单、印发社会主义的宣言来响应。在这些传单里，揭露出厂主虐待工人的事实，说明工人应如何为自身的利益而奋斗，载明工人群众的要求。这些传单把资本主义机体上的痈疽，工人的穷困生活，工人每日由十二小时至十四小时的过度沉重的劳动，工人之毫无权利等等真情实况，都揭露无余。同时，在这些传单里，又提出了相当的政治要求。"

是"很熟悉"啊！是"揭露无余"啊！

"一八九四年末，列宁在工人巴布石金参加下，写了第一个这样的鼓动传单和告彼得堡城塞棉尼可夫工厂罢工工人书。"

写一个传单要和熟悉情况的同志商量。列宁就是根据这样的调查和研究来写文章做工作的。

"每一个这样的传单，都大大提高了工人们的精神。工人们看见了，

---

* 转引自王梦奎编《怎样写文章》（中国发展出版社 2009 年版）。原载人民出版社 1991 年版《毛泽东选集》第三卷，第 833~846 页。

社会主义者是帮助他们、保护他们的。"

我们是赞成列宁的吗？如果是的话，就得依照列宁的精神去工作。不是空话连篇，言之无物；不是无的放矢，不看对象；也不是自以为是，夸夸其谈；而是要照着列宁那样地去做。

第二篇，是从季米特洛夫在共产国际第七次大会的报告中摘下来的。季米特洛夫说了些什么呢？他说："应当学会不用书本上的公式而用为群众事业而奋斗的战士们的语言来和群众讲话，这些战士们的每一句话，每一个思想，都反映出千百万群众的思想和情绪。"

"如果我们没有学会说群众懂得的话，那末广大群众是不能领会我们的决议的。我们远不是随时都善于简单地、具体地、用群众所熟悉和懂得的形象来讲话。我们还没有能够抛弃背得烂熟的抽象的公式。事实上，你们只要瞧一瞧我们的传单、报纸、决议和提纲，就可以看到：这些东西常常是用这样的语言写成的，写得这样的艰深，甚至于我们党的干部都难于懂得，更用不着说普通工人了。"

怎么样？这不是把我们的毛病讲得一针见血吗？不错，党八股中国有，外国也有，可见是通病。（笑）但是我们总得照着季米特洛夫同志的指示把我们自己的毛病赶快治好才行。

"我们每一个人，都应当切实领会下面这条起码的规则，把它当作定律，当作布尔什维克的定律：当你写东西或讲话的时候，始终要想到使每个普通工人都懂得，都相信你的号召，都决心跟着你走。要想到你究竟为什么人写东西，向什么人讲话。"

这就是共产国际给我们治病的药方，是必须遵守的。这是"规则"啊！

第三篇，是从《鲁迅全集》里选出的，是鲁迅复北斗杂志社讨论怎样写文章的一封信。他说些什么呢？他一共列举了八条写文章的规则，我现在抽出几条来说一说。

第一条："留心各样的事情，多看看，不看到一点就写。"

讲的是"留心各样的事情"，不是一样半样的事情。讲的是"多看看"，不是只看一眼半眼。我们怎么样？不是恰恰和他相反，只看到一点就写吗？

第二条："写不出的时候不硬写。"

我们怎么样？不是明明脑子里没有什么东西硬要大写特写吗？不调查，不研究，提起笔来"硬写"，这就是不负责任的态度。

第四条："写完后至少看两遍，竭力将可有可无的字、句、段删去，毫不可惜。宁可将可作小说的材料缩成速写，决不将速写材料拉成小说。"

孔夫子提倡"再思"，韩愈也说"行成于思"，那是古代的事情。现在的事情，问题很复杂，有些事情甚至想三四回还不够。鲁迅说"至少看两遍"，至多呢？他没有说，我看重要的文章不妨看它十多遍，认真地加以删改，然后发表。文章是客观事物的反映，而事物是曲折复杂的，必须反复研究，才能反映恰当；在这里粗心大意，就是不懂得做文章的起码知识。

第六条："不生造除自己之外，谁也不懂的形容词之类。"

我们"生造"的东西太多了，总之是"谁也不懂"。句法有长到四五十个字一句的，其中堆满了"谁也不懂的形容词之类"。许多口口声声拥护鲁迅的人们，却正是违背鲁迅的啊！

最后一篇文章，是中国共产党六届六中全会论宣传的民族化。六届六中全会是一九三八年开的，我们那时曾说："离开中国特点来谈马克思主义，只是抽象的空洞的马克思主义。"这就是说，必须反对空谈马克思主义；在中国生活的共产党员，必须联系中国的革命实际来研究马克思主义。

"洋八股必须废止，空洞抽象的调头必须少唱，教条主义必须休息，而代之以新鲜活泼的、为中国老百姓所喜闻乐见的中国作风和中国气派。把国际主义的内容和民族形式分离起来，是一点也不懂国际主义的人们的做法，我们则要把二者紧密地结合起来。在这个问题上，我们队伍中存在着的一些严重的错误，是应该认真地克服的。"

这里叫洋八股废止，有些同志却实际上还在提倡。这里叫空洞抽象的调头少唱，有些同志却硬要多唱。这里叫教条主义休息，有些同志却叫它起床。总之，有许多人把六中全会通过的报告当做耳边风，好像是故意和它作对似的。

中央现在做了决定，一定要把党八股和教条主义等类，彻底抛弃，所以我来讲了许多。希望同志们把我所讲的加以考虑，加以分析，同时也分析各人自己的情况。每个人应该把自己好好地想一想，并且把自己想清楚了的东西，跟知心的朋友们商量一下，跟周围的同志们商量一下，把自己的毛病切实改掉。

做学问的八层境界[*]

梁漱溟

所谓学问，就是对问题说得出道理，有自己的想法。

想法似乎人人都是有的，但又等于没有。因为大多数人的头脑杂乱无章，人云亦云，对于不同的观点意见，他都点头称是，等于没有想法。

我从来没有想过要做学问，走上现在这条路，只是因为我喜欢提问题。大约从十四岁开始，总有问题占据在我的心里，从一个问题转入另一个问题，一直想如何解答，解答不完就欲罢不能，就一路走了下来。

提得出问题，然后想要解决它，这大概是做学问的起点吧。

以下分八层来说明我走的一条路：

第一层境界：形成主见。

用心想一个问题，便会对这个问题有主见，形成自己的判断。

说是主见，称之为偏见亦可。我们的主见也许是很浅薄的，但即使浅薄，也终究是你自己的意见。

许多哲学家的哲学也很浅，就因为浅便行了，胡适之先生的哲学很浅，亦很行。因为这是他自己的，纵然不高深，却是心得，而亲切有味。所以说出来便能够动人，能动人就行了！他就能自成一派，其他人不行，就是因为其他人连浅薄的哲学都没有。

第二层境界：发现不能解释的事情。

有主见，才有你自己；有自己，才有旁人，才会发觉前后左右都是与我意见不同的人。

---

* 原载《广州日报》2014 年 9 月 9 日。

这时候，你感觉到种种冲突，种种矛盾，种种没有道理，又种种都是道理。于是就不得不第二步地用心思。面对各种问题，你自己说不出道理，不甘心随便跟着人家说，也不敢轻易自信，这时你就走上求学问的正确道路了。

第三层境界：融汇贯通。

从此以后，前人的主张、今人的言论，你不会轻易放过，稍有与自己不同处，便知道加以注意。

你看到与自己想法相同的，感到亲切；看到与自己想法不同的，感到隔膜。有不同，就非求解决不可；有隔膜，就非求了解不可。于是，古人今人所曾用过的心思，慢慢融汇到你自己。

你最初的一点主见，成为以后大学问的萌芽。从这点萌芽，你才可以吸收养料，才可以向上生枝发叶，向下入土生根。待得上边枝叶扶疏，下边根深蒂固，学问便成了。

这是读书唯一正确的方法，不然读书也没用处。会读书的人说话时，说他自己的话，不堆砌名词，不旁征博引；反之，引书越多的人越不会读书。

第四层境界：知不足。

用心之后，就知道要虚心了。自己当初一点见解之浮浅，不足以解决问题。

学问的进步，不单是见解有进步，还表现在你的心思头脑锻炼得精密了，心气态度锻炼得谦虚了。

心虚思密是求学的必要条件。

对于前人之学，总不要说自己都懂。因为自己觉得不懂，就可以除去一切浮见，完全虚心地先求了解它。

遇到不同的意见思想，我总疑心他比我高明，疑心他必有我所未及的见闻，不然，他何以不和我作同样判断呢？疑心他必有精思深悟过于我，不然，何以我所见如此而他所见如彼呢？

第五层境界：以简御繁。

你见到的意见越多，专研得越深，这时候零碎的知识，片段的见解都没有了；心里全是一贯的系统，整个的组织。如此，就可以算成功了。到了这时候，才能以简御繁，才可以学问多而不觉得多。

凡有系统的思想，在心里都很简单，仿佛只有一两句话。凡是大哲学家皆没有许多话说，总不过一两句。很复杂、很沉重的宇宙，在他手心里是异常轻松的——所谓举重若轻。

学问家如说肩背上负着多沉重的学问，那是不对的；如说当初觉得有什么，现在才晓得原来没有什么，那就对了。道理越看得明透，越觉得无甚话可说，还是一点不说的好。心里明白，口里讲不出来。

反过来说，学问浅的人说话愈多，思想不清楚的人名词越多。让一个没有学问的人看见，真要把他吓坏了！其实道理明透了，名词便可用，可不用，或随意拾用。

第六层境界：运用自如。

如果外面或里面还有解决不了的问题，那学问必是没到家。如果学问已经通了，就没有问题。

真学问的人，学问可以完全归自己运用。假学问的人，学问在他的手里完全不会用。

第七层境界：一览众山小。

学问里面的甘苦都尝过了，再看旁人的见解主张，其中得失长短都能够看出来。这个浅薄，那个到家，这个是什么分数，那个是什么程度，都知道得很清楚；因为自己从前也是这样，一切深浅精粗的层次都曾经过。

第八层境界：通透。

思精理熟之后，心里就没有一点不透的了。

和青年学者谈如何做学问[*]

费孝通

一、青年学者做学问要有吃苦的准备，要拜师学"艺"

你们这些年轻的学者是应该有吃苦准备的。和你们现在相比，我们那时的学习条件就差得太多了。现在昆明还保存当时西南联大的房子，你们可去参观。抗战时期，我们这些知识分子没有投降，顶住了难以想象的困难，坚持下来了。当时我们的工资只够吃半个月，闻一多也靠刻图章填肚子，我则靠写文章赚饭钱。就这样，我们仍坚持下来了。

搞科学，做学问，都是要下苦功的。天下学问哪有不下工夫就能做成的道理！

学习是艺术性、创造性的脑力劳动。你看某件艺术作品，但如果你不了解其制作过程，你不向艺术家学习，你就没法做出它来。做学问也是这个道理，是要拜师学"艺"的。实际上，我的学问既不是从课堂里学来的，也不是从书本里得来的，而是拜师学"艺"的结果。我留学英国前，师从一位英国老师。当时他在清华教书，对我又凶又严格。我当时搞人体研究，他就给我出了一个题目"中国的人"，让我做论文。他交给我一把算盘、一把计算尺、一块手表，其他什么也没有了，有也不让用。老师说，你可能有一天什么也没有，但你还得做学问，这就叫从难做学问。他

---

* 原载《学位与研究生教育》1988 年第 1 期。

每天都检查我的论文进展，并在上面加批语。做错了的，就让我重新做；单改过来还不能算完，还得让你说出为什么会错、怎么算错的。他的考试方法也很独特，给我一张人体各部位的数据表，让我指出里面哪些数值有错，正确的应是多少。这可是考你的真本事啊！他教你做学问，但不是扶着你走，更不会帮助你过关，而是让你自己去摸索、闯荡，同时又适时地给予指导。

后来我到了英国，又跟了一位叫马纳斯基的老师。他可算是我们这个学科的鼻祖之一了。这个人做学问也很有意思。他交结的朋友多、外面的学生也多，凡到伦敦搞社会学的人都来找他，但他老先生平时不见，等到每个星期五就把大家都召集起来开讨论会，讨论的题目叫"今天的人类学"。由于讨论会汇集了各地、各国的学者，所以人类学的最新研究动态也在这里汇集。这些东西是从书本上看不到的，你要是去看书，那你看到的则是三四年前的研究成果，远落后于形势。这样的老师可谓学术带头人，因为他在所从事的领域真正做到了知彼知己。

马纳斯基从不指定你去读哪本书。在他看来，书在图书馆里摆着，碰到了问题，你完全可以自己去找。他把我们这些学生直接推到做学问的前沿去，每个学生写的文章他都让大家来讨论，如果你的文章读出来大家说能过关了，那么你研究的问题也就差不多行了。他还让学生念他自己写的东西，听到某个地方不对劲，他就叫停，然后说该怎么修改。我们都在旁边听。这也是学习，学习老师怎么写书，怎么思考问题，怎么解决问题。

现在我也是这样带学生的。我去搞调查，学生也跟我去，看我怎样调查，怎样解决问题。

二、做学问要深入实际，脚踏实地，最忌好高骛远，斤斤计较

改革开放提出了许多现实问题和理论问题，而解决实际问题的方法往往首先是群众在社会实践中创造出来的

社会科学工作者要善于观察，从变化多端的实践中进行总结，摆事实、讲道理，使新生事物不受抑制而得以发展。要承认人民群众的智慧和

力量，家庭承包责任制就是农民首先创造出来的嘛！

知识是怎么来的呢？知识是从劳动实践中创造出来的，认为凭自己的聪明能想象出来那是不对的，也是不符合人类科学发展规律的。现在有一股风很不好，一些年轻学者喜欢空谈，喜欢在名词堆里钻，文章写了不少，但解决不了什么实际问题。搞研究不能脱离实际，闭门造车是做不出学问来的。我劝年轻的学者们走出书斋，接触实际。实际社会每日都在发生变化，新的东西不断涌现，客观实际社会是丰富多彩的，会令你欲罢不能的。

有人对我说，你这么大年纪了，还整天在下面跑，这样下去会累垮的。可欲罢不能啊！问题一个个提出来了，你得去调查，找出解决的办法啊！几年前，农民刚分了地，积极性很高，一家人种三种田：口粮田、责任田、饲料田，既可保证吃饭，也可卖粮赚点钱。但以后情况发生了变化，农村劳动力太多，一部分年轻人外出找工作，赚的钱比他老子种田还多，人们也就不愿种田了。怎么解决这个问题呢？我看现在基本上已找出来了，就是扩大每个农民的种田面积，使一个农民的种田收入不低于工人做工的收入，这样就能保证有人种田了。一个农民种十亩二十亩田，加上经营规模扩大，顾不过来了，这就得有机器耕作了。买了机器，田里劳动时间减少了，剩余的时间可以做许多其他事情，收入自然就高了啦！这个办法是1987年上半年我通过调查想出来的。年轻人做学问最怕好高骛远，志大才疏，不脚踏实地，不上不下"飘"起来，一"飘"则成不了大器。做学问要经得起时间的考验，一时的盛名不可靠。有人劝我赶快出书，我说我写书不是赶时髦，不是出畅销书，出的书要做到时间越长越有人看；我现在的东西还不完整，书也可以等我死了以后再出嘛！

年轻人做学问要拿出新一代新的精神风貌来，不要抱实用主义态度，不要只讲个人成绩，算个人账，闹职称。我们那时就不讲这一套。当时我从外国回来两个星期就到下面去了。别人进大学当教授，我则算是延安大学的名誉教授吧，工资不到大学教授的一半。人家说我亏了，但我不去计较。不要总去想人家怎么认为你，社会自会有公论的嘛！

三、做学问也要对外开放，但要结合本国实际，防止"中心外移"，知识分子要为人民服务，不能丧志，人类了解并改造自己所处的社会环境，不是靠习惯势力，也不是命令，而是靠自觉

中国要富强、要发展，就得拥有更多的掌握了知识的自觉的人。做学问也要对外开放，但要防止"中心外移"。要了解外国，但立足点应在中国，中心应在中国。不能忘记我们是喝中国水、吃中国饭、生长在中国这块土地上的基本事实。我们的学术研究要为人民服务，要从土里生长出来。目前，洋货充斥，真伪莫辨。改革开放以来，许多外国学说被介绍进中国来，但真正消化一种外国学说却不是一两年能做到的。从外国学来的东西也要土化一下，看什么东西我们能用得上。在学术上，土货也要和洋货竞争，我们货比货，看谁的东西更能解决中国的实际问题。

青年社会科学工作者要清楚自己在历史中的地位，错过了时机就什么也来不及了。我们这一代人和你们这一代人共同努力，争取共同把历史造成的这个断层补上。社会科学工作者学外语，我是主张实用的。学外语的作用就是要能把外国的东西变成中国实用的东西，以解决我国当前最紧急的实际问题，而不是去考托福，培养导游。不少日本人讲外语就不行，可这并没妨碍他们从别国学习先进的东西。要提高翻译的地位。翻译往往比创作还困难，因为不懂的东西你可以不写，而翻译就非得弄懂不可。要重视翻译，但翻译工作者也应自重，不能粗制滥造，贻害他人。

学者的态度应该是这样的：觉得有利于人民、有利于国家的事情，就得坚持去做，而不要去考虑别人怎么说。我这一辈子也有过波折，但我不在乎。只要人民支持我，我就替他们说话。我曾写过一句诗"毁誉在人口，成才靠志向"。知识分子不能被夺志，丧志是很悲的事情。要把我国的建设搞上去，崇拜人家是不行的，崇拜人家就等于丧志。

漫谈读书、写作及其他 *

胡 绳

一些青年朋友要我谈谈自学、读书和写作的经验。我说不出什么系统的东西，只好来一次漫谈。

一、正规教育与自学

既然是讲经验，不能不说到我的学习经历。我在一九二五年七岁半时开始上小学。由于在上学以前，曾读过师范学校的父亲已经教会了我和比我长两岁的姐姐识字，并且教我们读了唐诗的一些绝句和《论语》，也教了一点新的语文和算术课本，所以我一进小学就读五年级。初中时因为功课赶不上和生病，多读了一年。高中先后进了两个学校，读满了三年。中学毕业后，我考入北京大学哲学系。但在大学里只学了一年就离开了。所以我先后共受了十年正规学校的教育，这以后就靠自学了。在大学的一年中，我不满足于学校里的几门课程，用很多时间在图书馆里看书。这时，我已经学了一点马克思主义。我之所以自动离开大学，是因为感到那时大学里上的课没有什么意思。现在回顾起来，这种想法含有幼稚的成分。旧社会的大学哲学系，教师讲的自然是唯心论，其实学点这类课程还是有用的，可以从中获得一些基本知识。比如，在那一年我听了郑昕教授讲的《逻辑》，学到了些形式逻辑的基本知识。形式逻辑要求使用的概念必须前

---

* 转引自王梦奎编《怎样写文章》（中国发展出版社 2009 年版）。原载人民出版社 1998 年版《胡绳全书》第三卷。这篇文章原标题是《漫谈自学经验及其他》，1995 年编入《怎样写文章》一书时，编者征得胡绳同志同意改为现在的标题。

后一致，进行推理应当有必要的严密性。形式逻辑的有些内容看起来好像繁琐，但对锻炼正确的思维能力还是有益处的。那时我也听了汤用彤教授讲的《哲学概论》，选修了张颐教授讲的《西洋哲学史》，这使我多少懂得了唯心论哲学的基本概念，对我后来进一步自学哲学有不少好处。总之，在从一九二五年到一九三五年的十年的正规学校教育中，我学了一些基本的文化知识，包括语文、史地以及自然科学的基本知识。在中学里的几位语文教员（那时叫国文教员）应该说是很优秀的教员，我现在还能记得在初中三年级时一位姓诸的教员充满感情地向孩子们讲《离骚》的情景。这段学校教育为我后来自学打下了基础。正规的基本的文化知识教育确实是很重要的。现在我们党要求干部必须具备专业知识，但是如果没有基本的文化知识是很难学好专业知识的。所以，青年朋友们应该继续努力学习语文、数学、史地、理化、哲学、外语等等，把基础打好。

一九三五年，我离开北大到上海后，一边学写文章，以维持生活，一边自己继续学习。当时我主要是自学哲学。从古希腊哲学学起，尽可能地把当时我能找到的各家著作的译本都读一下。在两年的时间里，陆陆续续地从古希腊哲学读到 17 世纪培根、霍布斯的著作。抗日战争的爆发使我中断了这种比较系统的学习。我除自学哲学外，也看历史、经济学等方面的各种书籍。小说是从小就看的，看的第一本小说大概是《小五义》。十岁以前家里可看的书不多，《水浒》反复看了好几遍。到中学时可以从图书馆借书了，从读平江不肖生的《江湖奇侠传》、礼拜六派文人用文言翻译的《福尔摩斯侦探案》，逐渐地过渡到读新文学，先看冰心和郭沫若的作品，然后接触到鲁迅的著作，接触到 19 世纪俄国和法国的小说。一本《欧洲文艺思潮概论》使我知道了文学原来有这么多流派。漆树芬著、郭沫若作序的《帝国主义侵略下的中国》也许是我看到的第一本理论书，这本书使我知道什么叫帝国主义以及对帝国主义的种种不同的解释。

二、关于读书

人们常说，专和博要结合，这话是对的。在比较集中地攻一门知识的同时，应该尽可能广泛地把各种门类的各种书都读一些。我对有些方面的书没有读过，没有能力读，至今引为憾事。最近胡耀邦同志向中青年干部提出了一个要求，即需要阅读两亿字的书。有的同志估算了一下，认为一个人要用五十年的时间才能实现这个要求。这就是说，每年读四百万字，每天读一万多字。我认为，年轻的同志应该努力在十五年到二十年的时间内完成这个任务，这是可以做到的。两亿字的书当然包括小说，包括可以使人增长见闻、丰富知识的人物传记、旅游记、记述历史史实的著作等等，这些并不都是需要正襟危坐，逐句细读的。我认为，应该养成快读的能力和习惯。有许多小说，一小时可以看四五万字。读理论著作当然不能像看小说那样快，但我认为平均一小时读两万字左右是能够做到的。即使是马恩全集里的文章，有的需要精读，但有的可以较快地浏览。在两亿字的书中，四分之一的书要精读，四分之三的书可以浏览。那么，每天抽出两小时来读书，在十五年到二十年的时间里完成这个任务是可能的。

一九三一年"九一八"事变后，全国性的学生运动席卷到苏州这个城市。一九三二年"一二八"事变的上海战争，对于苏州的学生更是起了强烈的影响。这时我开始阅读马列主义的书。最早对我影响较大的是瞿秋白的《社会科学概论》、郭沫若的《中国古代社会研究》、华岗的《中国大革命史》。这最后一本书是被严禁的书，一个旧书店老板悄悄地从书堆中取出来卖给我的。我也开始读当时已有译本的《反杜林论》《哲学的贫困》等。那时我才十四五岁，这些马列著作不能全读懂，只能有个模模糊糊的印象。不久，艾思奇的《大众哲学》在《读书生活》杂志发表了，这时我已上大学。这本书是很受欢迎的。艾思奇比我大不了几岁，但是他的《大众哲学》给我的印象较深，它使我从那些艰深的译著中得到的模糊印象有了比较明确的概念。早期的译本往往很难懂，要一字一句去抠是很难办到的。所以，我读马列著作养成了一种习惯，观其大意，不去抠其中个别词句。这可能不是个好习惯。但不从总体上、基本精神上去了解，而死死地抓住一两句话甚至几个字，好像到处是微言大义，恐怕也不是好办法。一九四〇年、一九四一年我住在重庆，认真地通读了郭大力、王亚南合译的《资本论》三卷，这比以前的几种不完全的译本好读多了。我读《资本论》比较仔细，但当时也不能完全读懂。对马列主义著作，要反复学习。有好些书，不能只读一遍，需要多读几遍。但不是说读完一遍后很快又再读第二遍，而是说隔若干年后再来重新守习。在一九五六年左右，我把许多读过的马列主义著作重新读了一遍，收获很不一样。正像有人所说，年轻人也可以欣赏一句格言，但他对格言的理解和一个年纪大一点、有了一些经历的人理解大不相同。所以，马列主义的一些著作必须反复学习，要结合实际工作的需要，有计划的反复阅读。

三、关于写文章

下面再谈一谈写文章。在中学时代，我开始写一些小文章。一九三五年以后，我以写作为主要工作。我的一条可能是微不足道的经验是，写文章不要写自己所不了解的东西，总要尽力使自己所了解的东西比写出来的多一些，不过不能说我总是这样做的。我的第一本书是一九三六年生活书店出版的《新哲学的人生观》。我那时还不到二十岁，写这本书虽然超过了自己的力量，但我还是读了不少有关的书和收集了一些有关材料以后才着手写的。一九四四年、一九四五年间，我在《新华日报》工作，利用业余时间学习中国封建时代的历史。在一九四六年出版了《二千年间》。这本书不是从横剖面按朝代写的，而是从纵剖面写两千年封建时代的一些问题，比如官僚制度、军队制度的变迁，等等。这是我比较认真地学习了中国历史，把笔记整理出来以后才写成的。

写文章，特别是写批判性的文章，要注意分析和说理。我最初写的文章，可以说相当多的是带有批判性的。当时是批判旧社会，抓到一点就批判。一九三五年，党提出了抗日民族统一战线的政策，这对我们这一代人是一个很大的锻炼。既要保持独立的立场，又要讲团结，那就不能对一些人物简单地说好就好得不得了，说坏就坏透了，对具体问题要作具体的分析。比如我在一九三六年写了篇《胡适论》，虽然简陋，但最近有机会重看了一遍，似乎也还是说得比较周全。文中说他在五四运动中是右翼，但也承认他还有一定的功劳；在抗日问题上，说他有过错误的言论，但也不抹煞他当时有爱国的表现；并且指出对胡适这样的自由主义者，应该在抗日中同他联合起来。如果没有党的抗日民族统一战线的政策，我那时是不可能写出这样的文章的。对人和事要进行具体分析的方法，是毛泽东同志一贯提倡的。我们写文章也一定要遵循这种方法，不能简单化。

在国民党统治区写批判性的文章，特别是在抗日统一战线的条件下写这类文章，不能不注意到充分地讲道理。盛气凌人地骂人固然是不行的（鲁迅提出"辱骂和恐吓绝不是战斗"，这对我们一代人起了很好的影响），单纯依靠引用一些马列主义的词句也是不行的。比如，我在一九四四年左右写文章批判历史学家钱穆的错误时，就没有光说他是反马克思主义的。如果这样，他会觉得可笑，因为他本来就宣称自己是反马克思主义的。对唯心论哲学家的批判也同样如此。人家本来就是唯心论者，你说他的哲学思想与马克思主义的辩证唯物主义不一样，这有什么意义呢？

所以，必须认真地讲出一些道理来，说明为什么从反马克思主义立场出发，从唯心主义观点出发，只能得出错误的结论。如果只引用一些马列著作的词句，不但根本不可能驳倒被批者，也不能说服读者。所以，我在国民党统治区写批判文章，时刻都注意到要充分地讲道理，这种训练对我是有好处的。去年我在国外遇到从台湾去的几位学者，他们是民主主义者，被台湾当局赶出来过。他们说我过去批判钱穆的文章写得好，他们在台湾时把它复制了送给朋友。我说这篇文章可能有个好处，那就是我没有摆出一副左派的架子，而是以说理的方法，具体地指出钱穆历史观的错误。在那篇文章中，我虽然没有引用马列主义的词句，但我是以马克思主义者的立场来说话的。

我们现在还是要写批判性的文章的。马克思主义者不能放弃批判这个武器。当然，我们不能搞"文化大革命"时的"大批判"，任意上纲上线，随便给别人戴帽子，丝毫不讲道理，那不是马克思主义的批判。现在写批判性的文章，有的可以而且必须用一些马列著作的词句，但是我们不能光靠引用几句马列著作中的话就算把对方驳倒了，还是要认真地进行分析说理。

写文章，无论是叙事或发议论，都要写得简练。现在提倡文章要写得短，短就要求简练。把比较复杂的意思用最短的篇幅写出来，这不是很容易的事。但如果把文章中的废话，可以删节的词句、不必要的形容词都省略掉，文章是可以缩短的。

叙事要写得简练也不容易。中学生作文时，首先学写叙事文，这是作文的基础。写历史要叙事，把一件事情用比较简练的话交代清楚，是需要下功夫的。有时候，我觉得叙述甚至比发议论还难。叙述一件复杂的事情，既要使人知道它的前后经过，又不能写得太啰嗦，令人看了讨厌。而且，还要说得生动、不枯燥，要突出重要的情节，这都要下功夫。

发议论当然也有难处。虽然说的是某一点意思，但牵涉到各个方面。有时会感到层次太多，正面反面都要讲，用了许多"虽然""但是""这一方面""那一方面"，讲得很复杂，还是没有能够把道理说透。其实从很复杂的道理中总可以找到一个比较简明的逻辑程序，先抓到最要害的一点，然后把其他必须说到的各点各得其所地安排好，这样就可以用比较简单的方法把道理讲清楚，所发的议论也就比较充分了。当然，要找到这种逻辑程序不是很容易的事。说不清楚往往是因为还没有想清楚的缘故。

写文章要有重点。文章着重点的地方要认真地写一下，把次要的东西撇开。如果没有重点，平铺直叙，就不能引起读者的兴趣。我举《木兰辞》说一下。讲花木兰女扮男装从军，诗的重点应摆在什么地方呢？花木兰从军应该是个重点吧？但诗中用"万里赴戎机，关山度若飞。朔气传金柝，寒光照铁衣。将军百战死，壮士十年归"六句就把木兰从征打仗说完了。作者着力写什么呢？作者写道："军书十二卷，卷卷有爷名"。于是木兰就决定从征了。然后就写："东市买骏马，西市买鞍鞯，南市买辔头，北市买长鞭。旦辞爷娘去，暮宿黄河边。不闻爷娘唤女声，但闻黄河流水鸣溅溅"。作者写到这里还觉得不够，接着又写："旦辞黄河去，暮宿黑山头，不闻爷娘唤女声，但闻燕山胡骑鸣啾啾"。这样就把一个女孩儿从征的特点描写得淋漓尽致了。接着就是前边六句诗交代她十年从征的经过。然后作者用一大段写木兰回来后的情景：她的爷娘和阿姐小弟如何迎接她，她如何脱去战袍，重着女儿妆，等等。这是首叙事诗，什么地方细致地写，什么地方简略地带过，安排得很恰当。议论和叙事也一样，都得有重点。重点突出了，才能吸引读者，引起读者的共鸣。

写理论文章也要形象化。理论文章虽然不是文学描写，不是讲究形象化的，但有时需要有形象化的描写。比如毛泽东的《论联合政府》中，只用很概括的话叙述了我党自一九二七年革命失败以来直到抗日战争爆发的经过，但是这里面他用了富于感情的形象化语言。在讲到大革命失败以后，他说："中国共产党和中国人民并没有被吓倒，被征服，被杀绝。他们从地下爬起来，揩干净身上的血迹，掩埋好同伴的尸首，他们又继续战斗了。"写得多么简明、生动！在《论人民民主专政》中，也可以看到毛泽东在概括地叙述多少年的历史时，写得非常简练、突出而又形象化，这种功力是很不容易的。我们搞理论工作的人需要多读点文学的书，否则，文字的枯燥和八股气味就很难消灭。

四、关于继承和创新

最后讲一点继承和创新的关系。以上讲的写作方面，有不少是涉及技巧的问题，而写作主要的还是思想观点的问题。现在有些人常讲理论上要有什么突破。当然，马克思主义理论是不断发展的，总要有新的突破，但我们应注意把继承和创新联系起来。列宁说："马克思主义这一革命无产阶级的思想体系赢得世界历史性的意义，是因为它并没有抛弃资产阶级时代最宝贵的成就，相反却吸收和改造了两千多年来人类思想和文化发展中一切有价值的东西。"（《列宁全集》第39卷，第332页）我们对资产阶级的文化不能任意排斥，更要继承马克思主义已有的一切成就。所以，我们研究一个问题，必须注意到在这个问题上前人说过什么，有些什么正确的观点。随便做翻案文章，并不见得就能创造出新的东西。如果不能很好地把马克思主义一切优秀的东西继承下来，那么我们就谈不上创造。学术界、理论界应该有创新的作品，但是，不把前人许多正确的东西好好总结，就随便发表一个自以为有突破的东西，这不能叫做创新。如果过去的研究，在某些问题上，有错误的认识，作出了错误的结论，我们是应该用新的认识、新的结论来代替它。对于通过历史的实践，经过前人刻苦地研究取得的正确的观点，联系今天的实际，作出一点新的、超过前人的发挥，这也应该说是一种创造性。我写了《从鸦片战争到五四运动》，历史界有人问我，你这本书有哪些新的突破。我说没有什么突破。我主要是把几十年以来我们党对中国社会、中国近代历史的一些基本论点作了发挥。这些基本论点的正确性，不但被从鸦片战争到五四运动的80年的历史实践所证明，而且被这以后的历史实践所证明。我不能脱离这些论点。但我不是简单地复述这些论点的正确性，而是用比较细致的分析来充实这些论点，把这些概括的论点中所包含着的丰富内容，尽可能有血有肉地呈现出来。当然，在一些个别问题上我也提出了一些自己的新的看法。这些看法对不对，还有待于实践的检验。

　　青年人的潜力是很大的。充分发挥这些潜力。无论在学习上还是工作上都可以取得很大的成效。你们应该趁年轻的时候充分发挥自己的潜力。"少壮不努力，老大徒伤悲"。这是一句老话。我们要为全面开创社会主义现代化建设的新局面而努力工作、努力学习，不要在可以做很多工作、读很多书、写很多东西的时候，把光阴错过。